함께 가는 길

함께 가는 길

발행일	2025년 6월 27일			
지은이	오윤택			
펴낸이	손형국			
펴낸곳	(주)북랩			
편집인	선일영		편집	김현아, 배진용, 김다빈, 김부경
디자인	이현수, 김민하, 임진형, 안유경, 한수희		제작	박기성, 구성우, 이창영, 배상진
마케팅	김회란, 박진관			
출판등록	2004. 12. 1(제2012-000051호)			
주소	서울특별시 금천구 가산디지털 1로 168, 우림라이온스밸리 B동 B111호, B113~115호			
홈페이지	www.book.co.kr			
전화번호	(02)2026-5777		팩스	(02)3159-9637
ISBN	979-11-7224-698-3 03810 (종이책)		979-11-7224-699-0 05810 (전자책)	

잘못된 책은 구입한 곳에서 교환해드립니다.
이 책은 저작권법에 따라 보호받는 저작물이므로 무단 전재와 복제를 금합니다.
이 책은 (주)북랩이 보유한 리코 장비로 인쇄되었습니다.

(주)북랩 성공출판의 파트너

북랩 홈페이지와 패밀리 사이트에서 다양한 출판 솔루션을 만나 보세요!

홈페이지 book.co.kr • **블로그** blog.naver.com/essaybook • **출판문의** text@book.co.kr

---

작가 연락처 문의 ▶ ask.book.co.kr

작가 연락처는 개인정보이므로 북랩에서 알려드릴 수 없습니다.

함께 가는 길

오윤택 지음

추천사

손병욱(경상국립대학 명예교수)

　필자가 저자인 밀휴 오윤택 거사를 알게 된 것은 『승속이 함께하는 불교 이야기』라는 책자를 통해서였다. 이 책자는 2023년 2월에 경상국립대 교수불자회에서 펴낸 공저로서, '1부 선지식 법문', '2부 수행자 이야기'로 나누어 총 23명의 출·재가자들이 참여하였다. 23명 가운데는 경상국립대 소속이 아닌 공저자도 여러분 있었다. 필자는 이 책자가 발간된 후 수 개월이 지나서야 그 내용을 상세히 들여다보았고, 이때 비로소 밀휴 오윤택 거사(이후 '저자'로 지칭함)가 쓰신 글인 『간화선 체험기』를 읽게 되었다.

　비록 짧은 글이었지만 그 내용이 너무나 생생하게 와닿았고, 빨리 만나보고 싶다는 생각을 하였다. 그리하여 연락을 취하여 통화하였더니, 자기는 매주 주말에 하동군 화개면 부춘에 있는 수정사에 가서 1박 하고 오곤 하므로 기회 봐서 진주에서 만나자고 하였다. 이후 필자와 단독으로 2차례 만나서 진주에 있는 경상국립대학 명상실에서 차담(茶談)을 나누면서 필자가 평소 궁금하게 여겼던 점을 물었고, 저자는 솔직하고 소상하게 자기의 체험담과 이후의 보림 과정에서 느꼈던 바를 들려주었다. 필자가 보건대, 이분은 비록 재가 수행자이지만 그 도달한 정신 경지가 만만치 않다고 여겨졌다.

　필자는 그동안 불교의 이론 공부를 주로 하면서 틈나는 대로 수행도 병행했지만, 아직 별다른 체험을 못 하고 있었던 차에 저자의 생생한 체험담은 필자로 하여금 직접 체험해 보고자 하는 의지를 강화하도록 해 주었다. 이후 필자는 대학원 석·박사 과정 수강생들에게 저자를 소개하여 자리를 마련함으로써 불교의 깨달음에 대한 질의, 응답을 할 수 있는 기회를 마련하였고, 나아가 필자가 참여하고 있는 불교 공부 모임인 무문관 팀에도 저자를 소개하여 회원들과 만나도록 주선하였다.

이 과정에서 저자가 쓴 비매품 책자인 『함께 가는 길(1)(2)』을 얻어서 읽을 수 있었다. 필자는 저자에게 이 책의 내용을 바탕으로 해서 경상국립대학 교직원불자회에서 법문을 해 줄 것을 요청하였고, 마침 불자회 회원들도 적극적으로 찬성하였다. 그리하여 경상국립대 부설 청담사상연구소에 자리를 마련하여 저자의 법문을 들을 수 있었다.

이후 이 법문을 계기로 불자회 회원 몇 명이 시간을 내어서 부산에 마련한 저자의 차실 다선당(茶禪堂)을 방문하여 차담을 나눈 적도 있었다. 이렇게 필자는 저자와 그 인연의 끈을 지속적으로 이어오고 있다.

저자 스스로는 자기가 도달한 정신 경지에 대해 별것 아니라고 겸양하지만, 저자의 경지는 아무나 쉽게 이를 수 있는 바가 결코 아니었다. 이는 깨달음 체험 이후로도 오랜 수행의 결실로서 체득한 것이고 또 이제 충분히 무르익었으므로, 그 열매를 사회에 회향하여야 할 때가 되었다고 봤다. 그리하여 다른 재가불자들의 구도심을 자극하고, 또 이들에게 무언가 의미 있는 수행의 지침이 되도록 해야 한다고 생각하였다. 그래서 필자는 저자에게 기존의 『함께 가는 길(1)(2)』을 단행본으로 출간할 것을 몇 차례 권유하였다.

필자를 포함하여 저자를 잘 아는 주변 지인들이 여러 차례 권유하자

겨우 마음을 내어서 기존의 내용 가운데 꼭 필요하다고 여기는 부분을 선택하고 최근에 쓴 글들을 덧붙여서 이제 한 권의 단행본을 내게 된 것이다. 내용을 보니까 기존의 내용을 가급적 최대한 살리되, 실제 생활 현장에서 부딪치는 여러 문제를 불교적 진리를 체험한 선지식의 관점에서 담담하게 기술해 놓았다. 소재가 다양할뿐더러 표현이 평이(平易)하고 매끄러워서 읽기도 좋고 또 읽은 후에는 많은 여운을 남긴다. 따라서 불교와 인연을 맺고 깨달음을 지향하여 공부하고자 하는 불자들에게는 출·재가를 막론하고 매우 유익하고 도움이 될 내용을 풍부하게 담고 있는 책이라고 여겨졌다.

저자가 필자에게 '추천사'를 부탁하므로 필자로서는 비록 여러 가지가 부족하여 자격 미달이지만, 그동안 저자와의 남다른 인연을 생각하고 기꺼이 펜을 잡았다. 필자로서는 저자의 말과 글 덕분에 저자가 크게 체험을 한 바 있는 부산 소재 ○○선원 수련회에 70이 넘은 나이에도 불구하고 참여할 수 있었고, 이것 자체만으로도 저자에게 큰 빚을 지고 있는 셈이다.

필자가 보건대, 앞으로 이 책자를 접하는 독자들이 저자처럼 한국의 선불교 전통에서 늘 강조해 온 간화선 체험을 중심으로 깨달음을 심화시키고 나아가 일상생활을 영위하는 가운데 오후보림(悟後保任)을 해 나가다 보면, 각 개인은 엄청난 질적 변화를 실감하면서 기존의 '나'와는 완전히 차원이 다른 멋진 삶을 영위하게 될 것이라고 확신한다. 바로 이러한 확신을 이 책자가 독자들에게 심어줄 수 있기를 소망한다. 나아가 본서(本書) 출간을 계기로 저자가 깨달음을 사회적으로 확산시키는 보살행에 발 벗고 나설 수 있기를 소망한다. 본서의 독자들이 여기저기서 저자를 만나고자 할 때 그것이 가능할 것이다. 그리하여 앞으로 우리 사회가 불교적 진리의 확산에 의거하여 선하고 아름다운 진선미(眞善美) 삼위일체의 차원 높은 문화국가로 발돋움하는데 본서가 기여할 수 있기를 소망하는 바이다.

  필자의 추천사가 본서의 진가를 알림에 있어 걸림돌이 아닌 디딤돌 역할을 하는데 약간의 도움이라도 되기를 바라면서 추천사에 갈음하고자 한다.

2025. 6. 2. 손병욱 합장

추천사

김용진(경상국립대 불교학생회 지도교수, 사범대학 생물교육과)

지리산의 사찰에서 함께 수행하는 도반이자 선지식인 밀휴 거사님은, 말없이도 수행자의 품위와 온기를 느끼게 하신 분이었습니다. 평소에는 겸손함으로 일관하시지만, 수행에 대한 깊은 통찰과 따뜻한 시선으로 도반들에게 큰 위로와 용기를 주셨습니다. 그분의 삶과 이야기를 들을 때마다 저는 늘 '이 귀한 이야기를 혼자만 듣는 것이 아깝다'는 생각이 들었습니다.

이 책 『함께 가는 길』은 밀휴 거사님의 진술한 수행 체험과 사색, 그리고 일상에서 피어나는 깨달음의 순간들이 고스란히 담겨 있습니다. 책 속에는 간화선, 회광반조, 알아차림, 에고의 길들이기 등 구체적인 수행 방법뿐만 아니라, 삶과 죽음, 자각, 마음의 구조와 작용, 일상 속의 수행 등 우리 모두가 고민하는 주제들이 실질적으로 다뤄져 있습니다. 각각의 이야기는 독자로 하여금 자신의 삶을 돌아보고, 수행의 길에서 주저하거나 방황할 때 다시금 내면의 힘을 일깨우는 데 큰 도움이 될 것입니다.

특히 이 책은 단순히 불교 수행의 이론이나 원론에 머무르지 않고, 저자가 직접 경험한 체험담과 일상의 소소한 에피소드, 그리고 도반들과 나눈 따뜻한 대화까지 모두 담고 있습니다. 이는 마치 선지식의 따뜻한 손길을 느끼며, 우리 모두가 함께 '함께 가는 길'을 걷는 듯한 기분을 주기에 충분합니다.

   자신보다 한 단계 앞선 동료의 경험을 공유하는 것은 학습과 성장에 매우 효과적이라는 이론이 있습니다. 이러한 교육학적 관점에서 보더라도 이 책에 소개된 생생한 수행 체험과 삶이 이야기는 큰스님들의 법문 못지않게, 재가 불자와 수행인들에게 희망과 정진의 의지를 심어줄 것입니다. 또한, 각자의 삶 속에서 부딪히는 고민과 시련에 대해 어떻게 마음을 다스리고, 어떻게 수행과 일상을 아우를 수 있는지 구체적인 해답을 제시합니다.

   시대적 상황에서 불자들의 수는 줄어들고 젊은이들에게 부처님의 고귀한 가르침을 전달하기 어려운 시대에 직면하고 있습니다. 이에 저는 대학생 불교동아리의 창립과 활성을 통해 젊은 불자들의 양성이 중요하다고 여깁니다. 그러기에 이 책은 기성세대뿐만 아니라 젊은 불자들에게도 삶의 방향과 수행의 길을 제시해 주는 선지식의 가르침으로 기여할 수 있을 것으로 생각됩니다.

   고해(苦海) 바다의 사바세계에서 우리 모두가 서로의 등불이 되길 바라는 마음에, 수많은 재가 수행자뿐만 아니라 삶의 방향을 찾고자 하는 모든 분께 이 책을 적극 추천합니다. 저는 이 책이 불법(佛法)을 널리 알리는 선한 방편이 될 것임을 확신하면서, 불도(佛道) 수행에 뜻을 둔 모든 분이 이 책을 통해 서로를 깨우치고 함께 성불의 길을 걸을 수 있기를 진심으로 기원합니다.

대현 김용진 합장

보살은

속박도 집착도 없는
해탈심을 가지고

궁극의 깨달음을 완성하여

현실 세계에 나타나

헤아릴 수 없는 지혜로써

항상
보현보살의 행을
수행하고 있다.

『대방광불화엄경』
- 십회향품 -

『함께 가는 길』을 내면서

　꿈속 같은 세월이 흘러 어느덧 칠십여 성상을 맞이했다. 지나온 시간을 되돌아보고 비망록처럼 틈틈이 써놓았던 글들을 모아서 정리하다 보니 한 권의 책이 되었다. 대부분 2003년 수행을 시작한 이후에 써 놓은 글들이다.
　2003년 간화선 수행을 하기 전과 그 후의 삶은 확연히 다르다. 2003년 그 이전의 삶은 하고자 하는 일이 거의 되는 법이 없었다. 수많은 좌절과 불운을 겪으면서 자존감은 항상 바닥이었다. 내 삶을 어떤 악령이 따라다니면서 방해하는 것 같았다.
　그러나 2003년 돈오체험 이후 수행을 시작하면서부터는 내가 하고자 하는 일이 거의 안 되는 법이 없었다. 대부분 일들이 절묘하게 맞아 들어가는 행운이 늘 함께하고, 나를 지켜주는 수호신이 늘 나를 보살펴 준다는 생각이 들었다. 수행도 그러하고 일상의 삶도 그렇게 저절로 되어졌다.
　이런 반전의 변화는 실제 내 삶이 바뀐 부분도 없지 않지만, 더 큰 부분은 대상을 보는 내 관점이 긍정적으로 바뀌면서 세상이 달리 보이는 데서 기인한 것으로 보인다. 과거 내가 가장 힘들고 고통스럽던 시간마저도 오늘의 나를 있게 한 축복의 시간이었다는 자각 또한 변화의 큰 축이다. 결국 내가 인식하는 세상 모든 것들은 모두 내 마음이 투사된 것들이다.

　나는 유년기에 시골에서 조부모 슬하에서 자랐다. 공직 생활을 하는 부모님은 어쩌다 한 번 다니러 올 때 보게 되고, 부모님을 따라가지 못해 늘 할머니 등에서 머리가 아프도록 울다가 잠이 들었던 기억들이 지금도 생생하다. 이런 기억들이 훗날 트라우마가 되어 삶 속에 부정적으로 나타났다. 사춘기를 지나면서 부친도 공직에서 퇴사하고 하던 일이 원만하시 못해 집안 가세가 기울고 나 자신도 정신적 혼란을 겪게 되었다. 대학 진학 문제도 그렇고 하는 일마다 되는 것이 없었다. 모든 것이 실패의 연속이고 항상 최악의 상황이 펼쳐졌다.

좌절과 실패를 반복하다가 군에 입대하였다. 군 생활을 하면서도 죽음 직전까지 간 일도 있었다. 혹한기 야간 동계 훈련 중 웅덩이에 빠져 의식을 잃었다. 동사 직전 지나가던 행인이 발견하고 구조해 줘서 목숨을 건졌다.

군 제대 후 삶은 좌절과 캄캄한 어둠의 연속이었다. 두 번이나 삶을 접고자 했지만 마음대로 되지 않았다. 그런 와중에 내가 26살 때 부친이 세상을 떠나셨다. 8남매(아들 3, 딸 5)가 모두 미혼인데 세상을 떠나셨다. 모친도 그 충격을 벗어나지 못하고 혼미하게 살다가 돌아가셨다. 의지할 데 없는 일곱 동생을 거두지 않을 수 없게 되었다. 1980년대에는 한 해 걸러 한 번씩 결혼식을 치러야 했다.

1991년에는 교통사고(사망사고)를 내서 다니던 직장과 모든 생활 기반을 송두리째 잃을 뻔한 큰 고통을 겪었다. 이런 고통이 불교에 입문하게 된 동기가 되었다. 직장에서는 아무리 노력해도 예상치 못한 장애가 생겨서 승진에 탈락하기 일쑤였고, 무엇이든 되는 일이 없었다.

90년대 초반부터 세무사 자격시험 준비를 했다. 7년을 독신자 숙소에서 주경야독을 하면서 세무사 시험을 도전했지만, 낙방의 연속이었다. 되는 일이 없었다. 피로가 누적되고 스트레스가 쌓여서 온몸이 망가졌다. 하루에 병원을 네 군데 돌고 나면 삶을 마감하고 싶기만 했다. 정말 이러다가 스트레스로 죽을 것 같다는 생각이 들었다. 내 삶 50대 초반까지는 실패와 좌절과 고통의 연속이었다.

살기 위해서 2003년 7월 ○○선원 화두참구 수행을 시작했다. 짧은 기간이지만 몸과 마음이 환골탈태(換骨奪胎)하는 체험을 하게 됐다. 그 이후로 지금까지 건강한 몸을 유지하고 있고, 한 시도 수행의 고삐를 놓지 않고 살아온 것 같다. 그때 돈오체험이 내 삶의 터닝 포인트(turning point)가 되었던 것 같다.

그 이듬해 2004년, 긴 세월 와신상담 끝에 세무사 시험도 합격하게 되고 개업하여 개업 초부터 순항하게 됐다. 그러면서도 내 삶의 영순위 목표는 깨달음을 얻는 수행이었다. 되는 것이 없는 삶에서 안 되는 것이 없는 삶으로 부정적인 삶에서 긍정적인 삶으로 바뀐 것이다. 대상을 보는 내 관점이 송두리째 바뀐 결과이다.

이후의 삶은 수행이든 일상의 삶이든 저절로 되어졌다. 나에게 일어나는 모든 일들은 긍정의 산물이다. 그래서 내 삶은 모두 내맡기는 삶으로 흘러갔다. 내맡기는 삶은 지금도 그러하고, 미래도 그러할 것이다.

젊은 날 힘들고 고달픈 여정을 함께 해주고 수행의 도반으로 늘 옆자리를 지켜준 옆지기 청정광 보살님은 오늘의 나를 있게 한 귀하고 고마운 존재라서 '호법신장'이라 부른다. 지면으로나마 진심을 담아 고마움을 전한다.

『함께 가는 길』, 이 책을 펴낼 수 있도록 용기를 주고 편집, 교정 등 긴 시간 수고를 아끼지 않고 도움을 주신 박영구(범진) 교수님과 이호현 선생님께 진심으로 감사드린다. 또 도반들과 함께할 수 있어 감사하다.

2025년 3월
세무사 오윤택(밀휴) 합장

목차

추천사 - 손병욱(경상국립대학 명예교수)　　　　　　　　　　　5
추천사 - 김용진(경상국립대 불교학생회 지도교수, 사범대학 생물교육과)　9
『함께 가는 길』을 내면서　　　　　　　　　　　　　　　　12

제1장　함께 가는 길

함께 가는 길　　　　　　　　　　　　　　　　　　　　28
수행과 무아　　　　　　　　　　　　　　　　　　　　29
에고의 저항 1　　　　　　　　　　　　　　　　　　　30
간화선 수행 때 에고의 저항　　　　　　　　　　　　　32
에고의 저항을 극복한 대가로 받은 선물　　　　　　　　35
에고의 저항 2 - 백척간두 진일보　　　　　　　　　　　38
에고의 저항 3　　　　　　　　　　　　　　　　　　　42
에고 길들이기　　　　　　　　　　　　　　　　　　　45
에고 길들이기 - '뒤집기 신공' 특강　　　　　　　　　　48
새로운 도약을 꿈꾸며 1　　　　　　　　　　　　　　　54

새로운 도약을 꿈꾸며 2	57
염불선	61
나의 모든 것을 내려놓고자 합니다	65
반쪽의 진실	68
에고가 죽던 날	69
감사함 1	71
재벌 회장의 자살을 보면서	73
거듭나기	75
따뜻한 가슴	77
일상의 소망	79
내 생각과 반대로 행동하여 보세요	81
나는 물이고 싶다	83
졸음운전	85
다반향초	87
내면으로의 여행	89
생활 속의 수행 '망형망재'	91
제주도 여행에서 생긴 해프닝	94
건배사 - 나는 괜찮아!	97
생각의 뿌리	99
나를 보는 것	101
기분 좋은 날	103
생각으로 만들어진 나	104
자각경 - 긍정의 산물 1	106
자각경 - 긍정의 산물 2	108
수호신	110
꽃길	112
귀향	114

제2장 수행으로 가는 길

자각 수행	118
내 마음의 섬	122
솔개의 지혜	124
사랑하는 도반에게	126
고통의 임계점	129
괴로움은 착각에서 온다	131
걸어야 산다	133
받아들임	135
받아들임 - 생사 문제	137
알아차림	138
수행	139
부부간 육바라밀	140
7일간의 꿈	143
스위스 여행을 다녀와서	158

제3장 쉬어 가는 길

기도	170
생(生)과 사(死)	172
유구개고(有求皆苦)	173
수행	175
입원 두 달이 되는 날	178
이석증	181
나무아미타불	185
기도와 수행	187
염불 수행	188
백운산에는 명당이 없다	193
기적의 치유 호르몬, 다이돌핀	197
새벽 산행 중 만난 인연	200
깨달음	209
해탈의 길	212
낙상	214
넘어진 그 자리에서 다시 일어서라	216
천도재(薦度齋)	218
보살님 1에게	221
보살님 2에게	224
아미타불	226
신앙문과 수행문	229
나는 '깨달음병' 환자였다	230
아름다운 벚꽃을 보면서	232
맹구우목(盲龜遇木)	233

어느 보살의 하소연	235
자각(自覺)의 빛	237
주인공	239
나에게 귀의합니다	241
여여(如如)한 마음	244
정토(淨土)	246
의식의 그릇	247
무(無)는 유(有)의 어머니다	248
내가 가야 할 길	251
알아차림의 자각	254
승학산 정상에 나투신 관세음보살님	256
수용(受用)의 그릇	259
세상에서 가장 귀한 사람	261
자성관(自性觀)	262
밤에 꾸는 꿈과 낮에 꾸는 꿈	264

제4장　간화선 체험

간화선 체험	268
멈춤의 자각	274
돈	275
내가 건강해야 하는 이유	277
반전	279
혜명경	280
세상은 내 마음의 그림자	282
자백	283
치유 능력	284
창조주	286
뒤집으면 보이는 것	288
뒤집기 신공으로 새 삶을 찾다	290
친구여	292
반쪽의 진실	294
도반을 보내면서	295
에고의 산물	297
삶이 수행	298
환상통	300
정성을 다하는 것	302
본전	303
옛날 얘기	305
내려놓는다는 것	308
게으름	311
사무량심(四無量心)	312

긍정의 산물	313
다선당(茶禪堂) 1	315
지리산 수정사를 다녀와서	317
중고차	319
쿠마라지바	320
차 한잔	322
염불	324
억새에 걸린 달	325
가을비	327
존재의 이유	328
회광반조(回光返照)	330
알아차림	332
충만	334
예수님 오신 날	336
어둠의 미학	338
한 해를 보내면서 1	339
새해 인사	340
다선당 도반님들	341
경험의 장	343
통	345
잃어버린 어둠	346
멈춤	348
나는 누구인가	349
부처님 오신 날에 즈음하여	351
존재에 대한 감사함	353
수정사	355
덕담	357

새벽	359
스리랑카 여행에 즈음하여	360
도반에게	362
외손자 '건우'를 생각하며	364
나는 통보에 물과하다	366
코로나	368
생각	369
무주심(無住心)	370
믿음	372
내가 나에게 하는 '절'	375
다선당(茶禪堂) 2	377
두려움과 죽음	378
긍정의 산물	381
깨달음	383
마음의 구조와 작용	385
각성(覺醒)	392
부자와 가난한 자	393
복(福)과 화(禍)	395
칠순에 즈음하여	397
응무소주이생기심	399
삶은 아름답다	400
내가 이 세상에 온 이유	401
수정사 봄소식	403
삶은 경험의 장	405
감사함 2	406
아픈 도반의 쾌유를 바라면서	408
휴(休)	409

운동이 답이다	410
말의 오류	412
다선당(茶禪堂) 3	413
업(業)	414
깨달음	416
불생불멸의 신(神)	417
울다가 웃다가	418
산 자와 죽은 자	420
○○거사님께	422
무아(無我)	424

제5장　염불선 체험

염불선 체험	428
생일 선물	436
용오름	441
태풍 '산바'	443
감사함 3	445
새해 소망	447
홀로 하는 여행	449
수행	451
아름다운 인연	452
꿈	454
외손주	456
멈춤	458
사랑하는 도반님께	459
모든 것은 하나	461
오늘은 좋은 날	463
수용	464
한 해를 보내면서 2	466
술에 대한 단상	468
스트레스	470
올림픽 금메달보다 더 아름다운 김연아의 자기 사랑	472
나의 본질	474
불교수행과 자등명(自燈明)	475
이탈리아 돌로미티 트레킹 여행	496

제1장

함께 가는 길

: 함께 가는 길

길은 본래 없었다.
내가 가다 보니
길이 되었다.

길은 본래 없었다.
내가 길이라 부르니
길이 되었다.

시작도 끝도 없는 길
우리 모두 함께 가는 길
지금도 그 길 위에 서 있다.

: 수행과 무아

알 수 없는 것을
알고자 하는 것이
수행이고,

알 수 없는 곳에
마음을 두는 것이
수행이며,

알 수 없는 곳에서
쉬는 것이 진정한
수행이다.

모든 것을 수용하고
있는 그대로 내맡기니
함이 없이 되어진다.

분별이 멈추어지고
해야 할 내가 없으니
무아(無我)라 하나 보다.

: 에고[1]의 저항 1

누구나 수행을 통해서 자기 본성에 가까워지면 에고의 저항을 받을 수밖에 없다. 내 주인 행세를 하던 에고가 주권을 빼앗길 위기에 놓이면 강력한 저항을 한다. 그래서 수행자는 누구나 이 저항을 정면 승부로 돌파해야 한 걸음 더 나아갈 수 있다.

불교에서 이런 에고의 저항을 마장이라 한다. 불교 경전 『능엄경(楞嚴經)』에는 이 마장을 세밀하게 분석해 놓았다. 오십음마(五十陰魔) 즉 50가지 마장으로 분류해 놓았다.(색, 수, 상, 행, 식, 각 10개 음마) 경전 공부를 잘하지 않았던 나도 능엄경 「마장편」은 여러 번 숙독했던 기억이 난다.

마장은 견디기 힘든 두려움만 있는 것이 아니고 너무나 즐겁고 좋아서 오래오래 머물고 싶은 유혹도 있으며 일반인에게는 없는 여러 가지 신통도 사실은 마장이다. 그래서 마장이 오는 것은 좋은 징조이나, 머물면 문제가 생기는 것이니 그냥 지나가야 한다고 가르친다. 도고마성(道高魔盛)이라, 도가 높아갈수록 마가 성하다. 즉 에고의 저항이 강해진다는 얘기다. 에고의 저항이 미미할 때는 혼자 힘으로, 혼자 의지로 이겨내지만 저항이 강해지면 스승의 도움이 필요하다.

에고의 저항은 항상 임계점이 가까워질 때 극렬하게 저항을 한다. 저항의 형태는 사람마다 다르게 나타나지만 일반적인 유형이 있다. 내가 경험

---

[1] 에고: 내 몸이 나라는……. 내 느낌, 생각, 의지, 분별이 나라는 착각된 자의식(自意識)을 에고라 한다.

했던 에고의 저항을 보면 몇 가지 유형이 있다. 죽음의 공포감, 아만, 졸음, 육체적인 통증, 환영 등등이다.

  나는 에고의 저항을 이겨내고 엄청난 환희심을 맛보기도 했었고, 에고의 저항에 밀려 중도 포기하는 바람에 귀에서 소리가 나는 이명으로 고생을 하기도 하고 환영에 시달리기도 했다. 그래서 스승이 필요하고 도반이 함께해야 한다고 생각한다. 그러나 분명한 것은 에고의 저항으로 내가 죽거나 몸을 해치지는 않는다는 것이며 이 사실 하나만 확실하게 믿는 것만으로도 경계에 부딪힐 때 큰 도움이 된다.

  에고의 저항은 참고 견뎌내면 다 사라지는 것들이기 때문이다. 물론 이를 이겨낼 수 있는 힘과 의지가 뒷받침되어야 한다.

: 간화선 수행 때 에고의 저항

지금부터 13년 전인 2003년 공직에 근무할 때 자격사 시험을 준비하느라 7년 동안 집을 나와 독신자 숙소에서 지냈다. 건강도 최악이고 스트레스로 인해 정신도 피폐해 있었다.

그래서 그해 여름 일주일간 휴가를 내서 ◇◇선원에서 하는 '간화선수행' 프로그램에 합류했다. 이 과정은 여자들이 아이를 분만할 때 느끼는 고통보다 더 힘들다고 얘기하고 있었다.

그러나 7년 동안 독신자 숙소에서 '주경야독'했던 생활 자체가 고행이라서 힘든 과정도 두렵지는 않았다. 온몸을 던져서 해내고야 말겠다는 각오로 임했다.

첫날, 화두를 받고 지도하는 스님의 채찍 같은 법문을 시작으로 화두 참구에 들어갔다. 시간제한도 어떤 규정도 없이 그냥 할 수 있고 갈 수 있는 데까지 가보는 것이다. 가부좌를 하고 앉아 있는데 졸음이 오기 시작했다. 그런데 이 졸음은 상상을 초월한 졸음이었다. 전날 충분히 쉬고 숙면을 취했는데 이해가 가지 않았다.

아무리 정신을 차리려고 해도 세 번의 호흡을 넘기지 못하고 꾸벅꾸벅 졸음이 쏟아졌다. 7년을 잠과 전쟁을 하다시피 살아와서 졸음이 이렇게 문제가 될 줄은 상상도 못 했다. 그날 하루 종일 그러했다. 훗날 알게 된 사실이지만 이것이 '수마'라는 마장이었다. 공부를 방해하는 첫 번째 에고의 저항을 만났다. 밥을 먹는 둥 마는 둥 잠을 자는 둥 마는 둥 그렇게 하루가 지나고 다음 날……. 가부좌를 틀고 앉아 있는 시간만도 하루 15시간이 넘는다.

어제의 졸음은 사라졌는데 또 다른 현상이 일어났다. 내 안에서 강한 망상이 올라왔다. '나는 이미 모든 것을 다 알고 다 이루어서 더 이상 배울 것이 없으니 그만두고 내려가자.', '지도하는 저 스님은 나보다 한 수 아래라서 배울 게 없어.' 귀에서 이런 환청이 들리는 듯하고 하루 종일 이런 망상과 씨름을 하면서 '화두'는 온데간데없고 오로지 그만 중단하고 싶은 생각밖에 없었다. 훗날 알게 된 사실이지만 이것이 '아만'이라는 마장이었다. 두 번째 만난 에고의 저항이었다. 의외로 여기에서 그만두고 내려간 사람이 많다. 중도에 내려간 내 지인도 여럿 있다.

세 번째 다가오는 것은 육신의 고통이었다. 하루 15시간 이상 가부좌를 하고 있으니 무릎 관절이 아파서 10분도 견디기 힘들고 허리가 아파서 몸을 지탱하기 어려웠다. 늘 앉아 있는 직업이라 허리가 좋지 않았는데 이러다가 허리 병신이 될 것 같은 두려움이 밀려왔다. 정말로 그만두고 싶었지만 주변 만류로 다시 눌러앉았다. 이것이 세 번째 만난 에고의 저항이었다. 신기하게도 그다음 날은 이런 통증과 두려움이 씻은 듯이 사라졌다.

5일째 되는 날 휴가 기간이 이틀밖에 남지 않았는데 아침부터 머리가 빠개지는 것처럼 아프고 거울에 비치는 내 눈은 붉게 충혈되어 있었다. 답답함이 극에 달해 나 자신이 무슨 일을 저지를지 알 수 없는 지경이 되었다.

지도하는 스님은 밤낮으로 불을 뿜는 듯한 법문으로 화두 의심으로 몰아가고 있었고, 먹느냐 먹히느냐 하는 에고와의 생존 게임 같았다. 『조사록』에서는 이런 현상을 밤송이가 목에 걸려 삼키지도 뱉지도 못하는 답답함에 비유하기도 한다. 이런 현상이 화두가 타파되기 직전에 오는 전조 현상이라는 사실을 훗날 알게 되었다.

가장 견디기 힘든 에고의 저항이었다. 시간은 기다려 주지 않고 밤이 깊어 갔다. 이대로 끝인가 하는 절망감이 밀려왔다. 찬물을 한번 뒤집어 쓰고 나니 이때가 자정이 다 되었다. '지금부터 이대로 앉아서 잠도 자지 않고 밥도, 물 한 모금도 먹지 않고 안 되면 차라리 이대로 죽어 버리자.'라는 오기가 발동했다.

그때부터는 시간의 흐름을 감지하지 못 했던 것 같다. 앉아 있는 나도 인식하지 못 했던 같다. 나도 시간도 함께 사라졌던 것 같다. 어느 순간 갑자기 벽이 꿈틀거렸다. 그리고 방바닥이 파도치듯 출렁이면서 내 몸 회음혈에서 가슴 쪽으로 거대한 전류 다발이 치고 올라오는 것 같기도 하고 수백 마리 벌레 떼가 꿈틀거리면 치고 올라오는 것 같기도 했다.

그리고 가슴에까지 올라와서 '꽝~~' 하는 어마어마한 굉음(폭발음)이 들리면서 폭발해 버렸다. 순식간에 일어난 일이라 너무 놀라서 나는 괴성을 질렀다. 그리고 잠시 동안 내 의식의 모든 것들이 멈춰 버렸다.

잠시 후 정신을 차리고 보니 내가 놀라서 지른 괴성이 얼마나 컸던지 다른 방에서 잠자던 사람들이 모두 뛰어나와서 내 주변에 모여 지켜보고 있었다. 가슴이 송두리째 날아가 버린 것 같고 텅 비어서 빈 통에 들숨 날숨만 들고 나는 것 같았다. 또 이마에는 뜨거운 불댕기를 매고 있는 것 같았다. 몸은 발작을 하듯이 진동하며 허공으로 튀어 올랐다가 떨어지기를 반복하고 있었다. 아~, 이러다 죽는 게 아닌가 하는 두려움이 밀려왔다.

: 에고의 저항을 극복한 대가로 받은 선물

아침나절 내내 목관절을 다칠까 걱정될 만큼 머리를 흔들어 대고, 척추를 다칠까 걱정될 만큼 튀어 올랐다. 떨어지기를 반복하면서 온몸에 진동이 일어났다. 이런 현상에 너무 놀랐지만 어떻게 할 방법이 없었다. 탈진해서 기력이 다할 때까지 멈추다 이어지기를 반복했다. 이러다 잘못되는 것이 아닌가 하는 두려움이 밀려왔다.

지도하는 스님이 오셨다. 이런 현상을 소상하게 말씀드렸더니, 죽지 않으니 다 된 밥에 코 빠뜨리지 말고 계속 밀어붙이라 하셨다. 괜찮다는 스님 말씀 한마디에 두려움이 사라졌다. 그래서 이럴 때 스승이 필요하다는 것을 실감하게 되었다. 만약 혼자서 이런 경계를 만났다면 물러설 수밖에 없었을 것이다. 그때부터는 두려움 없이 진동이 오는 대로 받아 냈다. 오전 내내 회음혈 쪽이 짜릿짜릿한 전율과 함께 진동이 시작되고, 탈진되면 멈추기를 수없이 반복했다.

점심 공양 중간에도 이런 현상이 올라와서 식사를 멈추고 받아 냈다. 오후에도 내내 이런 현상으로 이어지더니 저녁 공양 시간쯤에는 거의 진동이 멈추고 온몸이 이완되면서 한없이 편안해졌다. 훗날 『조사록』을 보니 이런 것을 일컬어 '120근짜리 짐을 지고 있다가 내려놓은 것만큼 가볍고 시원해진다.'라고 말하고 있었다.

법당에 가서 이런 법을 오늘 나에게까지 전해 주신 부처님과 역대 조사님들 그리고 오늘까지 온몸을 던져 나를 깨워 주신 은사 스님께 삼배의 예를 올리고 법당문을 나섰다.

하늘과 땅이 어제의 하늘과 땅이 아니었다. 하늘은 너무나도 푸르고 모든 수목의 나뭇잎들이 반짝반짝 빛을 발하면서 나를 향해 축복해 주고 있는 것 같았다. "여기가 바로 극락이구나!" 하는 탄성이 저절로 나왔다.

저녁 공양 시간에는 자리를 양보하고 제일 늦게 들어가면서 나도 모르게 공양간 보살님들께 일일이 합장 반배를 하고 있었다. 내 의지와 상관없이 끝없는 감사함이 올라왔다. 평소 먹던 음식의 절반도 안 되게 담고, 나물 조금 담아 저녁 공양을 하는데 입에서 단침이 샘솟듯 했다. 밥 한술 나물 한 젓가락 넣고 씹는데 내가 태어나서 먹어본 음식 맛 중에 이렇게 달고 감미로운 맛은 없었다.

공양 후에도 입안에는 끝없이 단침이 넘쳤다. 녹차를 한잔 우려 마시는데 지금까지 한 번도 느껴 보지 못했던 감미로운 맛이었다. 이런 맛을 감로수, 감로차라 하는가 싶었다. 좁은 잠자리를 도반들에게 양보하고 나무 밑 의자에서 밤을 새우는데도 그 지복감(至福感)[2]이 말할 수 없이 컸다.

다음날 스님을 친견하고 그동안 일을 소상하게 고했더니 "수고했다." 하시면서 밥이 다 되었음을 인정해 주셨다. 그날이 2003년 음력 6월 27일이다.

그 후로 나에게는 여러 가지 변화가 있었다. 가슴과 머리가 텅 빈 것 같아 자꾸 만져 보게 되고 과거 기억들은 생생한데 이런 것들이 현재 나에게 아무런 영향을 미치지 않아서 너무 신기하고 편안했다.

매사가 한없이 여유롭고 차 운전을 해도 빨리 가기 위해 차선을 바꾸는

---

2   지복감(至福感): 최고의 더할 나위 없는 행복감. 불가에서는 법열(法悅)이라 한다.

법이 없었고 속도위반하는 법이 없었다. 거의 두 달 동안 한없는 지복감에 빠져서 시간을 보냈다. 특히 몸의 변화가 특별했다. 그렇게 심한 진동을 하면서, 고질병으로 앓고 있던 오십견 근육통이 씻은 듯이 사라졌다.

군대 생활하면서 얻은 악성 무좀 습진을 나이 50이 넘도록 30년이나 달고 살았는데 신기하게도 사라져 버렸다. 오장육부가 어린애들처럼 되어서 자극이 없는 죽과 미역국 등 부드러운 음식만 섭취했더니 모든 속병이 다 사라졌다.

시도 때도 없이 상단전, 하단전에 뜨거운 기운이 돌고 새벽이면 발바닥이 뜨거워 잠이 깬 일도 있었다. 손바닥 발바닥은 어린아이들처럼 부드러워졌다. 눈이 악성 난시로 다초점 안경을 10년 넘게 쓰고 다녔는데 어느 날 갑자기 시력이 좋아져서 안경을 벗었는데 지금도 시력검사를 하면 1.2가 나온다.

수행을 통해서 내 몸이 말 그대로 '환골탈태(換骨奪胎)'를 한 것이다. 백일 동안은 하루도 거르지 않고 좌선을 했다. 가부좌를 틀고 앉으면 두 시간은 금방이다. 눈을 감으면 황홀한 빛의 향연이 벌어지고 구름 위에 앉아 있는 듯 편안함의 연속이었다. 그때부터 좌선하는 나와 이를 지켜보고 있는 내가 따로 있는 것처럼 내가 대상으로 느껴지는 분리 현상이 저절로 일어나곤 했다.

그 이후로도 마음만 먹으면 욕구나 습관을 쉽게 바꿀 수 있었다. 단주(斷酒)도 어렵지 않게 할 수 있었고, 내 몸을 조복 받았다는 느낌이었다. 에고의 저항을 극복한 대가라는 생각이 들었다.

: 예고의 저항 2 – 백척간두 진일보

간화선 돈오체험을 한 후 자격시험 준비를 하면서도 매일 새벽 한 시간 법문을 듣고, 점심때 한 시간 포행하며 저녁 시간은 수시로 시간을 내어 좌선을 하면서 수행을 이어 갔다. 건강도 좋아지고 수행의 힘이 붙어 있었던 2004년 5월 하순경 과거 간화선 수행할 때 오던 진동 현상이 다시 왔다. 그때는 집에서 혼자서 수행할 때이다. 회음혈 쪽에 강한 전류가 치고 올라오는 현상이 또 왔다. 그때는 처음처럼 폭발 현상은 없었지만, 온몸이 들썩들썩 튀어 오르는 진동 현상은 예전보다 더 강렬했다.

이런 진동은 이미 해 본 경험이 있기 때문에 더 이상 나에게는 두려움이 될 수 없었고 진동이 일어나는 대로 다 받아 주었다. 수행 중에 오는 진동은 오히려 좋은 징조로 보아도 된다. 그래서 힘은 들지만 편하게 받아들이면서 지켜보았다. 이번에는 사흘 밤낮 계속 해서 진동이 왔다. 처음에는 강력하게 진동이 오더니 점차 강도가 약해지면서 그 전에 경험하지 못한 춤사위처럼 유연한 동작들이 나오기도 했다. 그리고 내 손이 내 의지와 상관없이 머리끝부터 발끝까지 온몸의 경락을 툭툭툭 두들기고 다니면서 스스로 치유했다.

사흘째 되던 날 밤에는 밤새도록 진동과 함께 특이한 동작들이 나왔다. 내 의지와는 상관없이 다른 기운에 의해 복식호흡이 저절로 되었다. 한 호흡에 정확하게 2분이 소요되는 복식호흡을 하게 된 것이다. 그 외 다양한 동작들이 내 의지와 상관없이 밤새도록 이어졌다. 내 안에 다른 기운이 나를 수행하기 좋은 몸으로 만들어 가는 듯한 느낌이 들었다.

새벽 먼동이 틀 무렵 내 몸에 이상한 조짐이 느껴졌다. 그리고 내 의지와는 상관없이 내 입에서 "관세음보살~, 관세음보살~" 이런 염불이 저절로 나오더니 창밖에서 관세음보살 화신으로 보이는 눈부신 팽냉의 빛이 방안으로 밀려들어 오고 있었다. 그 순간 이런 현상이 '삿된 악령에 빙의가 되는 현상이 아닌가?' 하는 두려움이 밀려오면서 나는 비명을 지르고 방을 뛰쳐나갔다. 전혀 예상치 못한 일이 순식간에 벌어졌다. 그 순간부터 내 귓속에서 '관세음보살~' 염불 소리가 나기 시작했다. 귀를 막으면 막을수록 더 크게 들리고 어떻게 할 방법이 없었다. 무엇인가 잘못되었구나 싶고, 참으로 억장이 무너졌다.

출근길에 차를 운전하고 가면서 차에 녹음테이프를 켜니 테이프가 제멋대로 돌아가면서 오작동하는 것을 보고 기겁을 했다. '이런 상태에서는 차 사고를 유발해 나를 죽일 수도 있겠구나!' 하는 두려움이 밀려오면서 여전히 귀에서는 염불 소리가 들렸다. 사무실에 도착해서 컴퓨터를 켜는데 또 한 번 기겁했다. 컴퓨터 커서가 내가 클릭하는 대로 움직이지 않고 자기 마음대로 돌아다니더니 한참 후에 정상으로 돌아왔다.

갈수록 태산이라더니 어떻게 해야 할 줄 몰랐다. 삿된 것에 걸렸다고 생각하니 수행을 시작했던 것이 후회스러웠다. 결국 이렇게 되려고 그 짓을 그렇게 힘들게 했나 싶으니 억장이 무너지고 눈물이 앞을 가렸다.

지하도에 누워 있는 노숙자가 부러웠다. 간화선 수행을 지도해 주신 스님도 장기 출타 중이라 계시지 않고 선원 법당에 가서 부처님 전에 지푸라기라도 잡는 심정으로 엎드렸다. 답이 없어, 한참 울고 나서 마음을 정리했다. '삿된 것의 노예가 되느니 차라리 맞서 싸우다 죽자.', '이번 생은 포기하고 다음 생을 기약하자.' 이렇게 마음을 정리하고 나니 두려움이 사라졌다.

밤이 깊어 가는데 가족이 놀랄까 싶어 빈방에 홀로 누워서 기다렸다. 귀에서 나는 염불 소리는 나든지 말든지 내버려 두었다. 무엇이든지 나타나면 사생결단을 할 참이었다. 비몽사몽간에 나타난 것은 원숭이를 닮은 시커먼 동물이 내 주변에 수십 마리가 나타나 노려보고 있었다. 죽기 아니면 살기, 닥치는 대로 다 해치웠다.

이번에는 내 키보다 큰 시커먼 뱀이 내 목을 감고 나를 공격하기도 하고 시커먼 두루마기를 입은 저승사자가 나타나기도 했지만 모두 해치웠다. 죽을 각오를 하고 덤볐더니 두려움 없이 모두 해치웠다. 꿈도 아니고 생시도 아니고 뒤죽박죽이었다. 그런 환영들과 전쟁을 치르고 나서 잠이 들었다.

꿈속에서 어떤 노인이 나타나 내 몸속의 피를 모두 뽑아내고 새로운 피로 수혈을 해 주는 꿈도 꾸고, 내 몸속에서 핀셋으로 유리 조각들을 뽑아내는 꿈을 꾸기도 했다.

그리고 눈부시게 밝은 태양이 떠오르는 꿈을 끝으로 잠에서 깨어났다. 귀에서 나던 염불 소리도 멈추고 태풍 후에 오는 정적처럼 온 세상이 고요하고 내 몸과 정신은 한없이 가벼워졌다. 벼랑 끝에 내몰렸다가 기사회생한 기분이었다. 그리고 그 후로 많은 변화와 도약이 일어났다.

이런 현상이 에고의 저항이라는 사실을 알게 된 것은 세월이 한참 흘러간 후였다. 내가 온전한 자각체가 되지 않으면 사후 세계에서도 이생에서 내가 겪었던 이런 일들처럼 내가 만든 현상에 기겁을 하고, 내가 만든 환영에 놀라 혼절할 것이 불을 보듯 뻔하다.

에고의 저항은 본성에 다가가는 수행자들만이 겪는 현상인 듯하다. 수행을 하지 않는 일반인이나 개념으로 즉 머리로만 공부하는 사람들에게는 에고의 저항이 없다고 본다.

옛 선사들이 말하는 "백척간두(百尺竿頭) 진일보(進一步)"라는 말에서 '백척간두' 즉 떨어지면 죽는 백 척 장대의 끝은 나의 에고가 만든 '덫'이다. 에고의 덫을 죽을 각오로 이겨내는 것이 백척간두에 진일보하는 것이요, 에고의 저항을 이겨내는 것이다. 백척간두 진일보하지 않고는 도약은 없다.

: 예고의 저항 3

2004년은 참 다사다난한 해였다. 수행의 힘이었던지 주경야독(晝耕夜讀)한 지 10년, 내 나이 54세에 드디어 세무사 자격시험에 합격하는 즐거움을 맛보았다. 반면에 세 살 아래 남동생이 암으로 저세상으로 가는 아픔도 있었다. 27년 공직 생활을 청산하고 개업했다. 낮에는 열심히 생업에 종사하고 퇴근 후나 주말은 참선 수행하는 데 전념했다.

그때 나에게 나타난 특이한 현상은 분리 현상이었다. 항상 나를 보고 있는 또 다른 내가 있다는 느낌이 들었다. 그리고 필요하면 내 몸 어느 부위든지 자율적으로 진동이 일어나게 할 수도 있는 능력이 저절로 생겼다.

좌선할 때도 가부좌하고 있는 내가 있고 이를 보고 있는 또 다른 내가 느껴지는 현상이 신기해서 주변에 물어봐도 아는 사람이 없었다. 내 몸이 피곤하거나 어깨가 뻐근하면 자연스럽게 몸을 흔들어 진동하는데 이때 보는 내가 있고 흔들어 대는 내가 있었다. 머리, 어깨, 팔다리, 심지어 혀까지 몸 어느 부위든지 진동이 가능했다. 내 의지로는 움직일 수 없는 장기(위, 대장, 신장, 간)도 부위별로 의식만 집중하면 진동을 시킬 수 있었다. 위장은 '말려 올라가는 진동'을 하고 다른 장기는 임신했을 때 아기들이 발길질 하는 것처럼 배가 불룩불룩했다.

특히 통증이 있을 때는 아픈 나와 보고 있는 내가 바로 분리되면서 지켜보면 통증이 훨씬 완화되었다. '아픈 것은 너 사정이고 보고 있는 나는 하나도 안 아프다.' 혼자서 이런 말을 자주 했던 기억이 난다.

또 하나 특이한 것은 항상 나의 수행을 도와주고 위험으로부터 나를 보호해 주고 있는 그런 존재가 내 주변에 있다는 느낌이었다. 나를 지켜주는 신장(神將)이라 생각했다. 이런저런 능력들이 생기고 또 그럴 조짐들이 보였지만 이런 것은 전부 수행을 망치는 마장이라는 것을 알고 있었기 때문에 내 건강이나 가족을 위한 것만 제한적으로 사용했다.

30년 전에 자율 진동으로 기공 특허를 내서 생계 수단으로 삼고 있는 서울의 □□□로부터 요청을 받고 서울 본부에 가서 시연을 보여 주기도 했고, '부산수련센터'를 낼 것을 권유받기도 했지만 거절했다. 통증을 느끼는 사람의 환부를 내 손이 저절로 찾아 주물러 주기도 하고 손으로만 짚어 주어도 열감을 느끼면서 치유 효과가 나기도 했지만, 밖에서는 일절 사용하지 않았다.

어떤 능력도 사용하지 않으면 없어지기 마련이다. 계속 사용하고 관심을 가지면 능력은 커지겠지만 수행에는 마장이다. 누구든지 능력에 대한 유혹을 뿌리치기는 쉽지 않을 것이다.

그렇게 세월이 흘러 2006년쯤 일이다. 강원도 오대산 등산을 가서 월정사, 상원암, 적멸보궁을 차례로 참배하고 정상을 향하는데 갑자기 극심한 편두통이 왔다. 눈을 뜰 수도 없고 한 걸음도 걸을 수 없는 상태였다. 그럴만한 이유가 전혀 없는데 생전 처음 겪어 보는 극심한 통증이었다. 길옆에 앉아 가부좌를 틀고 긴 복식호흡을 하면서 분리를 했다. 통증은 금방 가라앉고 10분쯤 지나니 완전히 사라졌다. 그래서 정상까지 등산하고 내려왔지만, 그 후 아무 이상이 없어서 따로 병원에 갈 필요가 없었다.

그런 일이 있고 한참 지난 후 집에서 잠을 자는데 새벽 두 시쯤 갑자기 창자가 끊어지는 것처럼 아픈 복부 통증이 왔다. 거실로 나와서 가부좌를 하고 즉시 분리에 들어갔다. 숨도 쉴 수 없을 만큼 아프던 통증은 견딜 만하게 완화되었다. 그렇게 1시간쯤 앉아 있는데 화장실에 가고 싶어서 일어났다. 화장실에서 분리가 풀어지니 갑자기 극심한 통증이 오는데 소리를 지를 수도 없고 겨우 화장실 문을 두드렸더니 집사람이 놀라서 나왔다.

119를 불러 병원 응급실에 실려 갔다. 응급실에서 통증을 완화하는 진통제를 투여했으나 소용이 없었다. 단위를 더 높여 다시 투여해도 소용이 없었다. 응급실 침대에 가부좌를 하고 분리해서 통증을 가라앉혔다.

다음날 검사를 해도 원인을 못 찾고 아침에는 멀쩡하게 나아서 집에 와서 아침을 먹고 출근했다. 그런데 오후에 또 이런 현상이 와서 다른 병원으로 갔는데 또다시 진통제 단위를 높여서 투여해도 듣지 않았다. 또 가부좌를 하고 분리를 통해서 통증을 해소했다. 통증클리닉 전문의에게 물어봐도 원인을 알 수 없었다.

결국 통증의 원인은 찾지를 못하고 그렇게 지나갔다. 자꾸 분리하다 보니 신경계통에 문제가 생겨서 진통제가 듣지 않았다는 생각이 들어 덜컥 겁이 났다. 그 후로는 의도적으로 분리를 안 하려고 노력했다. 하지만 지금도 자다가 다리에 쥐가 나면 저절로 분리가 일어나고 정강이가 어디에 부딪혀 통증이 오면 저절로 분리가 일어난다.

몇 년이 지난 후 도반들과 이 사건을 얘기하다 보니 중론이 '에고의 역습'이라는 것이었다. 분리를 못 하게 막는 에고의 작용이라는 것, 겁주는 에고에 결국 손들고 물러섰으니 에고의 의도대로 항복한 것 같다. 에고는 항상 내 생각 위에 작용하고 있으니 모르고 당하는 경우가 많다. 그래서 이를 점검해 주고 대처할 방법을 일러 줄 스승이 필요하다.

: 에고 길들이기

2007년은 나에게는 또 다른 의미가 있는 해다. 나의 전생을 모르던 그때는 다음 생에는 꼭 출가한 스님으로 구도자의 길을 가는 원(願)을 세웠다. 그런데 어느 날 생각을 달리했다. 다음 생을 기다리지 말고 지금부터 수행하는 스님과 똑같은 삶을 살아 봐야겠다는 생각이 들었다.

그래서 지금까지 살던 생활 패턴을 바꿔서 수행하는 스님들과 똑같이 금주, 금육식, 금욕도 하고 새벽 수행을 위해 수면 시간까지 조절했다. 연초부터 술을 끊기 위해 6개월 동안 술 일기를 썼다. 본래 수십 년 동안 술을 너무 좋아하고 사랑했던 터라 쉽지 않았으나, 6개월 동안 에고의 힘을 많이 빼놨더니 별 저항 없이 해낼 수 있었다. 나는 본래 먹는 것을 좋아하고 맛을 즐기는 미식가였다. 그래서 식욕이 왕성하고 약간 과체중이었다. 식욕을 다스리기 위해 집에서 단식했다.

일부러 음식이 넘치는 추석을 전후로 해서 8일간 단식했다. 배고파 하는 나와 이를 보고 있는 나로 분리가 저절로 일어났다. 배고프다고 보채면 노상에 음식이 넘치는 재래시장으로 끌고 가기도 하고 안 먹어서 힘이 없다고 몸이 처지면 뒷산에 올라가 한두 시간씩 등산을 시켜서 저항하지 못하게 했다. 그때 길들어진 식습관으로, 평소에는 잘 먹지만 1년에 한 달씩 정기적으로 하는 효소 단식을 어렵지 않게 한다.

옛날부터 도가나 유가에서 전해 내려오던 '6경신 수행'이 있다. 1년 동안 60일에 한 번씩 6번 돌아오는 '경신일'에 밤을 꼬박 새야 하는데 한순간도 졸면 허사가 된다. 이날은 하늘(본성)과 통하는 날인데, 이날은 졸음의 방해가 더욱 심해져서 성공한 경우가 거의 없는 것으로 전해지고 있다. 언제든 졸음이 올 조짐이 보이면 가차 없이 밖에 나가 다음날 아침까지 계속해서 걸어 다니면서 졸음을 이겨냈다. 그러나 6경신 여섯 번째 마지막 경신일 밤 자정 무렵 깜박 1분쯤 조는 바람에 실패하고 말았다. 아마 이것도 에고의 저항이 아닌가 생각해 본다.

다음은, 미국의 어느 목사가 만든 방법이 기사화된 내용이다. 처음에 왼손에 단주[3]를 차고 21일 동안 절대로 화를 내지 않아야 하고 심지어 작은 짜증도 내지 않아야 성공하는 게임이다. 중간에 실패하면 단주를 다른 손에 옮겨 차고 처음부터 다시 해야 한다.

과거에 화 일기를 6개월 동안 써 본 경험이 있어서 가볍게 생각하고 도전했다가 두 번이나 실패하고 겨우 세 번째 통과했다. 장난 같은 이런 일도 정성을 들여 해보면 나를 보는 훌륭한 수행이 된다. 산사에 들어가 용맹정진하는 것만 수행이 아니다. 우리 일상의 모든 것이 수행거리다.

이런 에고의 길들이기 준비를 거쳐 수행하는 스님들 일상과 비슷한 형태의 삶을 살기 시작했다. 철저하게 계율을 지키고 새벽 세 시에 기상해서 참선 수행으로 하루를 시작했다. 이미 식욕, 수면욕 등을 조복 받아 에고가 길들여진 상태라서 금욕도 어렵지 않게 해낼 수 있었다. 집사람도, 함께하는 수행자로서 모든 것을 받아들이고 부부의 연보다는 도반의 연으로 살아가는 데 흔쾌히 동의했다. 그렇게 시작한 수행자 생활을 2012년 X명상센터에 입문할 때까지 5년 동안 간화선에 이어 염불선까지

---

[3] 단주: 구슬로 엮은 팔찌.

다양한 경험을 이어 갔다.

  2012년 6월 자각 수행을 시작하면서 내가 지키고 있던 계율인 금주, 금육식, 금욕도 나를 구속하는 설정이라 생각하고 파계해 버렸다. 그 후 3년을 자유롭게 살다가 작년 11월을 시점으로 술의 병폐를 인식하고 다시 단주를 시작했다. 단주를 하게 된 동기는 여러 가지가 있지만 술을 즐기면서는 명료한 의식 상태를 유지하기가 어렵고, 특히 에고에 힘을 실어 주는 에너지원이 되는 것 같아 단주를 결심하게 됐다.

  두려움의 에고는 빈총을 든 강도라는 생각을 해본다. 에고의 실체를 모르는 사람은 혼비백산(魂飛魄散)하고 속지만 에고의 실체를 아는 사람은 두려워하거나 속지 않는다. 반면에 어떤 상태에서 오는 기분 좋은 지복감도, 내가 공부를 남달리 잘하고 있다는 생각도, 어떤 능력을 추구하는 것도 에고의 유혹에 머물고 있는 자기를 보아야 본다. 그래서 오래 머물면 병이 되고 신세를 망친다고 한다. 결국 수행이란 에고와의 끝없는 게임이라는 생각이 든다.

: 에고 길들이기 – '뒤집기 신공' 특강

　에고는 나의 작용보다 상위 작용으로 다가오고, 나의 생각보다 상위 생각으로 다가온다. 그래서 늘 속을 수밖에 없다. 나는 수없이 속아 왔고 지금도 늘 속고 있다. 그래서 내가 생각해 낸 것이 뒤집기 신공 수행법이다. 나는 지금도 일상에서 끊임없이 적용해 본다.

　다음 자료는 내가 하는 수행 방법을 공유하고자 2015년 '□□□' 단체에서 1시간 동안 밴드 라이브특강을 했던 자료를 도반이 수행 게시판에 올려놓은 것이다. 이번에 올리는 글들이 에고라는 주제로 펴는 장이라서 다시 한번 음미해 보는 것도 좋을 것 같아서 공유하고자 한다.

1. 출발은 내 생각을 아는 것부터 시작한다

　나의 성향, 습, 행위 이런 것들은 내 생각의 산물들이다. 생각은 어떻게 만들어지는가? 생각은 홀로 만들어지거나 홀로 존재하지 못한다.

　항상 쌍으로 만들어지고 쌍으로 사라진다. 그 쌍은 서로 반대의 성향이다. 애정을 전제로 증오를, 높음을 전제로 낮음을, 좋음을 전제로 나쁨을 만들지만 우리는 단면만 인식한다. 이는 산과 골이 함께 생기는 이치와 같다. 그래서 뒤집으면 양면이 다 보인다.

　그리고 양면을 다 내가 만들었구나! 만드는 것도 나고 뒤집는 것도 나이구나! 이런 자각이 올 때 나는 양면에 자유로운 상태가 된다. 이 상태가 선불교에서 말하는 중도실상(中道實相)의 자리가 아닌가 생각해 본다.

2. 백척간두에 진일보하는 것이다

죽어도 할 수 없다고 생각되는 것을 몸을 던져 뒤집어 보는 것, 이것이 진정한 뒤집기이다. 죽을 것 같지만 막상 몸을 던져 뒤집고 나면 예상치 못한 새로운 지평이 열리는 경험을 할 것이다.

결국 내 에고와의 주도권 싸움이다. 뒤집으면 일단 벗어 날 수 있다. 수행을 통해서 내가 사라지는 경험을 하는 것, 즉 삼매에 드는 것, 이런 것도 훌륭한 뒤집기 방법이다.

3. 내 육신의 임계점, 내 생각의 임계점을 넘어 보는 것이다

이런 경험을 통해서 내 에고의 벽은 점점 얇아지고 구멍이 숭숭 나기 시작한다. 그때부터는 뒤집기가 어렵지 않다. 에고의 저항이 약하기 때문이다. 결국은 나와 에고의 주권 싸움이다. 내가 현상의 주인인가? 내가 현상의 노예인가? 자각을 아는 우리는 당연히 주인이다.

4. (뒤집기 신공 발휘는) 처음은 힘든 것이 맞다

한고비만 넘기면 그다음은 비교적 쉽게 된다. 그래서 수행이 선행되어야 한다. 힘을 얻어야 한다.

5. 실존에 있어서 생각으로 생각을 뒤집는 것이다

가벼운 것은 가능하다. 역지사지(易地思之)하는 마음을 가져보는 것, 그러나 이는 한계가 있다. 몸에 밴 습이나 성향이 역지사지하는 마음 한번 먹는다고 바뀌기는 어렵다. 물을 물로 다스리기 어렵고, 불을 불로 다스리기 어려운 이치와 같을 것이다.

뒤집기 신공, 이는 내 생각과 반대로 내 몸을 던져 버릴 때 내 습이나 성향이 바뀐다. 그리할 때 '내 운명도 바꿀 수 있고 번뇌의 뿌리까지도 뽑아버릴 수 있구나.' 하는 확신이 들기 시작할 것이다.

장마철에 풀을 베어 내도 돌아서면 또 올라오듯이 우리의 번뇌도 이와 같이 돌아서면 또 올라오기를 반복한다. 풀을 뿌리까지 말려 죽이는 방법은 갈아엎어야 하듯이 번뇌의 뿌리를 말려 죽이는 데는 뒤집기 신공 이만한 방법이 없다는 생각이 든다.

6. 사실 알고 보면 우리가 말하는 수행이라는 것들은 모두 뒤집기 연습이라 해도 될 것이다

내가 식섭 경험한 산화선의 돈오체험, 엄불선의 삼매체험, 넝상센터의 자각 등 이런 수행들이 육체와 생각의 임계점을 넘어가 보는 경험들이었다. 즉 내 현상계를 한번 뒤집어 보는 경험을 하는 것이었다. 이런 경험을 통해서 내 현재의 삶이 꿈과 같은 것 '일체유위법(一切有爲法) 여몽환포영(如夢幻泡影)'이라는 사실을 알아 가는 과정이라 생각한다. 임계점을 넘어 보는 수행 역시 많은 시간이 걸리는 것이 아니다. 일주일만 내 몸을 던져버리면 누구나 경험할 수 있다고 본다.

7. 경전에서도 밝힌 뒤집기 신공

수행의 기본 교과서라고 하는 『육조단경(六祖壇經)』[4] 제10장 「부촉유통편」을 보면 36대법[5]의 이치를 깨닫고 알아서 쓰면 일체의 경전에 통달하고 양변을 여의는 중도에 이를 것이라 했다. 또한 수행의 비기로 전해 내

---

4 육조단경(六祖壇經): 『육조대사법보단경(六祖大師法寶壇經)』의 약칭이다. 이 책은 중국 선종(禪宗) 제6조인 당나라 혜능(慧能, 638~713)이 소주(韶州)의 대범사(大梵寺)에서 중국 선종의 창시자 달마대사부터 제6조에 이르기까지 자신의 수행 과정, 문인들의 수행을 위한 10가지 법문을 담고 있다. 그의 제자 법해(法海)가 집성하였다. 엄밀한 의미에서 이 책은 경(經)이 아니라 조사어록(祖師語錄)으로 분류되어야 한다. 고려시대 강화도 선원사에서 간행한 목판본이 현전하는 판본 중 가장 오래된 것이다.
5 36대법: 36가지의 대응된 생각.

러오는 화양선사의 『혜명경』[6]에 숨겨진 비밀로 알려진 「수승화강」 비법이 있다. 여기에서도 '생각과 반대로 행동하는 것이 누진통에 이르는 가장 빠른 길이다.'라고 기술하고 있는 것을 보면서 뒤집기 신공에 더 큰 믿음과 확신이 생겼다.

8. 진정한 행복

세상의 모든 수행법은 결국 자기 설정을 깨고 뒤집어 에고로부터 자유로워지는 것이 아닌가 생각한다. 그리고 일상에 이를 적용하여 번뇌로부터 자유로운 삶, 해탈의 삶을 누리고자 하는 것이 당면한 과제가 아닌가 생각해 본다.

9. 걸림 없는 자유

내 생각과 반대로 몸을 던져 '뒤집기 신공'을 해도 상대가 반응이 없거

---

[6] 혜명경: 불가 및 선종의 대표적 경전인 능엄경과 화엄경 및 육조단경 가운데에서 진실한 구절들을 가려 뽑아 내단수련의 각 단계에 맞게 배열한 다음 각 구절들에 대하여 수련의 실제에 맞는 구체적이고 명백한 해설을 붙인 책이다.
특히 수련과정에서 겪는 감각 내지 경치와, 각 수련의 단계에 맞는 공부 요령을 친절하게 구체적으로 설명하였기 때문에 스승 없이 이 책만으로도 공부를 이룰 수 있도록 되어 있다. 또한 유·불·선이 결국 같은 정상을 향하여 같은 길을 오르고 있다는 점과 석가께서 당시에 가르친 본래 뜻이 바로 이것이라는 점을 밝힌다.(출처 : 예스24 〈https://www.yes24.com/Product/Goods/6110268〉)

나 내가 원하는 대로 변하지 않으면 당황하거나 자존심이 상해 더 큰 분노를 느끼는 경우가 있다. 단번에 긍정의 반응이 오지 않는 것은 상대도 그만큼 감정의 골이 깊다는 것이다. 그러나 화해와 용서의 메시지가 절대 감정이나 상황을 더 악화시키지는 않는 것이니 손해 볼 일은 없는 것이다. 상대가 기대한 만큼 반응이 오지 않아서 속상한 것은 세속 사람 누구나 쓰고 사는 거래적인 사고이다. 나의 노력에 대한 대가를 바라는 마음 때문이다.

지금 우리가 하는 뒤집기 신공은 상대를 변화시키는 작업이라기보다는 나를 변화시키는 데 더 비중을 두어야 한다. 상대가 반응하지 않고 나를 힘들게 하더라도 상대를 보지 말고 내 마음을 보기 바란다. 기대하는 마음도 내가 만들고, 분노하는 마음도 내가 만들며, 나에게 일어나는 모든 현상은 나에 의해서 생주멸(生住滅)한다는 자각을 놓치지 말아야 한다. 일체유심조(一切唯心造)이다.

그러면 언제까지 마음에도 없는 이 짓을 계속해야 할까? 상대가 변할 때까지……. 아니다. 내가 변해서 그 사람에 대한 감정이나 증오감으로부터 자유로워질 때까지 계속해 본다. 자유로워진 그런 상태가 되면 상대에 대한 증오감이 상대에 대한 연민으로 바뀌게 될 것이다. 상대의 문제는 그의 문제이니 시간을 두고 지켜보자. 시간을 두고 지켜보면 대부분 상대도 변하지만 설령 변화가 없다 해도 그의 문제일 뿐이다.

내가 그런 분노나 증오의 감정으로부터 자유로워지면 그것으로 충분하다. 그럴 때 내 가슴은 따뜻함으로 충만하고 미워했던 사람도 품어 줄 수 있는 힘을 얻는 것이다. 문제는 사라지고 자유를 얻게 될 것이다. 걸림 없는 대자유를…….

: 새로운 도약을 꿈꾸며 1

 2007년을 전환점으로 2008년 해가 바뀌면서 삶의 패턴이 완전히 달라지기 시작했다. 생계유지를 위한 경제활동 외에는 대부분의 시간을 수행에 전념했다. 새벽 3시면 일어나 참선한 다음 아침 포행으로 하루를 시작했다. 그리고 주말 대부분의 시간을 선원에서 참선하거나 도반들과 포행한 후 차를 마시면서 보냈다. 생활도 굉장히 단조로워졌다.

 간화선 돈오체험을 통한 육신의 환골탈태와 육신에 대한 에고의 저항이 약해져서 마음만 먹으면 습관을 의도한 대로 쉽게 바꿀 수 있어서 그때 나는 내 몸을 조복 받았다고 생각했다. 그래서 술도 끊어야겠다는 마음을 먹으니 아무런 저항 없이 끊어졌고 금욕도 별 어려움 없이 할 수 있었다.

 금욕한 후로는 성욕으로 인한 망상이 사라지고 여성들이 생명을 잉태하는 귀한 존재로 보이기도 했다. 이렇게 해 보지 않은 사람들은 식욕이나 성욕을 참느라고 고통스럽고 많이 힘들 것으로 생각한다. 그렇지 않다. 오히려 욕망이나 번뇌가 사라지고 평온해진 경험을 했다.

 술과 육류를 먹지 않으니 밖에 나가면 음식점 중 술집 고깃집이 태반인데 이런 집은 나하고는 상관이 없는 집이 되다 보니 사람 만남도 줄어들고 세상 반쪽이 없어져 버린 것 같았다. 주변에서 "사람을 많이 만나야 하는 직업을 가진 사람이 그렇게 살아서 어떻게 사업을 하려고 그러느냐." 하는 우려를 하기도 했다. 그러나 술친구들은 멀어지고 새 친구들이 생겼다.

 그때도 시간이 나면 혼자 산속에 들어가는 것을 좋아했다. 부산 근교

배내골에 산이 깊고 물이 좋은 조그만 암자에 스님이 한 분 계셨다. 주말이나 휴가를 내면 이 암자에 가서 시간 보내는 것을 즐겼다. 선원장까지 했던 수좌스님이었는데 건강이 나빠져 10년째 머물고 있었다.

여름휴가를 내고 스님께 무탁해서 혼자 머물 수 있는 방을 구하고 5일 동안을 스님과 두 사람이 함께 살았다. 오후 불식을 하는 스님이라 하루에 두 끼만 간편식으로 식사했다.

비 온 뒤 폭포 소리가 우렁차고 매미 소리가 유난히도 크게 들렸다. 밥 먹고 차 마시는 시간 말고는 거의 눕지도 않고 좌선했다. 새벽에는 스님과 둘이서 예불하고, 예불이 끝나면 스님은 나 혼자 앉혀 놓고 승찬대사의「신심명(信心銘)」[7] 법문을 해주기도 했다.

사흘째 되던 날, 초저녁부터 비가 부슬부슬 내리고 있었다. 법당에서 목탁을 치면서 염불을 하는 스님의 염불 소리가 이어졌다. 밤이 깊어 가고 자정이 넘어도 염불 소리는 그치지 않았다. 내 방에 밤새도록 불이 켜져 있으니 스님도 마음을 내셨는지 밤새도록 아침 예불 시간까지 염불 소리가 이어졌다. 나도 이에 질세라 눈을 부릅뜨고 밤을 새워 좌선했다.

함께 밤을 새운 스님과 함께 예불하고「신심명(信心銘)」법문을 듣는 것이 참 행복하다고 생각하면서 새벽 4시 반에 법당으로 향했다. 그런데 법당에는 불이 꺼져 있고 한 시간을 기다려도 스님은 오지 않고 스님 처소에도 불이 꺼져 있었다.

조금 전까지 염불하던 스님이 이 새벽에 어디를 갔을까 궁금했다. 포행을 하면서 두 시간을 보내고 돌아와도 스님이 보이지 않았다. 불길한 생

---

7 신심명(信心銘): 달마대사로부터 이어지는 중국 선종 불교의 3조인 승찬대사께서 깨달음에 관한 것을 게송 형식으로 쓴 시문.

각이 들었지만, 스님 처소를 열어 보기도 그렇고 난감했다.

한참이 지난 후 스님이 부스스한 얼굴로 나타나셨다. "아니 밤새도록 염불을 하시더니 예불도 안 하고 어디에 계셨느냐?"고 물었더니 지난밤에 감기·몸살로 고열이 나서 초저녁부터 지금까지 계속 방에 누워 있었다는 것이다. '아뿔싸, 또 삿된 것에 당했구나.' 싶으니 등골이 오싹했다. 기분이 좋지 않아서 스님께 짐을 싸서 내려가겠다고 말씀드렸더니 스님은 "넘어진 자리에서 일어서 보라." 하셨다.

방에 와서 차를 한잔 우려 놓고 생각해 보았다. '무엇인가 모르지만 내 공부를 방해하는 것'이라는 생각이 들었다. 그때는 몰랐지만 결국 내 에고의 저항이었다. 스님이 내 방 문밖에 '지장보살 염불 테이프'를 틀어 놓고 가셨다. 지장보살님이 삿된 것으로부터 보호해 줄 것이라는 믿음으로 그리하셨다.

다시 마음을 가다듬고 밤을 새워 정진하고 아침을 맞이했다. 스님이 참 감사했다. 아침 식사를 하고 짐을 싸서 산문을 나섰다. 스님이 내 옷가방을 받아서 가슴에 안고 주차장까지 배웅해 주셨다. 스님이 산길을 내려오면서 "처사님도 이렇게 수행하는데, 이번 기회에 다시 마음을 추스르고 큰절 선방으로 가야겠다."고 말씀하셨다.

출가 수행자의 고뇌가 느껴져 가슴이 먹먹해 왔다. 세월이 한참 흐른 후 그 스님으로부터 문자 메일이 왔다. 배내골 암자를 정리하고 법주사에 머물고 있다는 소식을 전해 왔다. 오늘 아침 안색이 맑으시고 소박하고 인자하신 그 스님이 그립다.

: 새로운 도약을 꿈꾸며 2

　매일 새벽에 일찍 일어나 좌선하고 포행하고 출근하고 주말이면 선원에 가서 참선하고 차 마시는 생활의 반복이었다. 세월 보내다 보면 되게 돼 있으니 조급증 내지 말라는 스님 말씀만 믿고 거의 똑같은 일상을 반복하며 몇 년이 그렇게 흘러갔다.

　선원에 가도 늘 『조사록』을 설명하는 하향식 법문만 있었고 도반들 간에 공유는 금기시하고 있어서 답답하기만 했다. 그렇다고 화두참구 할 때처럼 짜릿한 경험이 있는 것도 아니었다.

　그때 고향 친구로부터 지리산 어느 암자에 가면 저녁에 잠을 잘 때 등을 땅에 대지 않고 앉아서 잠을 자는 스님이 있다는 말을 들었다. 요즈음 같은 세상에도 '장좌불와' 하는 스님이 있다는 것이 믿기지 않았다.

　호기심이 발동해서 견딜 수가 없어 주말에 지리산 암자로 찾아갔다. 스님을 친견하고 차를 마시며 주변을 둘러보고 시간을 보내다 왔다. 스님의 수행 깊이야 가늠할 수 없지만, 외견상 참 맑고 순수해 보였다. 그 스님은 청화 큰스님 상좌스님 중 측근에서 청화 큰스님을 시좌했던 스님이셨다. 그리고 30년 동안 60안거를 성만한[8] 수행이 깊은 수좌스님이셨다.

　암자에는 요사채, 법당, 그리고 7평가량 조그만 선방이 있었다. 그리고 암자 뒤편 언덕 위에 스님이 '장좌불와' 한다는 비닐 천막이 설치되어 있

---

[8] 성만: 불교에서 일체를 완성·성취한

었다. 잠시 머물다 왔는데 그곳은 너무 편안하고 기운이 좋은 것 같았다.

그때가 5월 초, 종합소득세 신고 업무로 월말까지는 시간을 뺄 수 없었다. 그러나 한 달 내내 수행하기 좋은 지리산 암자가 머릿속을 떠나지 않았다.

6월 초, 일주일 예정을 하고 지리산 암자를 찾아갔더니 선방을 혼자 쓰면서 수행하라고 하시며 흔쾌히 받아 주셨다. 본래 청화스님 문중은 염불선 수행을 해 오고 있었다. 그래서 염불선 수행법을 스님으로부터 지도 받고 수행에 들어갔다.

염불선은 생소한 수행법이었으나 내 소리에 집중해서 집요하게 들어갔더니 어느 순간 답답함이 사라지고 목이 터지면서 단전에서 공명된 소리가 나왔다. 내 소리를 내가 들어도 우렁차고 거침없는 기운찬 소리가 나왔다. 그다음에는 온몸이 떨리는 진동과 함께 걷잡을 수 없이 눈물이 쏟아졌다. 과거 간화선 수행의 경험으로 보아 예사롭지 않은 조짐이었다. 내면으로 깊이 집중하면서 계속 염불을 이어 가면서 들어갔다.

나흘째 되는 날 새벽 염불을 시작하는데 조짐이 이상했다. 진동이 오기 시작하면서 염불하고 있는 나와 이를 보고 있는 내가 분리되면서 내 온몸에 강력한 기운이 뻗치는 것을 느꼈다. 법당에 홀로 가부좌를 하고 앉아 7시간 반 동안 고성염불을 했다. 한 번도 자세를 흐트리지 않고 물 한 모금도 먹지 않고 염불을 이어 갔다. 염불하는 내가 있고 이를 보는 내가 확연해서 나는 다른 사람이 염불하는 것을 구경하고 있는 것 같은 착각이 들었다.

그런데 의식은 완전히 다른 세계를 넘나들고 있었다. 나의 전생이 이미지로 펼쳐지기 시작했다. 염불하는 목소리는 내 의지와 관계없이 다양하게 바뀌어 갔다. 이때 갑자기 집사람 환영이 나타나 '더 이상 들어가지 마세요.' 하며 애원했다. 다음에는 아들과 딸 환영이 번갈아 가면서 '안돼요. 가지 마세요' 하며 애원했다. 그렇지 않아도 펼쳐진 현상에 겁이 나고 두려운데 갈등하게 했다. 내 에고가 만든 환영이었다는 사실은 훗날 알게 됐다.

좋아, 죽어도 좋고, 못 돌아와도 좋다. 처자식 만류도 뿌리치고 그냥 넘어가 버렸다. 두려운 마음으로 검은 바다를 지나니 전생이 펼쳐지기 시작했다. 염불하면서 의식은 전생으로 수십 생을 거슬러 올라갔다. 수행자로의 삶이 많았다. 구름 대중을 모아 놓고 법문을 하기도 하고, 벙어리 불구자로 힘들게 살던 생도 있었다.

전생뿐만 아니라 내생도 보였다. 전생은 이미지로 느껴졌는데 내생은 동영상처럼 생생한 화면으로 보였다. 대웅전보다 큰 기와집이 보이고 수많은 학인들이 드나드는 모습이 보였다. 그리고 거기에서 나의 역할도 보였다.

7시간 반을 물 한 모금도 마시지 않고 한순간도 쉼 없이 고성염불을 했는데도 목마름도 없고, 배고픔도 없고, 피곤함도 없었다. 마치고 나서 거울을 보니 내 얼굴에서 환한 빛이 나고 있었다. 완전히 다른 에너지를 끌어다 썼던 것 같다. 그런 경험을 한 후에는, 한 주일도 빠지지 않고 주말이면 지리산을 향했다. 금요일 오후에 가면 월요일 새벽에 돌아와 바로 출근하곤 했다.

월요일부터 금요일 오전까지 늘 지리산에 갈 생각에 사로잡혔다. 집사람 얘기로는 내가 지리산에 가기 위해 준비할 때가 가장 행복해 보였단다. 갈 때 세 시간, 올 때 세 시간, 염불삼매에 빠져 휴게실에도 안 들어갔다.

이곳은 적게 먹어도 배고픔이 없었고, 적게 자도 크게 졸리지 않는 수행하기 참 좋은 곳이었다. 이 무렵 8년간 다니던 선원을 접고 수행의 보금자리를 이곳 지리산으로 옮겼다. 이후도 주말 지리산 행(行)은 계속 이어졌다.

: 염불선

8월 여름휴가 때 지리산 암자에서 일주일 예정으로 수행을 시작했다. 매일 최소의 수면을 취하고 최소의 음식을 섭취하며 참선과 염불로 수행을 해 나갔다.

일주일이면 임계점을 넘을 수 있다는 확신으로 덤볐다. 이미 간화선 수행을 통한 경험이 있었기 때문이다. 하루하루 온 힘을 다해 수행을 이어갔다. 5일째 되는 날 몸이 지칠 대로 지쳐서 거의 탈진 상태가 되었다. 머리끝부터 발끝까지 칼로 도려내는 것처럼 극심한 통증이 왔다. 목은 성대 결절이 일어났는지 너무 아프고 목소리가 나오지 않았다.

'내가 왜 이런 힘든 짓을 하는 거야.', '여름휴가 때 여행도 가고 골프도 치고 다들 즐기는데 이게 뭐야.' 그만두고 내려가고 싶은 생각이 굴뚝같았다. 한나절 동안 몸을 눕혀서 쉬고 있었다. 그때 '아 수행을 방해하는 마장이 왔구나.' 하는 생각이 들었다. 에고의 저항인 것이다. 하마터면 마장에 속아 중단하고 내려갈 뻔했다.

다른 방법이 없어 기다려 볼 수밖에 없었다. 가부좌를 하고 눈을 감고 앉아 있는데 갑자기 내 손이 내 의지와 관계없이 정수리부터 툭툭 치기 시작했다. 과거 간화선 수행 때 나타난 현상이 똑같이 나타난 것이다. 머리끝부터 발끝까지 내 손이 자율적으로 툭툭툭 치고 다녔다. 내가 겪고 있는 극심한 통증을 자가 치유하는 현상이 일어났다.

이런 현상이 처음이 아니라서 두려울 것도 없고 그대로 받아 냈다. 오전에 한 시간 반가량, 오후에 두 시간가량 이런 자율행위가 이어졌다. 그렇게 아프던 몸이 씻은 듯이 나았고, 아프던 목도 씻은 듯이 나았다. 몸이 정상으로 회복되고 저녁나절부터 수행에 전념할 수 있었다.

법당에서 3천 배 정진수행 하는 세 사람과 함께 철야 정진을 했다. 새벽 2시쯤 염불을 하다가 눈을 감으니 갑자기 다른 세계가 펼쳐졌다. 배경이 티벳의 고산지대 산길 같은 곳이 나타나고 그곳에 두루마기를 입은 스님과 내가 함께 길을 가고 있는 것이다. 그런데 현실이 아닌 다른 또 다른 세계에서 나를 이끌어 주시는 스님은 생전에 한 번도 친견해 보지 못한 청화스님이셨다.

염불은 계속하고 있는데 눈을 떠보면 법당에서 절을 하고 있는 사람들이 보이고 눈을 감으면 그 스님과 구도 여행을 하고 있었다. 꿈도 아니고 생생한 현실인데 동시에 두 세계가 열린 것이다. 눈을 감으면 현실 세계가 사라져 버리고 다른 세계가 열리고, 눈을 뜨면 저쪽 세계가 사라져 버리고 현실 세계가 열리는 희한하고 믿기지 않는 현상이 일어났다.

염불은 나 아닌 다른 사람이 하고 있는 것처럼 계속 돌아가고 있고 또 다른 나는 이쪽과 저쪽을 넘나들면서 구도 여행을 하고 있었다. 끝없이 이어지는 비포장 산길을 앞서거니 뒤서거니 하면서 걸어갔다. 두려운 마음으로 거대한 빛의 터널을 지나기도 하였다. 눈을 떠보면 법당에서는 다른 사람들이 계속 절을 하고 있었다. 그리고 얼마 후 깜깜한 암흑의 세계에 갇혔다. 갇혀 있는 몸이 화석처럼 굳어 버렸다. 그리고 의식도 화석처럼 굳어 버려서 아무런 생각을 일으킬 수도 없었다.

깜깜한 어둠 속에서 한줄기 빛이 보였다. 아미타불을 염불하면서 겨우 빠져나왔다. 동행하던 스님도 놀란 표정을 지으면서 안도의 숨을 쉬었다.

수없이 많은 경계를 넘나들면서 구도 여행을 이어 갔다. 눈을 뜨면 여전히 법당에는 3천 배를 하느라 숨소리가 거칠었다. 마지막에는 키가 하늘에 닿는 거대한 황금색 불상이 나타났다. 스님과 나는 그 거대한 황금색 불상 몸속으로 들어갔다. 그 안에 들어가니 크기가 보통 사람 정도 되는 눈부신 자색 광명 불상이 있었다.

나는 그 광명이 너무 눈이 부셔서 눈을 감아 버렸다. 순간 내 몸이 전기에 감전된 것처럼 부르르 떨렸다. 눈을 떠보니 그 불상이 내 몸 단전 속으로 들어가고 있었다. 불상이 단전으로 완전히 들어간 후 구도 여행이 끝났다. 나를 안전하게 이끌어 주신 스님께 감사 인사를 드렸다. 눈을 떠 보니 여전히 법당에서는 절을 하고 있었다.

그때 시간이 구도 여행을 시작한 때로부터 두 시간 반이 지났다. 곁에 있는 사람들은 나에게 무슨 일이 일어났는지 알 수 없었다. 곁에 있던 보살이 내 몸에서 지독한 담배 냄새와 악취가 난다고 했다. 금연을 한 지 18년이나 지났는데 이해할 수 없는 일이 벌어졌다. 그러더니 잠시 후 이 냄새가 흔적도 없이 사라져 버렸다. 그 후 몸의 정화가 일어났던지 아주 가볍고 편안해졌다.

이런 기이한 경험이 왜 나에게 일어났는지 알 수 없었다. 그 후로도 수행은 계속 이어졌지만 늘 미진하고 답답한 마음은 떨쳐 버릴 수 없었다. 그러다가 2012년 6월 서울 고종사촌형이 주고 간 깨달음에 관한 서적을 두 번 읽고 나서 자각명상센터를 찾아가서 새로운 인연이 시작됐다. 엠피쓰리(mp3) 녹음기를 구입해서 처음 녹음해 온 것이 캄보디아 투어 스승님 음성 법문이었다.

주말에 지리산에 가려고 옷 가방을 준비해 놓고 있었다. 아침 7시쯤, 한

30분만 녹음 법문을 듣고 출발할 생각이었다. 그런데 30분을 듣고 나니 그다음이 궁금해서 견딜 수 없었다. 한 시간이 지나고 두 시간이 지나니 그다음 이어질 법문이 더 궁금했다. 그래서 지리산 가는 것을 포기하고 계속 들었다. 마침 집사람이 해외여행을 가고 집에는 나 혼자 있었다.

 점심도 밥을 물에 말아서 대충 때우고 저녁도 또 그렇게 때우고 녹음 법문을 멈추지 않고 계속 이어서 들었다. 녹음 법문을 논스톱으로 다 듣고 나니 그다음 날 새벽 3시가 되었다. 18시간을 가슴 두근거리며 법문을 듣고 난 후 내 입에서는 나도 알 수 없는 말이 나왔다. '아! 이분이 나를 기다려 주셨구나!' 한 번도 뵌 적이 없는 법문 속의 스승님에게 나도 모르게 이런 말을 중얼거렸다는 것이 지금 생각해도 불가사의하고 궁금하다.

: 나의 모든 것을 내려놓고자 합니다

지난 세부 투어를 마치고 돌아오면서 수행을 해야겠다고 생각했다. 그래서 술을 끊고, 게시판에 글 쓰는 것도 자제하고, 불필요한 말도 좀 줄이자고 마음먹고 실천에 옮겼다.

그러나 수행해 보려고 하니 막막했다. 옛날 절에서 했던 것을 또 할 수도 없고 답답하기만 했다. 그런 상태에서 허송세월하고 있었다. 그 무렵 스승님이 보내 주신 한 줄의 쪽지가 있었다. 처음에는 칭찬인 줄 알았다.

그런데 아니었다. 채찍이었다. 채찍을 맞았으면 뛰어야 할 것인데 뛰어야 할 방향을 알 수 없었다. 그런 상태에서 이번 투어를 맞이하면서 스승님 뵐 면목이 없었다. 마지막 간담회 시간에 스승님은 '에고 박멸'이라는 추상같은 법문을 하셨다. 멍청하게 알아듣지 못하니 손에 쥐어 준 것이다. 안 나아가면 밀어 버릴 수도 있다고 하셨다.

돌아와서 5월 30일 '내가 해야 할 일'이라는 글을 쓰며 의지를 냈다. 당장 나를 가로막는 에고의 저항에 대해 곰곰이 생각했다. 수행 과정에 에고에게 하도 많이 당하고 지금도 당하고 있는 내 경험을 도반들과 공유하고자 '에고의 저항'이라는 글을 쓰기 시작했다.

이 글에다 기다렸다는 듯이 첫 번째로 스승님께서 힘을 실어주는 댓글을 달아 주셔서 더 큰 의지를 낼 수 있었다. 본격적으로 수행 중에 경험했던 에고의 저항에 대해 글을 쓰기 시작했다. 그런데 글 세 편을 쓰고 나니 도저히 더 쓸 수가 없었다. 몸이 아픈 데도 없는데 갑자기 탈진이 되어 힘이 없고 몸살이 날 것 같았다. "그까짓 서푼도 안 되는 경험, 또 자랑질이야."라고 비아냥대는 소리가 들리는 듯하고, 댓글에도 민감하게 신경이 쓰여서 쓰기가 싫어졌다.

그때 서울의 모 도반으로부터 전화가 와서 '정말 많은 도움이 되는 글'이라며 계속 써 줄 것을 간곡히 부탁했다. 집사람도 한 사람에게라도 도움이 된다면 써 보라고 격려를 했다. 다시 힘을 내서 글을 쓰는데 몸도 너무 좋지 않고 불안하고 힘들었다. 3일 연휴 동안 집에서 머무는데 집사람 말이 내 몸에서 심한 말로 '송장 썩는 냄새' 같은 악취가 난다는 것이다.

원래 나는 글 쓰는 것을 좋아했는데 왜 이러지? '아뿔싸! 내가 지금 '에고의 저항'에 대해 글을 쓰고 있으면서도 또 이 순간에 에고의 저항을 받고 있구나!' 하는 감이 왔다. 왜 글을 못 쓰게 에고가 방해할까? 모든 것을 멈추고 깊이 들여다봤다. 아, 그 순간 모든 것이 드러났다. 의지가 방향을 잡아주고 길을 열어 주었던 것이다. 기가 막히고 억장이 무너질 일이었다. 내가 20년 동안 경험한 수행을 법상(法相)으로 만들어 붙들고 있는 내 모습이 흉물처럼 드러나 보였다. 수행을 통해서 모든 것을 내려놓는다고 생각했는데, 정작 내가 수행이라는 상(相)을 붙들고 있는 것을 나는 못 보았던 것이다.

이런 법상으로 만든 잣대로 다른 사람들을 저울질하고, 상처 주었던 나의 교만함이 얼마나 많은 사람들을 힘들게 했을까 생각하니 기가 막혔다. 내가 두 번이나 명상센터를 탈퇴하려고 마음먹었던 것도 이 법상의 잣대를 들이대 도반들을 수행의 동반자로 부족하다고 생각한 것이다. 스승님과 도반님들께 참으로 부끄럽고 송구할 뿐이다. 지금 우리는 모두 에고의 저항에 노출되어 있다고 보아야 한다. 열정적으로 공부하던 도반들이 대

안도 없이 탈퇴한 경우가 그렇고, 무슨 핑계든 만들어 투어를 오지 않는 사람들도 그렇고, 도반들 만나는 것을 꺼리고 센터에도 잘 나가지 않고 잠수 타는 사람들 이런 모든 사람은 에고의 장난에 속고 있는 것이다.

  이제 나는 내가 붙잡고 있는 법상이라는 에고의 쓰레기 청소를 하고자 한다. 그래서 수행이라고 생각했던 것들은 한 찌꺼기도 남기지 않고 모두 다 들추어 내 게시판에 올려놓고 보자는 마음으로 힘들게 10편까지 써 내려갔다. 그리고 나는 오늘 내가 붙들고 있었던 모든 수행의 기억들을 다 태워 버리고 내가 붙잡고 있는 법상을 다 내려놓을 것이다. 그리고 다 내려놓았다는 생각마저 내려놓을 때까지 나아갈 것이다.

: 반쪽의 진실

    나의 정체성은 모든 것을 있게 한 창조주이다. 그 안에 내가 만든 생각을 인식하는 내가 있다. 그리고 육체로서 보이고 행동하는 내가 있다.
    삼라만상 만들어지는 모든 것들은 음양이 있듯이 내가 만든 생각 또한 항상 서로 대응되는 생각이 쌍으로 만들어진 것이다.
    그러나 나는 늘 생각의 한 면만 인식한다. 그러니 나는 내 생각의 반쪽만 인식하면서 내 생각이 온전하다고 착각하며 살아왔다.
    그러니 이런 생각으로 하는 나의 말이나, 이런 생각으로 쓴 나의 글이나, 이런 생각을 바탕으로 한 나의 행동 또한 반쪽의 진실일 수밖에 없다.
    개념으로는 알고 있다. 그러나 늘 망각하고 착각하면서 끊임없이 옳고 그름을 분별하고 시비하면서 나를 괴롭히고 남을 아프게 하면서 살아온 것 같다. 멈추어 보니 드러났다.
    나를 괴롭히고 남을 아프게 하고 난 연후에야 이를 깨닫게 되니 참으로 부끄럽고 민망하고 송구하다. 하지만 이런 고뇌의 시간을 통해 거듭날 수 있다면 이 또한 긍정의 이유가 있다고 생각된다.
    지금 쓰고 있는 이 글 또한 반쪽의 진실임을 자각하면서 나의 말, 나의 행동 또한 반쪽의 진실일 수밖에 없음을 망각하지 않고 깨어 있는 삶을 살 때 안심입명(安心立命) 하리라 생각된다.

: 에고가 죽던 날

10월 26일이 명상단체에 입회해서 견성한 지 3주년이 되는 날이다. 십 이육은 죽는 날인가 보다. 대통령은 총에 맞아 죽고 내 의식은 불에 타서 죽고……

3년 전 그날 나는 몇 날 몇 밤을 천국과 지옥을 오르내리다가 마지막에는 불씨 한 점 남지 않고 다 타 버리고 한 줌의 재만 남은 그런 상태가 되었다. 요동치던 내가 불에 타 죽은 것 같았다. 그리고 고요해졌다. 그 후 나는 자다가도 문득 내가 자각을 하고 있는가? 내가 자각해야 한다는 생각을 하고 있는가? 이런 혼란을 겪으면서 3년이 지나갔다.

나는 누구인가? 라는 자문에 '나는 무엇이든지 될 수 있는 존재'라는 개념으로 이해할 뿐 사실 나는 나에 대해서 알 수 없었다. '모를 뿐'이었다. "누가 안다고 하고, 누가 모른다 하는가?"라고 반문하시겠지만 그래도 '모르겠다.'였다. 그러나 모르기 때문에 모든 것을 받아들일 수 있는 것 아닌가 생각해 본다.

내가 명상단체 회원으로 가입한 지 2개월쯤 되었을 때 마곡사 투어에서 처음으로 스승님 라이브 법문을 들었다. 그때 '나에게 부정은 없다. 나에게 일어나는 모든 것은 긍정의 산물이다.'라는 법문을 듣고 3년 내내 이 법문을 이해하고 검증하고 확인하는 과정이 내 공부의 대부분이 아니었나 생각된다.

나의 부정성은 모두 내가 만든 생각이요 착각이었다. 지금도 현실에서 문득문득 나의 부정성과 직면하지만 내가 만든 생각이요 착각이라는 자각 앞에 부정성은 힘을 잃는다.

생각은 항상 쌍으로 생기고 쌍으로 없어지는 이원성이라는 사실을 인식하고 생각의 양면을 보면, 부정성은 존재하지 않는다. 나의 부정성은 생각의 단면만 볼 때 생기는 분별심일 뿐이다.

'나에게 부정은 없다. 나에게 일어나는 모든 것은 긍정의 산물이다.' 그때 각인된 이 법문 한 구절이 지금까지 들고 온 나의 화두였다. 처음에는 이해할 수 없어 스승님에 대한 절대 믿음 하나로 받아들였고, 그다음에는 나를 알 수 없으니 그냥 부정하지 않았으며, 요즈음은 참으로 그러하다는 확신과 감사함으로 다가온다.

: 감사함 1

10여 년 전 간화선 수행을 하던 중 경험했던 일이다. 하룻밤 낮을 태풍이 휘몰아치고 지나간 것처럼 육단 진동이 일어나고 지기를 반복하더니 세상의 모든 것이 멈춰 버린 것처럼 고요해졌다. 그리고 내 의지와는 상관없이 "감사합니다."라는 말을 연발하고 있었다.

하늘을 보고도 감사하고, 땅을 보고도 감사하고, 온통 나를 향해 빤짝이는 나뭇잎들을 보고도 감사하고, 법당에 부처님을 보고도 감사하고, 공양간 보살들이 그렇게 감사할 수 없었고, 밥 한술 소찬이 그렇게 감사할 수 없었다.

나도 모르게 감사하다는 말이 저절로 나왔다. 감사하는 것이 아니고 감사가 저절로 되어졌다. 그로부터 몇 개월이 지나니까 또 좋은 것은 좋고 싫은 것은 싫어졌다. 호·불호가 분명해지고 '저절로 감사함' 현상이 사라졌다.

세월이 흘러 내가 명상센터에서 수행할 즈음 '저절로 감사함' 현상은 오지 않았지만 지금까지 60여 년 살아오면서 감사하지 않았던 일을 찾아보자고 새벽부터 한낮이 되도록 머리를 짜 내 봐도 진정 감사하지 않은 일을 찾을 수 없었다.

그때부터 나는 과거로부터 온전히 자유로워질 수 있었다. 어떤 후회도 여한도 없고 내 과거는 완벽하고 퍼펙트했다. 그래서 그 모든 것을 받아들였다.

지금 이 순간 매사에 감사하고 살지는 못한다. 좋은 것 싫은 것 분별하고 끄달리며[9] 살고 있다. 그러나 지금이 과거가 되는 순간 나는 완벽하게 수용하고 받아들여 후회도 여한도 없는 과거에 합류할 것이라 확신한다.

신의 여정에 한 걸음 한 걸음 다가가는 이런 내가 이렇게 대견하고 감사할 수 없다.

---

9 끄달리며: '끌어당기며'의 방언(충청).

: 재벌 회장의 자살을 보면서

　요즈음 언론의 주목을 받고 있던 60대 재벌 회장이 어제 아침 자살했다는 보도가 있었다. 그는 충청도 어느 시골 마을에서 태어나 초등학교 4학년을 중퇴하고 무작정 서울로 상경해서 구두닦이, 채소 장사, 막노동 등 어려운 생활을 하면서 돈을 모아 젊은 시절에 건설업에 투신해서 부를 축적하고 10여 년 전 거대 회사를 인수하고 매출 2조 원대 재벌 그룹에 합류했다.

　서울에 거주하는 충청도 출신 정계, 재계, 학계 등 각 분야 저명인사 3천 명을 회원으로 갖고 있는 충청포럼을 직접 만들어 운영하면서 최고의 인맥 관리를 하고 이를 바탕으로 정계에 진출하여 국회의원이 되기도 했다. 이런 정치적인 배경을 등에 업고 국책 사업인 자원 외교에 동참해 수백억 원의 특혜성 대출을 받아 승승장구하는 듯했다.

　그러나 그는 선거법 위반이라는 판결에 따라 힘들게 딴 국회의원직을 잃게 되었다. 평생 혼신을 다해 일구어 놓은 기업도 법정관리에 들어가고 경영권을 포기해야만 했다. 엎친 데 덮친 격으로 법인 비자금 수백억 원을 횡령한 혐의로 검찰에서 사전 구속영장이 발부되자 기자회견을 열고 자기는 정략적인 표적 수사의 희생양이라는 억울함을 호소하기도 하고, 그 많은 자기 인맥을 총동원하여 위기를 극복하고자 했지만 단 한 사람도 그의 손을 잡아 주는 사람이 없자 법원 영장 실질심사를 앞두고 자살을 해 버린 것이다. 참으로 안타까운 일이다.

그가 진리에 눈 뜨고 자각을 아는 자였다면……. 빈손으로 시작해서 재벌이 되었다가 다시 빈털터리가 된 경험을 통해서 물질의 허상을 깨달았을 것이고, 정·재계를 망라한 수천 명 인맥과 국회의원이라는 전력도 자기를 구해 줄 수 없다는 경험을 통해서 권력과 명예의 허상을 깨달았을 것이며, 내 육신을 감옥에 가두어 놓는 인신 구속의 두려움 때문에 자살 충동을 느끼는 경험을 통해서 내 육신의 허상을 깨달았을 것이다.

이번 사건을 보면서 '위기가 곧 기회다.'라는 것이 실존의 반면교사가 되어 주었고, 우리가 이생에서 해야 할 가장 위대한 일은 깨달음을 얻는 것이라는 것을 알게 되었다.

: 거듭나기

    우리가 어떤 생각이 일어날 때 '아, 이 생각을 내가 만들고 있구나!' 하는 이 생각의 주인은 바로 나다. 고통 또는 분노나 증오가 일어날 때도 '아, 이 고통, 이 분노를 내가 만들고 있구나! 다 내가 하고 있구나……' 이렇게 내가 만들고 있음을, 내가 생각의 주인임을 인식하는 것이 자각이라고 생각한다.

    이렇게 인식한다고 해서 생각의 주인이 될까? 이렇게 인식한다고 해서 당면한 고통이 해결될까? 뿌리가 깊지 않은 생각이나 감정들은 이런 인식으로 해결될지 모르지만 오랜 기간 몸에 밴 습이나 태생의 성향은 이런 자각만으로 나를 변화시킬 수 없다. 나를 변화시킬 수 없는 '이 생각, 이 감정 다 내가 만든 것이다.', '나는 생각의 주인이다.' 이런 자각이 무슨 의미가 있겠는가? 여전히 자기 습대로 성향대로 뺑뺑이를 돌 뿐이다.

    습이나 성향은 오랜 기간 반복된 생각의 결정체이다. 우리가 자각을 한다고 해도 이런 생각의 결정체를 녹이지 못하면 여전히 생각의 주인이 아닌 생각의 노예로 감정의 노예로 끌려다니며 고통스럽게 살 수밖에 없다. 우리 주변에 견성(見性)한[10] 도반들도 자각한다고 하면서도 여전히 습의 노예로 성향의 노예로 갈등과 반목을 반복하면서 힘들게 살아가고 있고 나 또한 여기에 자유롭지 못하다.

---

10 견성(見性)한: 불교에서 모든 망념과 미혹을 버리고 자기 본래의 성품인 자성을 깨달아 아는

내가 생각의 주인이고 모든 것의 주체이자 신의 성품을 지닌 창조주라면 창조주로서의 삶을 살아야 한다. 내가 만든 습도 내가 만든 성향도 바꿀 수 있어야 한다.

내가 실제 경험했었고 주변에 이 방법을 권해서 실효를 거둔 일도 있었으며 경전에도 나와 있는 검증된 방법이다. 나의 바람직하지 못한 습을, 바람직하지 못한 나의 성향을 바꾸고자 하면 내 생각이나 자각만으로 어렵다. 내 생각과 반대로 몸을 던지는 행동을 해보는 것이다.

일하기 싫은 게으름이 생기면 몸을 던져 일해 보고, 이롭지 못한 식탐이 생기면 거꾸로 한 끼를 굶어 보고, 수행을 방해하는 졸음이 오면 몸을 던져 철야 정진을 해보자.

나를 불편하게 하거나 피해를 준 사람에게 분노나 증오가 일어나면 거꾸로 용서와 감사의 메시지를 보내는 것도 좋고, 부부간에 갈등이나 증오감이 생길 때는 지극한 마음으로 감사의 3배를 하는 것도 좋은 방법이다.

이렇게 생각으로는 하기 어려운 것들을 눈 찔끔 감고 온몸을 던져 생각과 정반대로 해보면 내 생각도 바뀌고 내 습도 바뀌고 내 태생의 성향마저 바뀐다. 몸을 던지는 것, 이는 에고를 죽이는 방법이다. 이렇게 되면 내 습으로부터 벗어날 수 있고 내 성향으로부터 벗어나 거듭나는 것이다. 한 생을 더 사는 것과 같다. 나는 나의 생각을, 습을, 성향을 만들기도 했지만, 나는 나의 생각을, 습을, 성향을 바꾸기도 했다. 나는 이렇게 만들기도 하고 바꾸기도 하는 창조주의 능력을 내 몸으로 증명해 보여 준 진정한 주인이다.

진정한 자각, 나는 이러한 존재이다.

: 따뜻한 가슴

나의 수행은 무엇을 구하고 이루기 위한 것이 아니다. 무엇을 구하고 이루기 위해 열심히 하는 것은 굳이 말하자면 수련이라 표현하는 것이 좋을 것 같다.

나의 경우 아침 수행을 하기 전에 하는 오일 풀링과 자율 진동은 육신의 건강을 위한 수련에 해당하며, 해독과 건강한 상태의 육신을 심상화하는 명상 또한 수련에 해당한다.

나의 관점에서 수행이란 무엇인가 구하고 해야 한다는 생각을 내려놓는 것을 말한다. 이런저런 생각도 다 내려놓고 있는 그대로 보는 것을 말한다. 조급하게 무엇인가 성과를 기대하는 사람들에게 수행은 참 지루하고 재미없는 것이라 치부될 수도 있다.

기약 없이 이렇게 앉아 있어야만 한단 말인가? 그렇다. 그냥 앉아 있는 것이다. 나만 보면서…….

눈을 뜰 때는 내 시선이 머무는 곳을 보고, 눈을 감으면 눈꺼풀 속에 보이는 어두움을 보고, 그러다 영롱한 빛이 보이면 그냥 그것도 보는 것이다.

생각이 일어나면 생각이 일어나는 것도 보고, 생각이 이어지면 이어지는 것도 보고, 생각이 사라지면 사라지는 것도 보는 것이다. 가부좌한 다리가 아파 오면 아픔도 느껴 보고, 어느 순간 아픔이 사라지고 구름 위에 앉은 것처럼 편안함이 오면 이 편안함 또한 느껴 보는 것이다.

멀리서 들려오는 자동차 경적 소리도, 똑딱거리는 벽시계 소리도, 그렇게 들리고 사라지는 것을 보는 것이다. 오감이 멈춰도 멈출 수 없는 것은 호흡이다. 숨이 코끝을 스치고 들어오는 것도 느껴 보고, 내 안에 멈추고 있는 것도 느껴 보고, 다시 코끝을 스치고 나가는 것도 느껴 보는 것이다. 생생하게 오감의 인식 작용을 알아차리는 그것은 하나다.

더러는 생각에 빠져 시간 가는 줄 모르고 보내기도 하지만 그래도 상관없다. 내가 잠시 그런 줄 알면 된다. 이렇게 보기만 하면서 1, 2시간 앉아 있다가 일어난다. 그냥 앉아 있으니 맹탕 재미있는 것은 없다. 그래도 다음날 또 하는 것을 보면 무엇인가 있는가 보다. 굳이 무엇인가 수행을 통해서 달라진 것을 느껴본다면……. 내 가슴이 얼마나 따뜻한가를 보는 것이다.

: 일상의 소망

나는 예쁜 손주를 통해서 내 안의 조건 없는 사랑을 본다.
나는 가족에게 헌신하는 집사람을 통해서 내 안의 감사함을 본다.
나는 공부하고 있는 아들을 통해서 내 안의 작은 걱정을 본다.

나는 오래된 친구를 통해서 내 안의 신뢰를 본다.
나는 나에게 물적 피해를 준 자를 통해서 내 안의 배신과 증오를 본다.
나는 불륜을 저지른 친구를 통해서 내 안의 질타와 멸시를 본다.

나는 나를 폄하하는 사람들을 통해서 내 안의 분노를 본다.
나는 나를 칭찬해 주는 사람들을 통해서 내 안의 교만을 본다.
나는 뿌리 깊은 원한을 내려놓음으로써 내 안의 용서를 본다.

이 모든 것은 대상의 행위나 말 또는 현상에 있는 것이 아니고 내 무의식 속에 내재한 경험의 정보들을 내가 선택하여 생각으로 표출함으로써 수많은 형태의 감정을 나타내는 것이다.

'원수를 사랑하라.'는 성인의 말씀을 잘 행(行)하지 못하는 것은 내 안에 원수를 사랑해 본 경험의 정보가 별로 없기 때문에 우리는 원수를 사랑하기 어려운 것이다.

그러니 내가 인식하는 세상의 모든 일은 내 생각의 반영임이 분명하다.

대상의 행위나 말 또는 현상에는 어떤 의미도 생명력도 없다. 다 나의 생각으로 의미를 부여해서 분별하고 있을 뿐이다.

내 눈으로 보는 모든 현상이나 감각으로 느끼는 모든 촉감도 내가 이미 인식한 인식체(과거의 인식체)를 보고 느낀 것이지 현재의 실체를 보고 인식하는 것이 아니다. 그러나 우리는 보고 느낀 모든 대상을 현재의 실체라고 착각한다.

결국 내가 인식하는 삼라만상은 내 생각의 반영이며 내 눈앞에 펼쳐지는 모든 유정·무정물도 실체가 아닌 환상이다. 인식 작용이 멈추면 한순간에 사라져 버리는 허상의 세계이다. 여몽환포영(如夢幻泡影)이다.

그래도 이 모든 생각이나 현상은 내가 필요해서 선택하고 체험하는것이니 '여몽환포영'도 나의 소중한 선택이자 체험이며 어느 것 하나 수용하지 못하고 이해하지 못할 것이 없다. 허상을 실체로 착각하는 무명(無明)도 전도몽상[11]도 내가 체험하고 지나가는 성장의 여정이자 한 부분이니 아무런 문제가 없다.

나에게 일어나는 모든 일은 체험의 장이자 긍정의 산물이다. 다만 내가 그러하고 있음을 인식하고 인식의 주체인 나만이 유일한 실체이자 진실이라는 자각이면 나는 족하다.

오늘 하루도 이런 자각으로 시작하고 또 마무리하기를 소망한다.

---

11 전도몽상: 반야심경에 나오는 구절이다. 전도(顚倒)란 앞과 뒤가 뒤바뀐다는 뜻이고, 몽상(夢想)은 꿈같은 생각이라는 의미다. 즉, 전도몽상이란 앞뒤가 뒤바뀐 꿈같은 생각과 사고를 한다는 것을 뜻한다. 우리는 전도몽상을 멀리 여의어야 의미 있는 삶을 살아간다고 할 수 있다.

: 내 생각과 반대로 행동하여 보세요

사람은 누구나 각자 다른 자기의 성향이 있다. 태생의 성향 또는 후천적으로 굳어진 성향이 있다. 모두 반복된 생각의 결정체이며 불교에서는 이를 업(業)이라고도 한다. 보통 이러한 성향은 평생 변하지 않고 사는 경우가 많다. 그래서 성향을 바꾸는 것은 대나무를 소나무로 바꾸는 것보다 어렵다는 얘기들을 하며 이는 거의 불가능하다고 생각한다.

이런 성향에 따른 습대로 살다 보면 잘못된 줄 뻔히 알면서도 변화를 포기하고 이를 반복하면서 살고 있다. 생각으로 바꿔 보려고 아무리 결심해도 작심삼일이다. 우리 몸에 밴 습, 즉 성향은 생각을 따라가지 않기 때문이다. 이것은 내 경험인데 한번 해보자. 내 생각이나 욕구와 정반대로 행동하자. 눈 질끈 감고 '또라이[12]'처럼 한번 해보자.

내 몸을 조복 받고 싶으면 내 몸이 원하는 것과 반대로 행동하는 것이다. 식욕이 당기면 더 굶기고, 졸음이 오면 아예 잠을 안 재우며, 몸이 원하는 것과 정반대로 하면 몸이 자기 고집을 포기한다. 그다음부터는 내 몸은 내 마음먹은 대로 바로바로 따라준다. '금주', '금연' 이런 방법으로 하면 '식은 죽 먹기'이다. 마음만 먹으면 몸이 아무 저항 없이 바로바로 따라 준다.

분노도 마찬가지이다. 아무리 생각해도 이해할 수 없고 아무리 생각해

---

[12] 또라이: 상식에서 벗어나는 사고방식과 생활방식을 가지고 자기 멋대로 하는 사람을 속되게 이르는 말.

도 용서할 수 없어 분노가 치밀 때 우리는 피가 거꾸로 돈다고 할 정도로 흥분한다. 이럴 때 눈 질끈 감고 내 생각 내 감정과 정반대로 행동해 보자. "무조건 미안합니다.", "다 내 부덕의 소치입니다.", "나로 하여금 불편한 점이 있었다면 모두 내 허물입니다." 이렇게 직접 만나서 말을 해도 되고 여의치 않으면 전화로 하든지 아니면 카톡으로 문자를 보내든지 해보자. 이렇게 하고 나면 놀랍게도 내 생각 내 감정이 내 행동을 따라간다. 미안한 점이 보이기 시작하고, 내 부덕의 소치라는 것이 인정되고, 모두 내 허물이라는 사실이 드러난다.

이것은 당초 우리의 생각이나 감정이 일어날 때 동전의 양면처럼 반대의 성향이 쌍으로 생기는데 우리가 한 면밖에 보지 못하기 때문에 이면에 숨어 있는 반대 성향의 감정이나 생각을 못 보기 때문이다. 억지로라도 인식된 생각이나 감정과 반대되는 행동을 해서 생각을 멈추면 숨어 있는 반대의 성향이 드러나는 것은 당연하고, 이 또한 조건이 갖추어져 만들어진 것이니 내가 긍정할 수밖에 없다. 우리 모두가 만든 생각이나 감정은 절대 부정이 없다. 그 이면에는 그 반대의 성향이 항상 함께 생기고 함께 존재한다. 우리는 부정과 긍정을 함께 창조하고 함께 누리는 절대 긍정체라는 자각이 있을 때 부정과 긍정에 매이지 않는 자유를 누릴 수 있을 것이다.

불교 금강경 사구게의 한 구절이다. "응무소주 이생기심(應無所住 以生其心)", "머무는 바 없이 마음을 내라." 긍정에도 머물지 말고 부정에도 머물지 말고······.

자각, 머리는 쉬고 몸으로 해보자.

: 나는 물이고 싶다

나는 아직 얼음이다.
어느 정도 녹아 물이 되고 그 물 위에 떠 있는 얼음이다.
물 위에 떠 있는 얼음이라 외부 충격을 조금은 흡수하는 편이다.

내가 완전한 얼음일 때는 사사건건 부딪혔다.
부딪히면 깨지고 깨질 땐 아우성이었다.
나의 깨진 얼음 조각을 보면서 모두 너 때문이라 원망하고…….

나의 일그러진 자존심이 그 깨진 얼음 조각이다.
나도 내가 깨진 만큼 상대의 얼음을 깨 주려고 덤빈다.
그렇게 주고받으며 얼음 깨기를 멈추지 못하고 살았다.
얼음은 본래 물일 뿐인데, 이를 망각하고 얼음임을 고집한다.

그런 얼음에 비하면 물 위에 떠 있는 얼음은 한결 유연하다.
누가 찌르면 이리 밀리고 저리 밀리고 제법 응수를 잘한다.
대견하기도 하지만 아직은 완전하지 않다.

센 놈, 독한 놈을 만나면 지금도 부딪히고 깨지고 두려워한다.
나는 완전한 물이고 싶다.

얼음은 얼음으로 녹일 수 없다.
생각으로 생각에서 벗어날 수 없듯이······.

얼음은 따뜻한 빛과 온기만이 녹일 수 있다.
개체성을 고집하는 나의 생각은 자각만이 녹일 수 있다.
생각이라는 얼음을 자각이라는 빛과 온기만이 녹일 수 있다.
물의 속성은 가장 낮은 곳에 임한다.
하심이다.

물은 아무리 잘 든 칼에도 베이지 않고,
어떤 장애물에도 맞서지 않고 비켜 간다.
수용이다.
그래서 나는 물이고 싶다.
물의 자유를 누리고 싶다.

: 졸음운전

태국투어를 다녀와서 첫 멤버 스쿨 날이 지난 수요일이었다. 사무실 일이 바빠서 발 빼기가 어려웠다. 그러나 이번 부산에서 임계점을 넘은 다섯 분 도반들의 초유가 있을 것이라 생각하니 다른 일 다 미루고 ○○센터로 갔다.

자각 여정에 동참한 네 분의 감동적인 초유를 들을 수 있었다. 그리고 일이 바빠서 점심도 거른 채 거래처에 출장을 갔다. 양산에 갔다가 돌아오는 길 강변로를 시속 100Km 정도로 달리고 있었다.

지난밤 잠을 설치고 새벽 등산을 해서인지 졸음이 쏟아졌지만, 남은 거리가 얼마 되지 않아 참으면서 운전하고 있었다. 그런데 깜박 졸았다. 찰나지간(刹那之間)이었는데 4차선 중 2차선으로 달리던 내 차는 이미 1차선을 넘어 중앙분리대 쪽으로 향하고 있었다. 순간 운전대를 바로 잡고 사고를 면했다.

평생 처음 있는 아찔한 순간이었다. 1초만 더 졸았으면 나는 어떻게 되었을까? '이렇게 죽을 수도, 큰 부상을 당할 수도 있구나!' 졸음운전으로 인한 교통사고로 수많은 사람이 목숨을 잃는다는 기사를 보면서 '모두 남의 일이라 생각했던 것이 나에게도 현실로 다가올 수 있구나!'하는 생각이 스친다. 만약 내가 조금 더 졸아서 사고를 내고 죽었다면 나는 어떻게 될 것인가?

내가 알 수 없는 사후 세계는 접어 두고라도 현재 내가 누리고 사는 것들 가족, 사업, 친구들, 모든 인간관계 등 내 주변의 모든 것이 한순간에 사라져 버리는 것이다. 사고를 면해서 다행이라는 생각이 들면서 여러 생각들이 스쳐 갔다.

나의 수호신이 보호해 주셨을까? 부처님 가피를 받았나? 조상님들 음덕으로 사고를 면했나? 누가 되었던 보호해 주시려면 처음부터 졸음이 오지 않도록 해 줄 것이지……. ㅋㅋㅋ 앞뒤가 맞지 않는다.

조는 것도 내가 하고 졸음에서 깨어나는 것도 내가 했다. 일촉즉발 사고 직전에 졸음에서 깨어난 것도 내가 했다. 모두 내가 만들고 내가 체험한 하나의 현상이었다. 난생처음 겪는 이 현상이 나에게 주는 메시지는 무엇일까?

첫째, 몸을 혹사하지 말라는 내 몸의 경고가 졸음이니 어떤 경우도 졸음이 오면 쉬어 주어야겠다. 둘째, 우리에게는 죽음도 한순간에 다가올 수 있고, 우리가 전부라고 생각하는 현상계도 죽음과 함께 한순간에 사라질 수 있는 것이 엄연한 현실이다. 셋째, 죽음 일보 직전의 상황을 내가 필요하여 내가 창조하고 내가 체험한 것이라면 죽음 또한 내가 필요하여 내가 창조하고 내가 체험하는 나의 여정이라는 생각이 든다.

이런 통찰을 하고 나니 나의 삶 속에서 복잡하고 어렵다고 생각했던 많은 일들이 미미하게 느껴진다. 내가 없어지면 모두 함께 없어질 것들의 무게가 가벼워졌다. 그래서 나에게 펼쳐지는 모든 일은 '긍정의 산물'이라는 가르침이 실감된다. 이참에 죽음 또한 '긍정의 산물'로 받아들여 본다.

: 다반향초

靜坐處茶半香初(정좌처다반향초)
妙用時水流花開(묘용시수류화개)

추사 김정희 선생의 글이다. 아마 차를 좋아하는 사람들은 대부분 알고 있을 것이다. 인터넷에 검색해 보면 많은 분들이 나름대로 해석을 해놓고 있지만 그 내용이 각양각색이다. 보편적인 해석을 보면 이렇다.

고요한 곳에 앉아 차를 반쯤 마셔도 향기는 처음과 같고
묘한 시간에 물이 흐르고 꽃이 피는구나!

이는 차인(茶人)들이 문자를 풀어 해석한 것으로 보인다. 그러나 이는 단순한 풍류를 읊은 시가 아닌 선시(禪詩)로 보인다. 수류화개(水流花開)는 깨달음을 얻은 중국의 소동파나 그의 제자 황산곡의 시에도 나오는 구절이다.

萬里靑天(만리청천)
雲起雨來(운기우래)
空山無人(공산무인)
水流花開(수류화개)

추사 선생의 시를 나의 관점에서 내 나름대로 풀어 봤다. 생각이 멈춘 자리 귀신도 엿볼 수 없는 고요한 자리, 차를 반쯤 우릴 때 나는 감미로운 차향을 있게 한 태초의 자리, 과거 현재 미래에서 벗어난 시간이 멈춘 오묘한 자리, 물이 흐르고 꽃이 피는 자연의 섭리 법계 중심의 자리, 그 자리 중심에는 항상 내가 있다.

수처작주(隨處作主) 입처개진(立處皆眞)

: 내면으로의 여행

나의 내면으로의 여행
아무도 같이 할 수 없는
나 혼자만의 여행

눈을 감아 본다.
눈에 보이는 것은
칠흑 같은 어둠뿐이다.

귀 기울여 본다.
적적(寂寂)의 묘음(妙音)만 있다.
나 홀로의 여행

이미 중력을 잃었다.
구름 위에 앉아 있는 것처럼…….

한 점의 빛으로 시작한
빛의 향연
영롱한 빛만 있을 뿐이다.

시간이 애매하다.

명징하고 편안하다.

이 또한 내가 펼친 세계임을 자각한다.

: 생활 속의 수행 '망형망재'

　수행으로 망형망재(忘形忘在)의 상태를 편안한 수행의 마지막 단계로 보았다. 망형망재(忘形忘在)라는 말은 도가(道家)에 전해져 내려온다. 형체도 잊어버리고 자기 존재도 잊어버리는 걸 말한다. 내 육신이 있는지 없는지, 내 존재 자체를 망각해 버리는 것이다. '망형망재'는 명상센터에 와서 처음 듣고 배운 수행법의 용어다.

　명상센터에 오기 전부터 10여 년 동안 잠을 편히 자기 위하여 일상에서 망형망재(忘形忘在)와 유사한 방법을 써 오고 있었다. 우리 일상에서 잠은 고갈된 에너지를 재충전하는 중요한 일상이다. 잠을 자는 시간의 절대량보다 잠의 질이 중요하다고 생각한다.

　생각이 많아 잠을 이루지 못할 때 여러 가지 방법을 썼다. 운동을 심하게 해서 몸을 지치게 하기도 하고, 재미없는 책을 읽으면서 눈을 피곤하게 만들기도 하는 등, 여러 가지 방법을 고안해서 쉽게 잠드는 방법을 강구했다.

　그중 하나가 잠들기 전에 심상화를 통해 내 몸을 지워 버리는 것이다. 호흡을 길게 천천히 하면서 들숨에 내 몸을 부풀리고 날숨에 내 몸이 허공 속에 사라져 버리는 심상화를 하는 것이다. 처음에는 하반신이 사라지고, 다음은 상반신, 다음은 머리……. 이렇게 다 사라지고 나면 의식이 명료해지면서 내 몸은 없고 의식만 남아 숨을 쉬는 것처럼 느껴진다.

　일반적으로 잠들기 전에는 의식이 몽롱해지면서 잠에 드는데 육신을 지워 버린다. 이렇게 심상화를 하는 경우 의식이 또렷하고 명료해져서 잠이 들 것 같지 않지만 의외로 금방 잠이 든다. 나의 경험상 이런 상태에서 금방 잠에 들지 못한 경우는 거의 없었다.

수면 시간이 상대적으로 짧아도 몸이 매우 가볍고 편하다. 내가 일어나고자 하는 시간에 알람을 맞추지 않아도 큰 오차 없이 마음먹은 그 시간대에 눈이 떠진다. 새벽 수행을 할 때는 이 방법이 안성맞춤이다.

특히 고속도로에서 장거리 운행 중 졸음이 오면 휴게소에 들어가 어김없이 내 몸을 지워 버리는 이 방법을 써서 잠에 들곤 한다. 이를 지켜본 집사람 말을 빌리자면 보통 5 호흡 안에 잠든다고 한다. 10분만 자면 개운하다. 피로가 쌓였다 싶으면 20분 정도 자면 개운하다. 10분 설정하면 10분 후, 20분 설정하면 20분 후에 큰 오차 없이 눈이 떠지는 현상은 나 자신도 참 신기하다.

수행이 생활에 접목되어 실존적으로 쓰이다 보면 몸이 고집하지 않고 마음먹는 대로 따라준다는 느낌이 든다. 몸에 밴 생활 습관도 필요에 따라 마음먹은 대로 쉽게 바뀐다. 불교에서는 이런 상태를 '몸을 조복 받았다.'라고 한다. 여기 명상센터의 관점으로는 몸의 주인이 되는 것이다.

이번 투어에서 스승님께서 우리 몸 전체 엑스레이 사진을 찍어 놓고 이를 보면서 내 몸의 실체가 해골이라는 심상화만 해도 남과의 비교에서 오는 열등감이나 번뇌 망상에서 벗어날 수 있다고 하셨다. 불교 경전『선비요법경』에 이와 유사한 수행법이 전해 내려오고 있다. 내 몸을 백골(白骨)로 심상화하는 백골관(白骨觀) 수행법이다. 공교롭게도 이번 투어를 가기 전에 백골관 수행을 한 일이 있었다.

단순하면서도 꾸준히 하면 파워풀(powerful)한 수행이라는 생각이 들었다. 마음이 산란할 때나 두려움이 생길 때 이 백골관 수행을 하면 의외로 생각이 단순해지고 평정심을 유지할 수 있었다.

백골관(白骨觀) 수행법은 망형망재(忘形忘在) 수행법보다 더 쉽고 실존적인 수행법이라 생각된다. 수행의 핵심은 집중과 꾸준함이다.

우리 도반님들 모두가 이런 수행법을 통해서 내 육신의 습과 생각의 고집을 꺾고 내 몸의 주인으로 자리 잡아 안심입명(安心入命)에 드는 도약을 이루었으면 하는 바람을 가져 본다.

: 제주도 여행에서 생긴 해프닝

　작년에도 4월 초 도반들 13명이 제주도에서 3박4일 동안 아름다운 숲길을 탐방한 일이 있었다. 제주도에 사는 도반의 안내로 최고의 숲길을 골라 걷고 최고의 맛집을 골라 먹고 마시면서 즐기는 행복한 경험을 했다.

　올해도 작년의 기억을 떠올리며 여성 도반들의 주도하에 지난주 3박4일 동안 12명(여성 10명, 남자 2명)이 도반의 길 안내를 받으며 제주 여행을 다녀왔다.

　첫날은 제주도에 폭우가 쏟아진다는 일기예보가 있어 잔뜩 긴장하면서 우의와 우산을 준비해서 채비를 단단히 하고 비를 맞으며 숲길 탐방을 시작했다. 그러나 일기는 큰 문제가 되지 않았다.

　숲과 도반들과 내가 하나가 되어 걷고 또 걷고, 그리고 최고 맛집을 찾아 맛있게 먹고 밤이면 따뜻한 보이차 한 잔으로 하루의 여독을 풀었다. 그리고 그다음 날도 그러했다.

　3일째 되는 날 제주도 유채 축제가 시작되는 유채밭 길을 걷고 큰사슴오름(대록산)을 정상까지 다녀오는 것으로 오전 일정을 마쳤다. 그리고 표선에서 제일 유명하다는 맛집에서 점심을 먹고 해안을 따라 둘레길을 걷는 오후 일정을 마친 후 제주에서 맛 좋기로 유명한 횟집에서 저녁을 먹기로 하고 버스로 이동하고 있었다.

　길 안내를 하던 도반은 몸 컨디션이 좋지 않아 점심 식사 후 집으로 가고 남자는 나 혼자밖에 없는데 문제가 생겼다. 여성 도반 한 분이 토사곽

란이 일어나서 동행하지 못하고 다른 도반 부축을 받으며 병원으로 갔다.

다른 도반들도 하나, 둘 안색이 어두워지고 분위기가 심상치 않게 흘러가면서 맛집 계획을 포기하고 일정을 바꾸어 곧바로 숙소로 향했다. 숙소에 도착하자마자 이 방 저 방에서 난리가 났다. 토하고 설사하고 눈이 퀭해지면서 문자 그대로 아비규환이다. 지옥이 따로 없었다.

나에게 펼쳐지는 모든 상황은 긍정의 산물이라 했는데, 도대체 이 상황을 어떻게 받아들여야 할지……. 11명 중 8명이 집단 식중독으로 배탈이 났다. 그 와중에도 화를 면한 모 여성 도반은 배가 고프다고 저녁을 먹자고 난리다. 누군지 밝히지는 않겠지만^^.

아픈 사람은 아픈 거고 성한 사람은 먹자 한다. 흑돼지 구이에 소맥을 곁들여 잘도 먹는 '철녀' ~ ㅋㅋㅋ 물론 나도 같이 먹었지만……. ㅎㅎ 각자 눈을 감고 운기조식(運氣調息)[13]하면서 밤새고 아침이 돌아왔는데 한 사람 한 사람 힘은 없어 보이지만 뽀얀 얼굴을 하면서 일어나고 있었다.

각자 속마음은 어쩐지 모르지만, 어젯밤 사건으로 인상을 쓰거나 불평하는 사람이 단 한 사람도 없었다. 음식점 주인을 원망하는 사람도 없었다. 다들 배실배실 웃고 있는 모습이 신기했다. 이런 상황에서도 각자 자기 몸과 현상의 주인이 된 도반들의 내공이 이런 상황을 연출한 것 같았다. 그 전날 이 사실을 음식점 주인에게 연락했더니 오히려 음식점 주인이 놀라서 몸져누웠다고 연락이 왔다. 그리고 자신들의 부주의에 대한 소정의 보상을 하겠다고 한다.

---

13 운기조식(運氣調息): 기공에서 호흡을 통해 기를 받아들여 흐름을 조절하는 행위를 가리킨다. 본래는 도가의 양생법(건강관리법)의 일종으로 명상과 비슷한 행위다. 운기토납(運氣吐納)이라고도 한다.

우리가 식사비로 지급한 비용 정도를 돌려받았다. 밤새 고생한 것을 생각하면 열 배를 더 받아도 성이 안 찰 텐데……. 다들 공돈이 생긴 것처럼 좋아하면서 긍정의 이유가 있단다. ㅋㅋ 용서와 배려가 우리를 더 성장케 하고 여유롭게 한 것 같다.

어젯밤에 배탈로 먹지 못해서 남은 돈과 보상받은 돈으로 부산에 가서 2차 명품 한우 먹거리 투어를 계획하면서 3박4일 투어를 유쾌하게 마무리했다.

이번 사건을 통해서 우리가 건강하게 두 발로 걸을 수 있고 맛있는 음식을 즐길 수 있다는……. 그리고 현재 주어진 모든 것에 대해 다시 한번 감사하는 계기가 되었다. 그리고 아비규환 같은 최악의 상황도 긍정의 마인드로 그 상황의 주인이 된다면 의외로 문제가 쉽게 해결되고, 이런 반전을 통해 영적 성장의 장이 펼쳐진다는 소중한 경험을 했다.

사람과의 관계에 있어서도 반목하고 분노하고 감정의 골이 깊은 어두운 상황이 전개된다 해도 내가 그 상황의 주인으로서 긍정의 마인드로 일체를 수용한다면 이 또한 영적 성장을 이룰 수 있음을 의심치 않는다. "나에게 펼쳐지는 모든 상황은 긍정의 산물이다."라는 스승님 가르침을 다시 한번 떠올려 본다.

: 건배사 – 나는 괜찮아!

거래처 사장과 술자리를 함께하는 시간이 있었다. 식품 관련 사업을 하고 있으면서 투자를 잘못하여 자기 재산의 반을 사기당했다. 총림 사찰 청년신도회 회장을 역임한 불심이 깊은 사람인데도 분노에 차서 늘 하는 말인즉 "사기 친 그놈을 죽이고 자기도 죽겠다."라는 말을 쉽게 쉽게도 하는 것이었다.

이 육신을 나라고 생각하는 사람들에게는 자기 재산의 반을 사기당하면 자기 육신의 반이 무너져 내리는 상실감을 느끼는 것 같다. 흔히 하는 말, "내 살점이 떨어져 나가는 것 같다.", "내가 어떻게 모은 재산인데……." 라며 안절부절못한다.

그래도 내가 보기에는 재산의 반이 남아 있고 남은 재산으로도 살아가는 데 부족함이 없다는 생각이 든다. 그러나 어떤 위로도 귀에 들어오지 않는 것 같다. 그래서 그 친구에게 이렇게 해 보라고 권했다. "나~ㄴ 괜찮아.", "나~ㄴ 괜찮아.", "나는 괜찮아~!" 주문처럼 이렇게 반복해서 해 보라고 권했다.

"나는 괜찮지 않은데, 어떻게 괜찮아 하느냐?"라고 반문하였다. "괜찮지 않은 나도 괜찮아. ~!", "무엇이든 괜찮아. ~!" 이렇게 해 봐 무조건 반복해서 해 봐 이렇게 일러 주었다. 그날 10여 명이 모인 술자리에서 건배사를 할 때도 "나~ㄴ 괜찮아", "나~ㄴ 괜찮아", "나는 괜찮아~!" 이렇게 해 보라고 권했더니 모두 이 건배사를 했다. 말 이어받기를 시켰다. 무슨 말을 하더라도 무조건 "나는 괜찮아~!"라고 답하기……. 장난삼아 말하던 '건배사', '말 이어받기'에 신났다.

자리를 마칠 즈음 증오와 분노에 차 있던 그 친구 얼굴이 한결 부드러워지고 가벼워졌다. "나는 괜찮아.~!"라고 힘차게 마지막 건배사를 했다. "나는 괜찮아.~!" 여기에는 무한한 힘과 사랑이 있다. 이는 블랙홀이자 수용의 궁극이다. 모든 것을 받아들이니 신(神)도 어찌할 수 없다. "나는 괜찮아.~!"가 온전히 나와 하나가 되면 자기 재산의 반을 삼킨 사기꾼도 용서할 수 있다. 그리고 그 상실감과 분노에서도 벗어날 수 있다. "나는 괜찮아.~!"

: 생각의 뿌리

차(茶)나무는 키가 1미터 크면 뿌리도 1미터를 뚫고 들어간다. 선암사(태고종 본찰) 차(茶) 체험관에 가보면 이를 보이기 위해서 실제 차나무를 뿌리째 볼 수 있도록 전시해 놓았다.

이 차나무를 보면서 나의 생각도 나무와 비슷하다는 생각이 든다. 우리는 특별한 경우를 제외하고는 땅속에 묻힌 나무의 뿌리는 볼 수 없고 지상에 노출된 나무만 볼 수 있다.

생각도 나무와 같이 생각의 뿌리가 있다. 뿌리 없는 나무가 없듯이 생각은 홀로 존재할 수 없고, 인식하는 생각에 대응하는 숨어 있는 뿌리에 해당하는 의식이 있다. 그래서 모든 생각은 쌍으로 생기고 쌍으로 사라진다.

우리는 살아 있는 나무뿌리를 못 보듯이 숨어 있는 생각의 뿌리를 쉽게 볼 수 없다. 통찰을 통해서 이 생각의 뿌리를 볼 수 있다. 생각뿐만 아니고 이 세상 삼라만상이 홀로 존재하는 것이 없다. 깊은 계곡이 있어 높은 산이 존재하고, 땅이 있어 하늘이 존재하며, 유(有)적 존재가 있어 무(無)적 존재가 있고, 음이 있어 양이 존재하니 어떤 경우도 만들어진 것은 홀로 존재하는 것은 없다.

생각 또한 만들어진 것이니 이와 다를 바 없다. 생각이 생길 때는 보이지 않는 나무뿌리처럼 우리가 인식하지 못하는 대응되는 의식이 항상 함께한다.

생각의 뿌리에 숨어 있는 의식은 나의 과거 정보이다. 전생이든 현생이

든 내가 육근 육식으로 체험했던 정보와 현재의 주변 환경이 맞물려 생각과 그 뿌리가 만들어진다. 인과와 연기의 작용 인연법에 의해 한 생각이 만들어진다.

크다는 생각은 내 의식의 뿌리에 작음이 있으니 생기고, 넉넉하다는 생각은 내 의식의 뿌리에 부족함이 있으니 생기며, 행복하다는 생각은 내 의식의 뿌리에 불행함이 있으니 생긴다. 이와 같이 모든 생각은 대응하는 바탕 의식과 쌍으로 생기고 없어질 때도 생각과 바탕 의식이 함께 사라진다. 대법(對法)의 질서에 의해······.

부정의 대응 의식은 긍정이듯이 긍정의 대응 의식은 부정이니 일어나는 생각과 숨어 있는 대응 의식을 함께 보면 생각의 양변을 볼 수 있고 생각의 양변에서 벗어날 수 있다.

한 생각에서 존재하는 긍정도 부정도 다 내가 만든 생각이구나! 긍정은 부정을 위해 존재하고 부정은 긍정을 위해 존재하는구나! 그래서 긍정할 것도 없고 부정할 것도 없구나! 결국 모든 생각은 허용·포용·수용되어질 수밖에 없구나! 이 모두 나의 생각이다.

내 안의 한 생각에서 본 불교의 중도(中道)······. 이는 자각의 또 다른 이름이다.

: 나를 보는 것

우리가 접하는 말 중에 제일 흔하게 접하는 말이 '나를 본다'라는 말일 것이다. 그런데 나를 어떻게 볼까?

육신으로서의 나는 이렇게 고개를 숙이고 보면 되지만 여기서 말하는 나는 육신으로서의 내가 아닌, 생각으로서의 내가 아닌 이를 있게 한 나를 말한다. 이를 있게 한 나를 편의상 '참나'라고 칭하겠다.

아무리 기를 쓰고 매달려도 참나를 볼[見] 수 없다. 육안으로는 볼 수 없는 것이다. 육신으로서 나 생각으로서의 나와 항상 함께하는 참나는 조견(照見)을 통해 인식하는 것이다.

육신으로서 나의 관점에서 볼 때는 육신 아닌 것이 참나이다. 생각으로서 나의 관점에서 볼 때는 생각 아닌 것이 참나이다. 육신이나 생각의 작용은 이를 있게 한 참나가 아니라는 것이다.

조견(照見), 비추어 보는 것……. 생각의 작용을 비추어 생각 아닌 참나를 인식할 수 있는 것이다. 형상이나 작용을 비추어 보지 않고는 참나를 인식할 수 없는 것이다. 저 언덕 너머에 연기가 피어오른 것을 보고 그 밑에 불씨가 있음을 인식하듯이…….

어떤 경우도 참나를 바로 볼[見] 수는 없는 것이고, 형상과 작용의 조견(照見)을 통해서만이 참 나를 인식할 수 있는 것이다.

조건의 의미는 무엇이며, 어떻게 인식되는 것이 조건일까? 조견(照見), 비추어 볼 때 형상과 생각이 나와 분리되어 만들어진 것, 즉 피조물이라는 인식이 확연해질 때 이를 창조한 창조주가 바로 참나라고 인식된다.

이 모든 것을 내가 하고 있고 내가 만들고 있구나! 내 앞에 펼쳐지는 모든 것의 주체는 바로 나로구나! 이 모든 형상과 생각의 주인이 바로 나로구나! 천상천하 유아독존이구나! 이렇게 참나가 드러나는 것이다.

불교의 반야심경에서도 "조견(照見) 오온[14]개공(五蘊皆空) 도일체고액(度一切苦厄) 사리자(舍利子)"라는 구절이 나온다. 부처님도 조견(照見)을 통해서 오온이 공한 이치를 깨달은 것이다.

조견(照見)은 자각의 다른 이름이기도 하다. 그래서 나를 보는 것은 견(見)이 아닌 조견(照見)이어야 한다.

---

[14] 오온(五蘊): 불교에서, 생멸·변화하는 모든 것을 구성하는 다섯 요소. 곧 물질인 색온(色蘊), 감각 인상인 수온(受蘊), 지각 또는 표상인 상온(想蘊), 마음의 작용인 행온(行蘊), 마음인 식온(識蘊)을 이른다.

: 기분 좋은 날

나에 대한 이해가 깊어지니
다른 사람들을 이해할 수 있는
마음의 폭이 넓어졌다.

나를 힘들게 한 사람들을 용서하니
이는 곧 나를 용서하고
나를 사랑하는 것이었다.

나에 대한 이해가 깊어지고
다른 사람들을 용서하니
나는 물결이 잠자듯 편안해졌다.

일상삼매(一相三昧),[15]
일행삼매(一行三昧)[16]가
바로 여기 있다.

---

[15] 일상삼매(一相三昧): 불교에서, 진여(眞如)의 세계는 차별이 없고 한결같은 모습을 한 하나의 본성이라고 보는 삼매.
[16] 일행삼매(一行三昧): 불교에서, 우주의 모든 만물의 현상은 평등하고, 한 모양인 줄로 보는 삼매.

: 생각으로 만들어진 나

내가 만든 생각은 가짜다. 그 생각을 있게 한 나만이 진실이다. 그렇게 말하고 있고 그렇게 생각하고 있다. 모든 것을 있게 한 나는 영원하므로 진짜라 하고, 만들어진 것은 언젠가는 없어진다는 논리로 가짜라 하지만 진짜도 가짜도 내 생각에 불과하다.

나에게 일어나는 생각의 실체를 직시해 보면 모든 생각은 홀로 생기지 않는다. 그 생각의 반대되는 성품을 바탕으로 생긴다. 괴로움의 성품을 바탕에 깔고 즐거움이 생기고, 좋음의 성품을 바탕에 깔고 나쁨이 생기며, 악함의 성품을 바탕에 깔고 선함이 생긴다.

이렇게 만들어지는 생각들은 홀로 만들어져 홀로 존재할 수 없고 대응되는 성품을 바탕으로 쌍으로 만들어지고 쌍으로 존재하다가 쌍으로 함께 사라진다.

우리는 바탕에 숨어 있는 성품을 인식하지 못하고, 만들어진 생각의 주인이 나라는 자각이 없을 때 만들어진 한 생각에 빠져 분별하고 시비를 하게 된다. 만들어진 생각과 그에 대응하는 성품과 이 모든 것들을 있게 한 내가 항상 함께한다. 드러나지 않는 대응하는 성품은 만들어진 것의 존재 가치를 완전하게 해 주고 완전한 균형의 법칙을 낳는다. 완전한 균형은 절대평등[17], 자유 그 자체이다. 그래서 이를 있게 한바탕 의식의 나(법

---

[17] 절대평등: 불교에서는 이런 경지를 불이법문(不二法門)이라 한다. 상대적이고 차별적인 것을 모두 초월하여 절대적이고 평등한 진리를 나타내는 가르침을 말한다.

신불, 성부), 만들어진 생각들(화신불, 성자), 만들어진 생각들에 대응되는 성품들(보신불, 성신)이 있다.

이는 모두 별개의 것이 아니고 하나이다. 여기에는 가짜도 진짜도 없다. 모두 나의 소중한 한 부분이자 전체이다.

법신, 보신, 화신, 삼신일불(三身一佛)이다. 성부, 성신, 성자, '트리니티'이다. 삼위일체(三位一體)이다.

내 안의 생멸법은 내가 원해서 만들어지고 내가 원한 만큼 누리다가 내가 원할 때 사라지는 것이다. 시작도 끝도 다 내가 하는 것이다.

그래서 나에게 일어나는 모든 일은 수용되어야 하고, 나에게 일어나는 모든 일은 긍정의 산물이다. 그래서 나에게 부정이 존재할 수 없고, 구속이 존재할 수 없다. 나는 자유 그 자체이다.

: 자각경 — 긍정의 산물 1

    어제 면접을 보고 오늘 첫 출근한 직원도 있고 해서 직원들과 회식 겸 점심 식사를 샤부샤부[18] 음식점에서 했다. 낮술도 한잔 곁들여서 넉넉하게 했다.

    다이어트를 좀 해야 하는데 이럴 땐 그런 다짐도 잠시 미루고 즐겁게 먹고 마시자 모드로 금방 전환된다. 센터에 오기 전 술도 안 마시고 고기도 먹지 않을 때는 사실 이런 자리도 없었다.

    그땐 직원들만 보내고 나는 보리밥이나 먹고……. ㅋㅋ 그러다 보니 소통도 없고 극히 업무적인 분위기만 있고 완전 따로국밥이다 보니 지금 생각해 보면 미안하다.

    그땐 내 일신은 편했지만 직원들에겐 소홀했던 것 같고, 지금은 직원들에게는 좋을지 모르지만 나는 살도 찌고 혈압도 오르고 걸리는 것이 있다. 그래서 '절대 좋은 것도 절대 나쁜 것도 없음이 진실이구나! 좋은 것 나쁜 것 다 나에게 긍정의 산물로 작용하는구나! 나는 이러한 존재구나!' 하는 자각이 들어온다.

    나는 나를 이해하고자 하고 나의 정체성에 대해 알고자 할 때는 사실 너무 막연하고 막막했다. 녹음된 스승님 법문을 수없이 반복해서 듣고

---

[18] 샤부샤부: 얇게 저민 쇠고기와 갖가지 채소를 끓는 육수에 즉석에서 데쳐서 양념장에 찍어 먹는 요리. 이름은 '찰랑찰랑', '살짜기'라는 의미의 일본어 의태어로, 소고기를 육수에 담가 휘휘 저어 익히는 모습에서 유래했다. 국립국어원 외래어 표기법으로는 샤부샤부이나 일상적으로는 샤브샤브와 샤부샤부가 모두 통용된다.

스승님 법문집을 모두 구입해서 숙독하면서 개념으로 나의 정체성을 떠올려 보곤 했다.

　나는 수만 생을 윤회해 왔고, 나는 그 수만 분의 일에 해당하는 존재이고, 나는 만들어진 것이 아니고 만드는 사 뭉뭉. 그것은 생각일 뿐이었다. 오히려 초심자 때 나에게 의문으로 다가온 "나의 모든 것은 긍정의 산물"이라는 스승님 법문, 한 구절의 의미를 깊이 사유하고 현실에 대입하는 실존을 통해서 나의 정체성을 알아 가게 됐다.

　나를 이해하고 나의 정체성을 알고 나서 나의 모든 것이 긍정의 산물임을 알게 된 것이 아니고 "나의 모든 것이 긍정의 산물"이라는 사실을 알아 가는 과정에 나를 이해하게 되고 나의 정체성에 대해 눈을 뜨게 된 것이 아닌가 생각한다. 순서가 뒤바뀐 것 같은 느낌이 든다.

　개념으로 생각으로 알던 나의 정체성이 진정한 나의 앎으로 체화되기를 소망한다. 또한 그렇게 되리라 믿어 의심치 않는다. 오늘의 이 믿음이 나에게는 가슴 떨리는 자각이다.

: 자각경 - 긍정의 산물 2

나는 최소한 과거로부터 자유롭다. 나의 과거에 이끌려 나를 자학하거나 후회하지 않는다. 과거와 현재를 비교하여 지금의 나를 불편하게 하지 않는다. 나의 과거는 나에 의해 만들어졌고, 나에 의해 체험되고, 나에 의해 사라졌다.

나의 과거는 내 육신의 체험이 전부라고 믿는다. 나의 과거는 내가 이생에 설정하고 온 것을 체험했을 뿐이다. 그래서 나는 과거를 탓하거나 과거에 이끌리지 않는다.

지금 이 순간도 나는 많은 선택을 해야 한다. 내 자유의지에 따라 선택된 것은 또다시 만들어지고, 체험되고, 과거 속으로 사라질 것이다. 미래 또한 그렇게 만들어지고, 체험되고, 과거 속으로 사라질 것이다. 죽음 또한 그러할 것이다.

그래서 나는 과거로부터 자유로울 뿐만 아니라 지금 이 순간도 자유롭고 미래도 자유로울 것이다. 왜? 우리의 삶 모두는 과거 속에 묻힐 거니까……

나는 자유로운 또라이[19]가 돼 가고 있다. 나도 내가 믿어지지 않지만 지금 이런 또라이 상태이다. 시작은 스승님 법문 한 구절에 대한 의구심에서부터이다. 내가 가입한 지 2달쯤 된 2012년 8월 마곡사투어 때 처음으

---

19 또라이: 똘아이의 사투리

로 스승님 라이브 법문을 듣게 되었다.

그때는 새내기 멤버 시절인데 스승님 법문 중 "우리 삶의 모든 것은 긍정의 산물이다. 부정은 있을 수 없다."라는 법문 한 구절이 머릿속에 깊이 각인되었다. 멤버 시절에도 그러했고, 작년 10월 임계점을 넘어선 체험을 하고 난 이후에도 나는 끊임없이 내 머릿속에 각인된 스승님 이 법문 한 구절 '긍정의 산물'을 나의 일상에 대입하고 확인해 보았다.

벽에 부딪히고 이해가 되지 않을 때가 있었다. 그때는 항상 나에 대한 이해가 부족하고, 나의 정체성을 모를 때 문제가 되었다. 그때마다 나는 나에 대해 깊이 생각하게 되고 나의 정체성을 알기 위해 많은 시간을 보냈다. 나에 대한 이해가 깊어지고 나의 정체성을 알아가면서 '긍정의 산물' 이는 나에게 진리로 다가왔다. 부정은 없었다. 참으로 내 삶의 모든 것은 '긍정의 산물'이었다. 이것은 어디에도 통하는 법칙이었다. 스승님의 가르침에 대한 100% 믿음과 확신의 결과이다.

1년 동안 집요하게 물고 늘어진 '긍정의 산물' 덕분에 나에 대한 이해가 깊어지고 나의 정체성을 알게 되었다. 그 결과로 나의 삶에서 많은 것을 수용하고 자유로워질 수 있는 행운을 얻게 되었다.

나는 오늘도 신통방통한 법칙 '긍정의 산물'을 일상에 대입해 보고 또 감동하고 있다. 참으로 그러하다고······. '긍정의 산물' 이대로 쭈~~ㄱ 이어가겠다. 죽음까지도······.

: 수호신

지금부터 21년 전 어느 스님으로부터 귀한 선물을 받았다. 1300년 전 당나라 때 만들어진 관세음보살 목판상 당오도자필(唐吳道子筆)의 탁본을 받았다.

순 금분 한 냥을 음각 부분에 입혀서 집에 모셨다. 점안을 하지 않아서 향이나 공양을 올리지는 않았지만 들며 나며 합장 반배하고, 참선도 하고, 절도 하곤 했다.

21년 동안 우리 집의 수호신처럼 생각했다. 어려운 일이 생기면 도와 줄 것으로 믿었고 즐거운 일이 생기면 가피를 받았다고 생각했다.

내가 건성을 하고 난 후 집에 모신 관세음보살 탁본상을 새로 표구해서 인연 있는 사찰이나 신심 있는 불자에게 보내기로 마음을 정했다.

그래서 효성이 지극하고 신심이 있는 도반 집으로 모셨다. 그리고 그 빈자리에는 아름다운 그림 한 점을 걸었다. 21년을 함께하다 보내고 나니 한동안 서운하고 허전했다.

몇 개월이 지난 후 우연히 그 도반 집에 갈 일이 있었다. 그 도반이 참선하는 방에 잘 모셔져 있었다. 그런데 관세음보살 탁본상을 보는 순간 깜짝 놀랐다. 성난 얼굴을 하고 있는 것이다.

집에 오면서 생각해 보니 그렇게 보내고 나서 내 마음에 걸리는 것이 있었나 보다. 보내져서 섭섭할 것이라는 내 마음이 반영되어 그렇게 성난 얼굴로 보인 것 같다.

요즈음 사무실에 어려운 일들이 생기면서 문득 이런 생각이 스치고 지나갔다. 혹시 보내진 관세음보살 탁본상 때문인가? 아! 내 안에 아직도 무엇엔가 의지하려는 이런 습의 잔재가 남아 있구나……. 웃음이 나온다.

내가 21년 전에 귀하게 대접해서 금분으로 치상하고 내가 의미를 부여해서 21년 동안 수호신처럼 받들고 살다가 내 안에 이 모든 것이 있음을 깨닫고 그렇게 보냈다. 습의 잔재로 스쳐 간 두려운 한 생각도 사랑스럽다. 나의 옛 모습을 추억하게 하니…….

: 꽃길

 내가 새벽에 다니는 이 포행길은 부산 도심 속에 있는 승학산으로서 봄이면 진달래꽃 군락이 있고 가을이면 억새꽃이 장관을 이루고 있는 아름다운 산이다. 승학산 자락에 살고 있는 나는 22년째 이 산을 오르내리며 일요일이면 여러 경로의 등산코스를 즐기고 평일 아침 시간대는 나만의 포행길로 이용하는 나의 도장(道場)이다.

 화두를 들기도 하고, 염불하기도 하고, 관법을 하기도 했던 곳이고, 명상 단체에 와서는 자각을 열심히 했던 곳도 이곳이다. 오늘 아침도 새벽에 포행길에 나섰다. 한 생각 한 생각 생(生)하고 멸(滅)하는 그 주인이 나라는 자각과 육신과 더불어 작용하는 육근(六根)의 작용 또한 그 주인이 나라는 자각을 통해서 허공과 같은 나의 본성을 느껴 본다.

 오늘은 평소에 다니던 길을 벗어나 잘 다니지 않던 길을 택해서 기상대가 있는 정상 쪽으로 걸어 올라갔다. 벚꽃은 이미 지고 있고 진달래는 한창이라 온 산이 붉다. 싱그러운 새벽 공기와 온 산을 뒤덮은 진달래꽃 군락은 나를 들뜨게 하는 데 충분했다.

 기상대 기지가 있는 정상에서 내려오면서 꽃구경에 취해 22년 동안 다니던 길, 눈을 감고도 다닐 수 있는 길을 나도 모르게 벗어나게 되었다. 황홀한 꽃길을 따라 내려가다 보니 내가 한 번도 와 보지 않은 전혀 다른 길로 내려가고 있었다. 오늘 처음 와 본 이 길은 내가 지금까지 본 어느 길보다 아름다운 꽃길이었다.

그러나 내려가는 길은 내가 가야 할 방향과는 다른 방향으로 내려가고 있었다. 다시 정상까지 올라갈 수도 없고 해서 그대로 내려가 택시를 타고 집에 오는 웃지 못할 일이 생겼다. 지척에 이렇게 아름다운 꽃길을 두고 어떻게 22년 동안 한 번도 와 보지 않았을까? 의문이 생겼다. 세 나름대로 정리가 되었다.

22년 동안 이 산을 다니면서 주요 등산로를 나는 다 다녀봤다는 생각, 그래서 나는 이 산에 대해 다 안다는 자만이 있었던 것 같다. 그리고 결국 내가 다니던 길은 평소 몸에 밴 편한 길 몇 군데를 선택해서 생각 없이 다녔던 것 같다. 나는 내 일상에 이렇게 허점이 있는 부분이 얼마든지 있을 수 있고, 이런 오류를 얼마든지 범할 수 있겠다는 생각이 들었다.

보통 사람들이 평소 몸을 담고 있는 종교 집단 등 그곳이 세상에서 제일이라는 한 생각에 머물고 있으니, 정법이 곁에 있어도 모를 수밖에……. 내가 22년 동안 수없이 다니던 그 길 지척에 제일 아름다운 꽃길을 두고도 모르고 살아왔듯이…….

: 귀향

　나는 눈을 뜨고 일상의 생활을 하면서도 가끔 내가 보고 있구나! 하루 세끼 식사를 하면서도 가끔 내가 먹고, 맛보고 있구나! 나의 몸 일부는 항상 어디엔가 닿아 있음에 틀림없지만, 가끔 내가 이런 촉감을 느끼고 있구나! 이런 게으른 자각을 한다.
　하루에도 수없이 많은 생각들이 일어나고 사라지지만 즐겁고 편안하게 느껴지는 생각들은 그냥 즐기고 넘어가는 경우가 대부분이고 어쩌다 한 번씩, '아!~ 이것도 내가 만든 생각이구나!' 이런 게으른 자각을 한다.
　하지만 나를 불편하게 하거나 화가 날 때는 즉시 자각 경고등이 켜진다. '이 생각을 누가 만들었지?' 내가 만들었네. 왜 만들었지? 나를 잘 모르고 남과 나를 비교하는 분별심에서 왔구나. 이럴 때는 제법 빠른 자각에 들어간다. 나 자신에 대한 문제로 발생된 불편함은 이를 수용하지 못함에 있다.
　나를 불편하게 한 문제들은 나의 창조물이고, 나의 창조물은 창조를 있게 한 나를 불편하게 할 수 없다는 자각으로 수용하게 되고 불편함에서 벗어난다. 다른 사람들의 문제로 발생한 불편함은 남과 나를 비교하는 분별심에서 온다. 이 분별심은 현재 나의 관념이나 도덕적 개념의 잣대를 들이대서 이를 벗어날 때 생긴다.
　아바타적 관점에서 볼 때 나를 불편하게 한 사람들의 현재 모습은 과거의 내 모습일 수 있고, 미래의 내 모습이 될 수 있다. 이는 내가 그들과 같은 여정을 겪어서 현재에 이르렀고, 그들과 같은 여정이 기다리고 있을 수 있다는 것이다.

결국 그들은 그들대로 나는 나대로의 여정을 가고, 있는 각자의 삶으로 인정한다면 시비할 일도, 불편할 일도 줄이들 것이다. 이런 생각들을 있게 한 나, 창조자의 자리에서 느껴 본다. 다른 사람들의 그 자리도……

높고 낮음도 없고, 크고 작음도 없으며, 너와 내가 둘이 아닌 절대평등의 하나! 여기가 우리 마음의 고향이다. 이곳으로의 귀향이 나의 자각이다.

제2장

수행으로 가는 길

: 자각 수행

2003년 간화선 돈오체험 후 선원에서 참선과 『조사록』을 통한 선어록 공부를 이어오다가 2011년 염불선을 접하게 되는 새로운 공부 인연이 펼쳐졌다. 주말마다 지리산 수정사를 다니며 염불 수행에 온 힘을 다하면서 일체가 끊어지고 다른 의식의 세계를 넘나드는 염불 삼매 체험 등 다양한 영적 체험을 하게 되었다.

간화선 수행 8년, 염불 수행 2년을 거치면서 삶이 단순해지고 많은 변화의 체험을 하였지만 아직 무엇인가 미진하고 부족하다는 갈증에서 벗어날 수 없는 와중에 2012년 지인의 소개로 자각 수행을 하는 명상 단체를 소개받고 입문하게 되었다.

간화선은 알 수 없는 화두를 들고 화두 의심을 통해 의심이 사무치면 의단[20]이 생기고 은산 철벽에 갇혀서 목에 밤송이가 걸린 것처럼 삼키지도 못하고 뱉지도 못하는 답답함이 극에 달하다가 시절 인연을 만나면 의단이 깨지고 화두가 타파되면서 목에 걸린 밤송이가 빠지고 120근짜리 짐을 내려놓은 듯 시원하고 한없이 가벼워지면서 실상이 드러나는 돈오 체험을 하는 것이었다.

반면에 자각 수행은 실상의 자리를 미리 일러 주고, 오온(색수상행식)이 일어나고 사라짐을 보면서 끊임없이 반조해서 실상의 자리를 보게 하는

---

20 의단: 화두 의심이 사무쳐 답답함이 극에 달한 상태.

관점 이동을 하게 하는 수행법이었다.

색(色) - 내 몸은 내가 아니고, 내 몸을 있게 한 그것이 나다.
수(受) - 내 느낌도 내가 아니고, 내 느낌을 있게 한 그것이 나다.
상(想) - 내 생각이 내가 아니고, 내 생각을 있게 한 그것이 나다.
행(行)도, 식(識)도 내가 아니고, 이를 있게 한 그것이 나다.

모든 것을 있게 한 모태, 만법의 어머니인 참 나를 끊임없이 돌이켜 직시하는 반조 수행을 이어 가다 보면 시절 인연이 다가오고 은산 철벽에 갇혀서 답답함의 극치를 맛보게 되며 감정의 기복이 널뛰기하듯 심해서 감당하기 어려운 상태가 되었다. 이럴 때 시절 인연이 오면 의식이 무너지고 앞뒤가 끊어져서 모든 것이 하나가 되는 실상이 드러나는 체험을 하게 된다.

자각 수행을 시작하고 4개월이 지날 즈음 내가 체험했던 일이다. 아침에 눈을 뜨면 첫 생각이 자각 수행이요, 저녁에 잠들기 전 마지막 생각이 자각 수행이니 일상 거의 전부가 자각 수행 생각으로 가득한 때였다. 그 무렵 도반과 갈등이 심해서 마음 고생을 하고 있을 때였다.

아침에는 온 우주를 다 품어 주고도 남을 만큼 품이 크고 넉넉해져서 모든 것을 다 용서하고 수용하며 한없이 평화롭고 여유로운 의식의 상태에 머물다가도, 저녁나절에는 바늘 하나도 꼽을 데가 없어져서 작은 일에도 분노가 치밀고 사람을 죽이고 살리는 극단적인 의식의 상태까지 내몰려 불타는 지옥을 경험하게 되었다.

3일 밤낮을 이런 의식의 롤러코스터를 타는 혼란에 빠지면서 3일째 되는 날 밤 극도의 분노와 불안과 두려움이 극에 달했을 때 갑자기 '쑥' 하고 의식이 꺼져 버렸다. 모든 것이 다 타버리고 한 줌의 재만 남은 기분이었다. 한참 동안 모든 것이 멈추고 텅 비어 정적만 흐르고 있었다.

저 깊은 심층 의식의 고요 속에 알 수 없는 무엇이 흐르고 있었다. 모든 것이 나에 의해서 만들어지고 나에 의해서 사라졌다는 생각이 들었다. 모든 것의 주체는 이를 있게 한 불생불멸(不生不滅)의 참 나였다. 모든 것을 내맡기고 쉬다 보니 한없이 편안하고 아늑해졌다. 모든 것이 분명해지고 모든 것의 주체가 바로 나라는 것이 명료해졌다. 수처작주 입처개진(隨處作主 立處皆眞)이다. 생각, 감정, 느낌의 노예로 살다가 생각, 감정, 느낌의 주인의 자리에 오르는 것이었다. 이런 체험이 있는 얼마 후 '견성인가'를 받았다.

그 무렵부터 '나에게 일어나는 모든 것은 긍정의 산물이다.'라는 법문 한 구절이 고스란히 마음속에 각인되면서 모든 것을 긍정적으로 받아들이기 시작했다.

지금까지 살아오면서 고달프고 괴로웠던 과거의 삶이 재조명되면서 가장 힘들었던 시간들이 오히려 축복의 시간이었다는 각성이 일어났다. 내가 살아온 과거의 삶은 오늘의 내가 있기 위한 징검다리에 불과했다. 과거 고난을 이겨내면서 영적으로 더 성숙되어 왔다는 생각이 들었다. 삶 속에서 일어나고 사라지는 '희로애락'은 업(業)의 윤회에 불과하다. 나에 의해서 지어진 원인의 결과물로 나타난 업(業)의 법칙이다. 과거도 그러했고 현재도 그러하며 미래도 그러할 것이니 비추어 볼 뿐이다.

나에게 일어나는 모든 것들은 절대 긍정의 존재 이유가 있다. 그래서 내 과거의 삶은 전체가 업(業)의 흐름이었고 긍정의 이유가 있었으니 어떤 경우도 부정하지 말고 모두를 긍정적으로 받아들여야 한다는 생각이 든다. 그런 맥락에서 내 과거를 돌아보며 잘못되었다거나 후회하지 말아야한다. 과거를 돌아보지 않으면 미래를 걱정할 일이 별로 없다. 내 생각이 과거로 돌아가지 않고 미래를 소환하지 않으면 목선의 일밖에 없다. 모든 번뇌는 과거와 미래에 연결되어 있고 지금 여기 목전에는 별로 없다.

바람도 저항하는 것이 없으면 소리가 없다. 번뇌도 저항하지 않고 받아들이면 번뇌가 아니다. 생로병사도 저항하지 않고 받아들이면 그대로 불생불멸이다. 모든 것을 받아들이는 것이 안심입명(安心立命) 성불의 길이다.

: 내 마음의 섬

　석가모니 부처님은 우리의 삶을 고통의 바다, 고해(苦海)라고 했다. 고해라고 함은 생각, 감정, 욕망이 파도치듯 하는 에고의 세계를 말한다. 생각, 감정, 욕망의 파도에 휩쓸려 사는 고통의 삶을 말한 것이다.

　이렇게 요동치는 내 마음의 세계, 고해에도 섬이 있다. 일반인들은 볼 수 없어 전설처럼 전해져 내려온 수중 섬 '이어도'처럼 고해 속에도 숨겨진 섬을 말한다.

　사람들은 마음속에 이런 섬이 있는지조차도 모르고 산다. 그나마 소수의 사람은 섬이 있는 줄 알지만 정작 그 섬을 본 사람들은 극히 소수의 사람이다.

　섬 위에는 어떤 파도에도 영향을 받지 않는다. 섬 위에 머물면 파도는 구경의 대상일 뿐이다. 섬 위에 머물면 파도에 출렁이지 않고 항상 고요하다.

　섬의 속성은 무엇인가? 땅이다. 모든 바다는 땅 위에 있다. 땅이 모든 바다를 품고 있는 것이다. 섬은 모든 바다를 품고 있는 땅과 한 덩어리다.

　우리 각자의 '마음의 섬'은 다도해에 떠 있는 수많은 섬처럼 각각 따로인 것처럼 보이지만 모든 섬의 뿌리는 한 덩어리 땅이다. '마음의 섬' 뿌리 또한 하나와 통해 있으니 나와 남이 둘이 아닌 것이다. 세상 삼라만상 모든 피조물이 또 다른 내 모습인 것이다. 그래서 생각 이전의 자리, '마음의 섬'에 머물면 창조주와 하나가 되는 것이다.

내 마음의 섬, 이는 나의 본성을 다르게 표현한 말이다. 모든 것을 창조하고 모든 작용을 있게 하지만 만들어진 어떤 것으로부터도 영향받지 않는 나의 본성은 고해 속의 고요한 섬과 같은 것이다.

출렁이는 바다는 에고의 세계를 말한다. 에고의 작용이 멈추거나 힘이 약해져서 에고의 바다 수위가 낮아지면 우리 본성은 저절로 드러나게 되어 있다. 생각 감정에 영향을 받지 않는 텅 빈 고요 속에 순수 존재감만 느껴지는 그런 상태를 우리는 '성품을 봤다.', '견성했다.'라고 한다.

어떤 것에도 영향받지 않는 텅 비어 있으면서도 명료한 의식의 상태, 한없이 여유롭고 세상을 강 건너 불구경하듯 어떤 사건도 일어나지 않으니 '산은 산이요, 물은 물인 것이다.' 이런 체험이 마음의 섬에 안주하면서 얻은 선물이다.

이런 현상도 시간이 지나고 자기가 살던 습대로 살다 보면 에고 놀음에 휘둘리고 마음의 섬은 수면 아래로 사라지기 일쑤다. 그러나 마음의 섬에 머문 그 체험은 잊을 수 없게 된다.

그리고 한번 드러난 본성의 작용은 자기 의지와 관계없이 독자적인 생명력을 갖고 스스로 발현되어 앞으로 나아가게 된다. 마음의 섬에 돌아가고자 하는 귀소본능이 늘 작동하게 된다.

어쩌다 세상에서 이보다 더 값지고 귀한 일이 없다는 것을 알아버린 것이다. 그래서 우리는 마음의 섬에 회귀하는 수행을 멈출 수 없는 것이다. 마음의 섬이 다시는 에고의 바다에 잠기지 않도록…….

마음의 섬! 이 자리는 우리에게 영원한 행복을 줄 안심입명(安心入命)의 자리이다.

: 솔개의 지혜

　솔개는 하늘을 가장 높이 나는 새라고 한다. 솔개는 새들 가운데 수명이 제일 길어 대략 70년, 80년 정도 산다고 한다. 하지만 솔개는 그렇게 오래 살기 위해서는 반드시 거쳐야 할 힘겨운 과정이 있다.

　솔개는 40년 정도 살면 부리는 구부러지고, 발톱은 무뎌지고, 날개는 무거워져 볼품없는 새가 된다. 그때가 되면 솔개는 중대한 선택을 하게 된다.

　그렇게 살다가 서서히 죽음을 맞이하느냐? 아니면 고통스러운 과정을 겪고 거듭나 새로운 삶을 사느냐? 중대한 선택을 하여야 한다.

　중대한 변화를 선택한 솔개는 바위산으로 들어가 둥지를 튼다. 그리고 구부러진 부리로 바위를 마구 쪼기 시작한다. 쪼고 쪼아서 낡고 구부러진 부리가 다 닳아 없어질 때까지 쪼아 버린다.

　그러면 닳아진 부리에서 매끈하고 튼튼한 새 부리가 자라난다. 그리고 나서 새 부리로 닳아진 자신의 발톱을 하나씩 뽑기 시작한다. 그렇게 해야 튼튼하고 날카로운 새 발톱을 얻을 수 있기 때문이다.

　마지막으로 무거워진 자신의 깃털을 뽑아 버리면 가벼운 새 깃털을 얻게 된다. 그렇게 생사를 건 130일의 과정을 이겨내고 나면 다시 40년을 더 살게 된다.

　가장 높이 날아 가장 멀리 보고자 하는 솔개, 생사를 건 고통을 이겨내고 수명을 두 배로 늘려 가장 오래 사는 새 솔개, 이런 솔개의 삶을 우리

인간들은 눈여겨 보아야 할 것 같다. 내가 지금까지 살아오면서 거듭나기 위해 생사를 건 도전을 해 본 일이 있는가? 스스로 자문해 보고 깊이 숙고해 볼 일이다.

: 사랑하는 도반에게

1. 있을 수 없는 일

내가 이해하기 어려운 일이 벌어지면 우리는 '있을 수 없는 일'이 벌어졌다고 생각한다. 그러나 '있을 수 없는 일'은 절대 일어날 수 없다. 그런데 우리는 이미 일어난 일을 '있을 수 없는 일'이라고 생각하니 이는 중대한 생각의 오류를 범하는 것이다. 이런 착각 속에 자기를 가두어 버리고, '있을 수 없는 일'이 벌어졌으니 이해할 수 없는 일이라고 단정해 버리고 혼란에 빠진다.

나에게 일어난 모든 일은 나에 의해서 일어난 일이고, 있을 수 있는 일이 일어난 것이지, 있을 수 없는 일은 절대 일어날 수 없는 것이다. 그래서 나에게 일어난 모든 일이 있을 수 있는 일이라면 이해하지 못하고 수용하지 못할 일은 없다.

우리는 심판하지 말아야 한다. 심판하는 것은 우리가 아니라 카르마(karma)[21]이다. 그래서 상처받거나 분개를 느끼지 말아야 한다. 그저 수용하고 용서하고 사랑해야 한다. 용서하지 않으면 편안해질 수 없고, 사랑하지 않으면 행복해질 수 없으며, 이해하지 않으면 자유로워질 수 없으니, 내가 편해지기 위해서 용서가 필요한 것이며, 내가 행복해지기 위해

---

21 카르마(karma): 업. 불교에서, 미래에 선악의 결과를 가져오는 원인이 된다고 하는, 몸과 입과 마음으로 짓는 선악의 소행.

사랑이 필요한 것이며, 내가 자유로워지기 위하여 이해가 필요한 것이다.

2. 뒤집기 신공

'불가능하다. 도저히 이런 마음을 낼 수 없다.' 이런 생각이 들 수 있다. 이럴 때 하는 것이 '뒤집기 신공' 내 생각과 반대로 몸을 던져 하는, 몸의 언어이다.

상대에게 용서를 구하는 말과 행위를 보여 주는 것이다. 이럴 때 나는 없어야 한다. 그래야 용서할 수 있다. 나의 자존심……. 버려야 한다. 길거리에 버려도 개도 안 물고 간다. 오로지 나만 붙들고 있는 것이다.

그래도 마음이 심란할 때는 시간이 되는 대로 숲길을 많이 걸어 보자. 숲에는 치유의 에너지가 있다.

3. 생각의 주인

마음이 요동칠 때는 세상을 다 품을 만큼 넉넉하다가도 한순간에 송곳 하나 꽂을 데가 없을 만큼 빈궁해진다. 극단적인 선택을 하는 사람들에게 하룻밤만 자고 나서 선택하라 하면 대부분의 사람들은 처음 의도한 대로 할 수 없을 것이다.

지금 바로 자리를 박차고 일어나 호흡을 길게 하면서 어디든지 걸어 보자. 발바닥에 의식을 집중하고 발걸음을 세면서 걸어 보자. 지금 이 생각에 끌려가면 안 된다. 지금 이 생각은 한 시간 후에 달라질 수 있고 하룻밤만 지나면 전혀 다른 상황이 펼쳐질지 모른다.

모든 판단은 유보하자. 지금 이 순간은 내가 생각의 주인, 시간의 주인이 되도록 정신을 차려야 한다. 항상 곁에 함께하고 있음을 잊지 말자. 사랑한다.~♡♡

4. 카르마

지금 겪고 있는 일들이 지금까지 살아오면서 가장 힘든 일일 수 있다. 좋은 일이 좋은 것이 아니고 나쁜 일이 나쁜 것이 아니다.

지금 일어나고 있는 일련의 일들은 자신의 카르마 정리라는 생각이 든다. 영적 변화가 일어날 때는 반드시 카르마 정리 과정을 겪는 것으로 알고 있다.

그렇다면 받아들여야 한다. 카르마는 누구도 피해 갈 수 없다. 언젠가는 치러야 할 일이다. 도피할 방법이 없다. 카르마 정리는 좋은 것도 아니고 나쁜 것도 아니다. 삶의 한 부분이다. 깊이 통찰해 보기 바란다.

: 고통의 임계점

보통 사람들이 가장 공포를 느끼는 높이는 11m라고 한다. 이 높이까지는 점점 더 공포가 커지다가 11m를 지나면 오히려 줄어든다. 11m가 공포의 임계점이다. 통증도 그러하다. 통증의 임계점까지는 통증이 점점 증가하다가 임계점이 지나면 오히려 통증이 줄어든다.

우리는 삶 속에서 크고 작은 괴로움들을 경험하게 된다. 이때 괴로움이 크다거나 작다고 느끼는 것은 지극히 주관적인 각자의 잣대이다. 괴로움 또한 공포나 통증처럼 임계점의 법칙이 그대로 적용된다.

우리의 삶은 업(業)의 윤회이다. 카르마의 법칙에서는 누구도 예외가 될 수 없다. 모든 사람에게는 대업(大業)이 하나씩 있다. 이 대업(大業)이 소멸할 때는 그에 상응하는 대가를 치러야 하는데 이것을 카르마 정리 작업이라 한다.

그때 우리는 가장 견디기 힘든 괴로움의 임계점을 통과해야 한다. 임계점에 다가갈수록 괴로움은 사람을 집어삼킬 것처럼 밀려온다. 엎친 데 덮치고, 꼬인 데 뒤틀리고……. 이럴 때는 아무런 희망도 보이지 않고 세상에서 내가 가장 불행한 사람으로 느껴져서 삶을 포기하는 극단적인 선택을 생각하게 된다.

이럴 때는 주변의 어떤 위로도 별 도움이 안 된다. 어떤 지혜도 통하지 않는다. 만약 쉽게 넘어가는 방법이 있다면 그것이 불공평한 일이고 우주의 법칙에 어긋난 일이다.

나 자신도 젊은 날 괴로움을 이겨내지 못하고 극단적인 선택을 시도했던 일이 있다. 그래도 업이 덜 지중했던지 지금 이렇게 건재하고 있으니, 존재만으로도 감사하고 산다. 이 모두가 직접 경험했던 일이다.

임계점이 머지않다. 시간과 공간은 내 의식이 만들어낸 그림자이다. 나를 가장 힘들게 하는 핏줄의 인연, 부부의 인연, 자식의 인연이 모두가 나를 임계점으로 몰고 가는 과정에서 일어나는 환영에 불과하다.

도피하면 우리가 상상할 수 없는 또 다른 카르마의 대가를 치러야 하는 것이다. 힘들어도 초연하게 받아들여야 한다. 어둠이 지나면 찬란한 새벽이 오게 돼 있다. 내가 지금 증명해 보여주고 있지 않는가? 절대 손을 놓지 말고 혼신의 힘을 다해 정진하기 바란다. 항상 함께하고 사랑한다.

: 괴로움은 착각에서 온다

1. 착각

에고는 항상 내 생각보다는 한 수 위에 있어서 내 생각으로 에고를 이길 수 없을 것이다. 에고의 힘을 빼거나 죽이는 방법은 생각을 멈추는 것이다. 그런데 내 의지로 생각을 멈추기가 쉽지 않다.

이럴 때 해 보는 것이 '뒤집기 신공', 내 생각과 반대로 몸을 던져 보면 잠시라도 생각이 멈추거나 벗어날 수 있을 것이다. 할 수 있는 모든 방법을 다해 보자. 하다 보면 나에게 맞는 방법이 찾아질 것이다. 내 정체성에 대한 믿음과 확신을 굳건히 해야 한다.

괴로움은? 내가 바라는 것, 내가 얻고자 하는 것이 현실적으로 이루어지지 않을 때 괴로움으로 다가온다.

두려움은? 내가 바라는 것, 내가 얻고자 하는 것이 미래에 이루어지지 않을 수도 있다는 불확실성에서 기인한다.

결과적으로 괴로움이나 두려움은 있는 것을 없다고 착각하거나, 없는 것을 있다고 착각하는 데서 온다. 그래서 뒤집어보면 나의 착각이 드러나게 되고 시끄러운 것들이 멈추게 된다.

시끄러운 것들이 멈춘 그곳에는 괴로움 두려움이 없다. 고요만 있을 뿐이다.

2. 자업자득

한때 내가 다른 사람들이 선망하는 존재가 된 일이 있었다면 나를 다시 한번 돌아보자. 나는 다른 사람들에게 잘못한 일이 없다고 생각하지만, 상대적으로 열등감을 느낀 사람들에게는 시샘으로 또는 상처로 남을 수 있다.

그런 것들이 나도 모르게 돌아온 화살이 될 수 있다. 억울하다고 생각드는 것들이 아마도 그런 것과 무관치 않을 것이다. 진정한 참회는 모든 것이 자업자득이고 자승자박이라는 진실을 받아들이고 원망하는 마음을 내려놓는 것이다.

: 걸어야 산다

지금 내가 지켜야 할 것은 지위나 명예보다 내 건강이어야 한다.

나에게는 세 살 아래 남동생이 있었다. 지금부터 15년 전(2004년) 마흔아홉에 초등학생, 중학생 아들 둘을 남기고 세상을 떠났다.

사업에 실패하고 전 재산이 경매에 넘어가고 보증인들까지 피해를 입다 보니 뒷감당할 수 없었다. 엄청난 스트레스로 건강을 지키지 못하고 병을 얻었다.

악성 종양이 발견되고 3개월 만에 세상을 떠나면서 금융기관 부채 6억만 남기고 떠났다. 처자식에게 재산은커녕 부채만 남기고 간 것이다.

임종 직전 두 아들을 부탁하고 눈을 감았다. 고난은 남겨진 가족들 몫이었다. 세월이 흘러 그 조카들은 앞가림하고 산다.

지금 당신에게 죽음 같은 고통을 주는 것은 몰락과 굴욕에 대한 두려움일 것이다. 명예와 지위는 잃어도 내가 마음만 달리 먹으면 살아가는 방법이 얼마든지 있다.

내 동생처럼 스트레스에 무방비하다 보면 돌이킬 수 없는 상황이 벌어질 수 있다. 진정 가족을 위하는 길은 내 지위와 명예를 지키는 것보다 내 건강을 먼저 지키는 것이다.

수단과 방법을 가리지 말고 스트레스에서 벗어나는 노력을 해야 한다. 이럴 때 생각이 많아지면 육신은 병들게 돼 있다. 가능하면 낮에는 내 몸을 혹사(酷使)시키자. 몸이 녹초가 될 때까지 걸어 보자.

생각이 스멀스멀 올라오면 털고 일어나자. 어디가 되든 무작정 걸어 보자. 발걸음을 하나, 둘, 셋……. 세어 가면서 걸어 보자. 걸어 보면 알게 된다. 왜 걸으라고 하는지를…….

: 받아들임

아무리 힘든 일도 받아들이면 가벼워진다. 우리가 겪고 있는 고통스러운 일들도 받아들이지 못하기 때문이다. 그러려니 하고, 수용하고, 포용하고, 허용하다 보면 가벼워진다.

나에게는 결혼을 못 하고 혼자 사는 장애인 남동생이 있다. 일찍 양부모님이 돌아가시고 어릴 때부터 끼고 살았다. 지금은 나이가 50대 초반이니 30여 년을 그렇게 살았다. 아마도 내가 할 수 있을 때까지는 그렇게 살아야 한다.

지금도 매주 월요일이면 1주일분 생활비를 보내준다. 1주일 이상 생활비를 제대로 배분해서 쓰지 못한다. 막노동해서 조금씩 번 돈을 그렇게 관리해 준다.

지능이 낮다 보니 이해할 수 없는 행동을 자주 한다. 폭력을 행사하여 경찰서에서 조사를 받기도 하고, 성추행범으로 구속이 되어 반년 동안 옥살이도 했다.

반년 동안 옥바라지를 하면서 형제들에게도 알리지 못하고 심지어 집사람에게도 상세한 얘기를 할 수 없었다. 너무 창피하고 부끄러운 범죄라서 숨길 수밖에 없었다.

일요일마다 홀로 ○○교도소에 면회를 다녔다. 처음에는 많이 힘들었지만, 내 주변 모든 상황을 받아들이기 시작하니 견딜만했다.

나에게 일어나는 '자업자득'의 진리를 받아들이고, 나에게 일어나는 모든 것은 긍정의 산물임을 받아들이고, 받아들이다 보니 내 의식의 그릇이 훌쩍 커져 있었다. 무엇이든 내 공부의 소재로 삼아 보면 고통도 기회가 된다.

동생에 대한 증오감보다는 연민이 느껴졌다. 지금도 매주 월요일이면 생활비를 보내준다. 그래도 중간에 궁(窮)하면 거짓말을 하면서 돈을 달란다. 큰돈이 아니니 모른 척하고 들어준다. 제발 사고만 치지 말라 하면서…….

그러러니 하고 받아들이지 않으면 내가 괴롭다. 그래서 내가 편해지고자 받아들인다. 허용, 포용, 수용하다 보면 가벼워진다는 진실을 체험하게 해 준 내 동생, 분명 긍정의 산물이다.

: 받아들임 – 생사 문제

생사(生死) 문제를 해결해야 한다. 수행자들에게는 귀에 익숙한 말이다. '어떻게 하는 것이 생사(生死) 문제를 해결하는 것일까?' 생각하면 막연하다. 생(生)의 문제는 무엇이고, 사(死)의 문제는 무엇인가? 어떻게 접근해야 하는가?

나의 정체성은 '불생불멸(不生不滅)'이다. 나는 없다. 무아(無我)다. 그래서 나에게 죽음은 없다. 죽음은 삶의 한 부분이다. 생(生)과 사(死), 둘이 아니다. 그러니 생(生)의 문제가 곧 사(死)의 문제다. 개념적으로는 접근이 가능하지만, 증득하지 못하면 한 생각에 불과하다.

정작 지금, 이 순간 어떻게 살아야 하는가? 생(生)의 문제가 무엇이고 이를 어떻게 해결할 것인지가 관건이다.

우리 삶에서 문제라고 생각하는 것들 대부분은 착각에서 온다. 있는 것을 없다고 착각하고, 없는 것을 있다고 착각하는 '전도몽상'에서 온 두려움이 문제다.

받아들이면 문제가 안 된다. 삶에서 큰 문제라고 생각하는 두려움도 받아들이면 사라진다.

생(生)에 문제가 없어지면 당연히 사(死)에 문제도 없어야 한다. 생사 문제를 해결한 사람은 죽음에 임해 통증은 있어도 두려움은 없다고 한다.

'받아들임', 허용, 포용, 수용. 이는 불생불멸, 무아를 증득하고 생사(生死) 문제를 해결하는 데 한 걸음 더 다가가는 좋은 방법이 아닌가 생각해 본다.

: 알아차림

훌륭한 생각을 백번을 하는 것보다
한번이라도 생각하고 있는 나를
반조하는 것이 더 값지다고 했다.

생각은 아상을 더 성하게 할 뿐이다.
상을 여의는 길은 자각뿐이다.
생각에 머물러 있음을 알아차리고 벗어나는 것이다.

어제처럼 잠시 생각 속에 머물렀어도
금방 알아차리고 생각이 내가 아님을
자각하는 것이다.

나의 본질은 생각이 아니고 생각을 있게 한 그것이다.
내 관점을 생각에서 본질인 그것으로 이동해 보는 것이다.
그것이 생각을 내려놓는 것이다.

: 수행

열심히 해야 한다.
언제까지 해야 할 것인가?
저절로 될 때까지 해야 한다.
저절로 받아들여지고
저절로 맡겨져야 한다.

받아들여야 한다는,
맡겨져야 한다는,
그런 생각도
말도 다 끊어지고
저절로 되어야 한다.

내가 할 일이 없어진다.
할 일 없는 도인이 되는 것이다.
여기까지 가는 것이다.

든든한 도반이 생겨서
참으로 기쁘고 감사하다.

: 부부간 육바라밀

대승불교 보살 수행법으로 '육바라밀' 수행이 있다. 보시, 지계, 인욕, 정진, 선정, 지혜(반야) 여섯 가지 바라밀행을 실천해서 보살에 이르는 수행법이다.

불교의 가르침을 부부간 맞춤형 육바라밀 수행으로 변신하여 행한다면 원만한 가정을 이룰 뿐만 아니라 보살에 이르는 기반을 마련하는 큰 수행 공덕이 되리라 믿어 의심치 않는다.

첫째, 보시바라밀이다. 보시는 아무런 대가를 바라지 않고 베푸는 것으로 물질을 베푸는 '재시', 진리를 전해주는 '법시', 어려움에서 벗어나 두려움을 없애주는 '무외시'가 있다.

먼저 재보시를 살펴보자. 부부의 재산은 형성 과정에 기여한 공이 반반이다. 소유권이 누구에게 있든 공동소유의 개념이 되어야 한다. 흔히들 다투는 비자금도 과하지 않는 범위에서 서로 암묵적으로 인정하는 것이 무방하다. 서로 보시하는 기분으로……. 감시하고 감시받는 그런 관계는 늘 불신을 초래한다. 자기 것을 고집하지 말고 양보하고 배려하면서 사는 것이 진정한 보시바라밀이다.

다음으로 법보시를 보면, 부부간에 갈등을 해소하려면 마음의 본질을 깨우치지 않고는 근본 문제를 해결할 수 없다. 부부가 함께 마음공부를 하는 것은 최고의 복이다. 먼저 입문한 쪽이 배우자를 이끌어 주고 함께 가는 것이다. 부부의 인연에서 도반의 인연으로 성숙하는 것이 부부간 최고의 법보시인 것이다.

마지막으로 무애보시를 보자. 부부간에 발생한 어려움이나 두려움은 믿음이 부족하고 배려하는 마음이 부족해서 생긴다. 즉 역지사지 하는 마음이 부족해서 생긴 것이다. 서로 허용하고 포용하고 수용하다 보면 저절로 부부간 무애보시가 된다.

둘째, 지계바라밀이다. 계율을 지키는 것으로 올바르고 참된 생활 규범을 지켜 나가는 것이다. 부부간에 지켜야 할 항목을 부부간 합의로 만들어서 지켜 나가는 것이다. 부부간에 서로 본분을 잘 지키다 보면 다툴 일이 적어진다.

요즈음 가정이 무너지는 첫 번째 이유가 배우자의 외도이다. 이런 일을 당하는 사람은 죽음과 같은 고통을 겪는다. 그래서 어떤 경우도 이런 행위를 하지 말아야 한다.

가족 중에 아픈 사람이 생기면 집안이 어두워진다. 그래서 평소 건강을 해치는 술, 담배 등 해로운 것들을 절제하고 꾸준히 운동하는 습관을 이어 가야 한다. 차를 가까이하는 것도 우리 몸과 정신에 유익하다. 각자 자기 환경에 맞는 맞춤형 룰(계율)을 만들어 실천하는 것이다.

셋째, 인욕바라밀이다. 성냄이나 언짢은 생각 등 모든 어려움을 잘 참는 것이다. 부부생활을 하다 보면 항상 좋은 일만 있는 것이 아니다. 서로 의견이 다를 수 있고 감정을 실어 다툴 수도 있다. 이럴 때 다툼은 서로 화살을 주고받는 것과 같다. 화살을 한번 받는 데서 멈추어야 한다. 어느 한쪽만 멈추면 더 이상 다툼은 없다. 이렇게 살면 평생 부부싸움이 없이 살 수 있다.

한 번에 멈춘 이것을 일래(一來)라 한다. 성인4과(수다원, 사다함, 아나함,

아라한) 중 일래과(一來果)는 사다함의 경지다. 인욕바라밀의 공덕이 이렇게 큰 것이다.

넷째, 정진바라밀이다. 보시바라밀, 지계바라밀, 인욕바라밀을 꾸준히 이어 가는 것이다. 잠시 일탈이 있어도 금방 초심으로 돌아가 이어 가면 된다. 매 순간 깨어 있는 삶이 정진의 초석이 되어야 한다. 저절로 저절로 될 때까지 꾸준히 이어 가야 한다. 육바라밀을 행하는 데 있어서 부부간에 서로 감시자가 되고 채찍이 되어준다면 정진의 힘은 두 배가 될 것이다.

다섯째, 선정바라밀이다. 일상에서 잠시라도 고요 속에 머물면서 자신의 내면을 반조하다 보면 삶이 편안해지고 지혜로워진다. 부부간에는 서로를 비추어 주는 거울이 되는 것이다. 배우자를 통해서 나의 참모습을 보는 것이다. 이를 통해서 자기 변신을 하게 된다.

여섯째, 지혜(반야)바라밀이다. 보시, 지계, 인욕, 정진, 선정바라밀을 꾸준히 실천하다 보면 참 실상인 반야바라밀이 드러나게 돼 있다. 이는 사랑이요, 자비이며, 연민이다. 부부간에 갖추어야 할 참 지혜를 증득하게 되는 것이다. 이를 바탕으로 또 육바라밀을 계속 행하다 보면 부부는 세상에 빛 같은 존재가 될 것이다.

: 7일간의 꿈

　다선당 식구들 9명과 지리산 연곡사 템플스테이를 가서 하룻밤을 보내고 인연이 있는 지리산 형제봉 수정사에서 점심 공양을 했다. 단풍이 한창인 계곡이 내려다보이는 수정사 다실에서 준비해 간 보이차를 즐기며 한가로운 오후를 즐기고 있었다.
　이때 급한 전화 한 통이 왔다. 친구가 쓰러져 양산 부산대병원 응급실에 있는데 회생 불가 판정을 받고 임종을 기다리고 있다는 것이다. 급하게 자리를 정리하고 부산대병원으로 향했다. 지리산에서 양산까지 차를 몰고 올라오면서 많은 생각들이 스쳐 지나갔다.
　초등학교 동창생인 이 친구와 나와의 인연은 특별했다. 내가 초등학교를 들어가기 전 어린 시절, 공무원이던 부친과 어머니 동생들은 여수에서 생활하고 나는 농사를 짓는 할아버지·할머니 집에서 살았다.
　취학연령이 되기도 전에 일찍 입학해서 초등학교에 다니다 보니 체구가 왜소하고 나이가 어려서 친구들에게 맞고 다니는 일이 잦았다. 그때 두 살 위고 체구가 커서 제일 힘이 센 지금 이 친구가 내 보디가드(body-guard) 역할을 했다. 할아버지가 빵, 과자를 사주면서 부탁을 한 것이다.
　'소금 먹는 놈이 물 켠다.'고 빵과 과자를 얻어먹은 대가로 나를 다른 친구들이 함부로 하지 못하게 잘 보살폈다. 그렇게 지내면서 초등학교를 졸업하고 중학교에 진학했다.
　중학교는 서로 다른 학교로 진학해서 만날 기회가 거의 없었다. 고등학교 때는 친구가 거의 깡패 수준이어서 만나는 것이 두려웠다. 군에 가서 제대하고 사회생활을 하면서 만나보지 못했다.

지금부터 27년 전 내가 근무하던 모 세무서에서 우연히 만났다. 양도소득세 문제로 곤욕을 치르고 있는 와중에 만나게 됐다. 다행히 도움을 줄 수 있어 문제가 해결되고 그 후 만남이 이어졌다.

부산에 유일한 초등학교 동창생이라 더 가깝게 느껴졌다. 젊은 시절 술을 좋아하는 우리는 술자리도 많았다. 형제처럼 가족 동반 여행도 자주 다니고 했다. 그런 와중에 나는 공직에서 퇴직하고 세무사를 개업했다. 불교 수행에 심취하면서 술을 멀리했지만, 친구와의 만남은 변함없이 이어졌다.

3년 전 가을 이맘때 지금 앓고 있는 병, '폐섬유화' 진단을 받았다. 시한부 5년이라 했는데 3년 만에 이렇게 된 것이다. 지난 3년 동안 몸이 점점 약해져 가고 호흡이 거칠어져 가는 모습을 지켜보면서 가슴 아팠던 시간의 연속이었다. 급기야 지난해부터는 산소호흡기를 달기 시작했다. 폐 기능이 급격히 떨어지고 지난봄 지리산 수정사 나들이가 함께한 마지막 나들이가 되었다.

집에서만 머물기 시작하면서부터 우리는 매주 일요일 친구 집에 모여 점심 식사를 같이하고 오후 시간을 함께 보내면서 친구가 좋아하는 고스톱도 즐기고 많은 얘기도 했다.

이생에서 내가 누구인지를 알아가는 공부를 했으면 싶어 관련 글을 보내 주기도 하고 직접 만나서 법문을 해 주기도 했다. 그리고 죽음에 대한 두려움을 없애 주기 위해 많은 시간을 보냈다.

다음은 친구에게 보낸 글이다.

부처님 오신 날을 맞이하여 친구에게

내일이 부처님이 이 땅에 오신 날이네. 친구~! 몸이 아픈 자네에게 해 줄 수 있는 것이 없어서 마음 아프네. 어제 ○사장이 파킨슨병을 7년 전에 얻었다는 말을 듣고 너무 큰 충격을 받았다네……. 파킨슨병을 앓고 있는 □사장도 그렇고…….

어제 자네 집에 가면서 오래간만에 단주를 팔에 차다 보니 잊고 살았던 20년 전 일들이 떠올랐었네. 어린 시절 함께 자라고 같은 시기에 부산에 와서 살던 친구가 있었다네, '오△△'이라고……. 마누라 불륜 행각으로 충격을 받아 병을 얻어 얼마 살지 못하고 어린 아들 셋을 남긴 채 한 많은 세상을 마감한 지 어느덧 20년이 지났다네.

세상을 떠나기 며칠 전 그 친구에게 조그만 선물을 주었다네. 내가 절에 기도할 때 차고 다니던 단주를 벗어서 팔목에 채워 주면서, "이 단주를 차고 있으면 항상 부처님이 자네를 보살펴 줄 걸세." 그렇게 그 단주를 찬 채 며칠 후 세상을 떠났다네. 오늘 문득 그 친구가 생각나서 눈시울이 뜨거웠다네. 그때는 그것 말고는 해 줄 수 있는 것이 아무것도 없었다네.

지금도 몸 아픈 친구에게 가끔 들러 시간 보내다 오는 것 말고는 해 줄 수 있는 것이 없어서 안타까울 뿐이네. 독이 될지 약이 될지 모르는 말 한마디도 조심스럽고 글 한 줄 써서 보내기도 망설였다네. 용기를 내어서 몇 자 적어 보내니 재미로 보시게.

퇴근 후 매일 선방에 가서 수행한답시고, 홀로 시간 보낸 지가 어느덧 반년이 지났네. 좌선하면서 하는 것 전부가 호흡을 관(觀)하는 것이라네. 들숨에는 숨이 들어오는 것을 알아차리고, 날숨에는 숨이 나가는 것을 알아차린다네. 숨이 길어지면 길어지는 것을 알아차리고, 숨이 짧아지면 짧아지는 것을 알아차린다네. 생각이 일어나면 생각이 일어나는 것을 알아차리고, 이 생각도 나에 의해 만들어진 것임을 알아차리고, 생각이 사라지면 사라지는 것을 알아차리는 것, 이것이 전부라네.

내 경험으로 보면 일상에서 호흡을 바쁘게 쉬다가도 호흡을 바라보기 시작하면 호흡이 깊어지고 길어진다네. 이럴 때 마음이 평온해지고 몸에 기운이 도는 것을 느낀다네. 의식이 가는 곳에 기(氣)가 모이게 되는 것이니, 호흡에 의식을 모으면 호흡이 깊어지면서 기(氣)가 충만해져서 단전에 기운이 모이고 힘을 얻는다네.

호흡만 바라보고 있어도 호흡이 깊어져 산소 공급이 원활해지고, 기운이 모이며 밖으로 향하던 의식의 방향이 내면으로 향하게 되어 번뇌가 사라지고 선정을 얻어 지혜로워지는 것을 체험하게 된다네.

힘들더라도 한번 해보길 권하네. 어차피 숨은 쉬어야 하는 것이니……. 해보면 숨쉬기가 더 편해질 걸세. 해보고 불편하면 즉시 멈추면 되네. 요령은 단순하게 들숨에는 숨이 들어오는 것을 알아차리고, 날숨에는 숨이 나가는 것을 알아차리고, 하는 데까지 해보고, 힘들면 쉬다가 생각나면 다시 해보고……. 스트레스를 받으면서 하는 것은 안 하는 것만 못하다네.

　여기에 하나 더 감사함을 더해 보게. 들숨에 숨을 받아줘서 고맙다. 날숨에는 숨을 내보내 줘서 고맙다. 숨이 들고 날 때 감사함을 실어서 해보면 놀라운 효과를 볼 수도 있으리라 생각되네.

　들숨 날숨을 알아차리는 이 한 물건이 내 안의 부처요, 나의 '불성'이라네. 이를 만나는 것이 '견성'이요, 이와 함께하는 것이 '성불'이라네. 직지인심(直指人心) 견성성불(見性成佛)!

　사랑해 친구!

다음은 친구에게 받은 글이다.

　참 좋은 친구(親舊)!

　나는 정말 행복한 사람. 이렇게 살아오면서 주말이면 과일과 생선회를 들고 멀리 양산까지 찾아와서 좋은 얘기 나누고 격려해 주고 이렇게 행복한 사람이 어디 있을까!

　조용히 생각해 보면 친구의 고마움을 무엇으로 표현 못 하겠네. 항상 정도의 길, 정의로운 사고방식을 심어준 고마운 친구!

　변치 말고 남은 여생 살아가세나.

　오늘 멋진 글 잘 읽었고, 실천도 해봄세.

다시 친구에게 보낸 글이다.

친구에게

친구!
눈을 감아보시게.
무엇이 보이는가?
눈을 떠보시게.
무엇이 보이는가?

눈을 감아도 볼 수 있는 것은 내 마음이요, 눈을 떠봐도 볼 수 있는 것은 내 마음뿐일세. 우리는 내 마음 말고는 아무것도 볼 수 없다네.

나와 남이 있다고 생각하지만, 남이라는 대상은 내 관점으로 본 또 다른 나일세. 세상 만법이 모두 내 관점으로 본 또 다른 나일세. 그래서 세상은 나를 비춰 주는 거대한 거울이라 한다네. 친구!

우리가 이 세상에 태어나서 지금까지 살아오는 동안 단 한 번도 내 마음 말고는 다른 것을 본 일이 없다네. 지금까지 살아오면서 가슴에 담아온 많은 회한도 알고 보면 모두 나에 대한 회한이니 누구를 탓하겠는가? 받아들이기 어려울지 모르지만, 이것은 모두 진실이라네.

모든 것은
나에 의해서 만들어지고,
나에 의해서 경험되다가,

나에 의해서 소멸된다네.

과거도 그러했고,
현재도 그러하며,
미래도 그러할 것이니,
무엇이 문제가 되겠는가?

내 삶 전부를 경험의 장으로 인식하고 삶 속에서 일어났던 모든 일들은 내 안에 일어난 나의 일이니, 허용하고 포용하고 수용한다면 아름다운 마무리 빛나는 졸업장이 기다리고 있을 것이네. 친구!

이런 글을 주고받고 많은 대화를 하면서 예상보다 잘 버텨 주고 잘 먹고 해서 좀 더 오래 살 수 있을 것을 기대했는데 10월 말 넘기기 어렵다는 담당 교수의 말이 현실이 된 것이다.

대학병원 응급실에 들어서니 산소호흡기 및 각종 기기를 주렁주렁 달고 의식이 없는 채 누워 있었다. 내일 일요일 만나기로 약속한 사람이 이렇게 누워 있다니······.

죽음에 임박한 친구를 보면서 친구에게 "죽음은 슬픔이 아니고 축복 즉 빛나는 졸업장이다."라고 역설하던 내가 아니던가. 정말 친구의 죽음을 여여(如如)[22]하게 받아들일 수 있을지 가는 길에 도움이 될 수 있는지

---

22 여여(如如): 산스크리트어 tathatā ① 분별이 끊어져 마음 작용이 일어나지 않는 상태. 분별이 끊어져, 있는 그대로 대상이 파악되는 마음 상태. ② 그렇게 있음. 차별을 떠난, 있는 그대로의 모습. ③ 모든 현상의 본성. (시공 불교사전, 2003. 7. 30. 곽철환)

나를 점검해 볼 기회인 것이다.

항상 웃으면서 반기던 친구의 얼굴을 볼 수 없다는 것은 서운하고 아쉬움이 남지만 죽음의 본질은 흔들림이 없었다. 내 나름 임종을 맞을 마음의 준비를 했다.

가족들이 슬픔에 통곡하거나 몸을 흔들지 못하게 하고, 임종을 맞는 자와 가장 행복했던 시간을 떠올리며 한 사람씩 순서대로 작별 인사를 하도록 했다.

작별 인사 후 임종 법문을 해 주었다.
친구 임종에 즈음하여
친구 내 목소리가 들리는가?
친구 내 체온이 느껴지는가?
이제 평생 애지중지 지켜온 육신을 벗을 때가 된 듯하네. 친구!
나라고 생각했던 이 몸은 항상 했던 적이 없고, 찰나찰나 변해 왔다네. 이제 그 변화의 마지막을 경험하고 있다네. 친구!
변화의 끝에 작용이 멈춘 내 몸은 내가 입던 옷 한 벌 벗어 놓은 것과 다를 바 없다네. 친구!
그리고 수없이 일어나고 사라졌던 생각, 감정, 행동 등 오온의 작용 또한 찰나찰나 변해 왔으니 이 또한 실체가 없다 한다네. 그래서 우리는 오온이 공(空)하다 한다네. 친구!
이 모든 것이 나에 의해서 원인이 만들어지고 나에 의해서 그 결과를 체험했던 경험의 장에 불과하다네. 친구!
그러니 자네가 칠십여 성상 살아온 흔적은 괴로움의 종자를 심어 괴로움을 경험하고 즐거움의 종자를 심어 즐거움을 경험한 것, 이런 것들이 전부이네. 친구!

자네가 마지막 순간 찰나지간에 평생 살아온 흔적들이 주마등처럼 스치고 지나가는 경험을 할 것이네.

잠시 기억 속에 떠올랐다가 흔적도 없이 사라지는 이 현상, 이것이 내 삶의 전부이네. 친구!

그러니 붙잡고 있을 것이 무엇이 있겠는가? 친구 이제 이생의 인연들 다 내려놓으시게. 죽음은 우리가 두려워야 할 대상이 아니라네.

죽음은 모든 것의 끝이 아니고 새로운 시작일세. 쓰임이 다한 내 육신을 벗어날 뿐 죽음은 없다네. 그러니 죽음을 두려워하지 말게. 친구!

그러니 이번 생의 삶 모든 것을 내려놓으시게. 그리고 아무 여한 없이 다음 여정을 맞이하시게. 훨훨 자유로워지시게. 친구!

잠시 후 육신에서 벗어나면 새로운 세계를 경험할 것이네. 깜깜한 암흑 속에 갇혀 두려워하기도 하고, 천둥보다 큰 소리에 놀랄 수도 있으며, 무서운 형상에 놀라 혼비백산할 수도 있다네. 이는 모두 내 마음이 만들어 낸 환영이니, 두려워하거나 놀랄 일이 아니라네. 친구!

그런가 하면 아름다운 빛의 터널을 지날 수도 있다네. 황금빛, 푸른빛, 노란빛 등등 아름다운 빛들……. 이 모든 빛 또한 인연법에 따라 내 마음이 만들어낸 환영이니 어디에도 집착할 것이 못 된다네. 친구!

오로지 눈부시게 빛나는 근원의 빛, 무슨 색깔이란 특정할 수 없는 눈부신 광명, 그 근원의 빛과 하나가 되시게. 친구!

작별 인사 겸 임종 법문이 여러 번 이어졌다. 호흡, 혈압, 맥박을 나타내는 계기판은 툭툭 떨어지고 있었다. 저녁 10시 40분 모든 계기판은 멈추고 숨을 거두었다.

미국에서 오고 있는 딸을 제외한 모든 가족과 작별 인사를 하고 지켜보는 가운데 임종을 맞았다. 몸에 걸친 것이라고는 달랑 기저귀 한 장이 전부다. 안치실 냉동고에 들어가는 모습이 영락없이 벗어 놓은 옷 한 벌과 다를 바 없다.

거친 숨 몰아쉬며 힘들어 하던 육신을 벗어나 훨훨 자유로워진 영혼의 변신, 이를 우리는 죽음이라 한다. 이생에서 모든 경험 해 마치고 다음 여정으로 가는 길, 분명 축복인 것이다.

장례식장을 정하고 집에 돌아오니 다음날 새벽 2시였다. 토요일 밤 늦게 임종하는 바람에 4일장을 치르기로 했다. 함께 지내던 다른 친구도 교통사고로 병원에 입원해서 홀로 친구 곁을 지켜야 할 것 같았다.

장례식장에 도착해 보니 꽃으로 단장한 제단 위에 친구가 환하게 웃고 있는 사진을 걸어 놓고 있었다. 일요일, 바로 오늘 만나기로 약속한 사람이 어떻게 저기에…….

세상 모든 사람이 한 번은 경험하고 가는 흔한 일인데, 정작 내 앞에 이런 일이 펼쳐지면 당황하기 일쑤다. 다시 볼 수 없다는 가슴 아리는 느낌이 슬픔의 전부다.

밤늦게 자정에 가까워서 미국에 사는 딸이 도착했다. 마음의 준비를 하고 왔는데도 막상 이 상황에 직면하니 머릿속이 하얗게 되어 정신을 가누기 힘들다 한다.

밤 12시를 넘어서 집에 돌아왔다. 집사람은 너무 피곤해 해서 다음날은 나 혼자 가기로 했다. 평소 새벽에 승학산에 오르던 습관 때문에 잠이 일찍 깨어졌다. 새벽 5시 30분 깜깜한 산길을 오르며 고인의 극락왕생을 염원하며 '광명진언' 기도를 이어 가고 있었다. 친구가 미소 띤 얼굴로 연화좌에 앉아 하늘로 오르는 듯했다.

그 느낌이 좋아서 사무실에 가서 '광명진언' 카드를 만들었다. 지갑에 넣을 크기로 코팅해서 20장을 만들었다. 가족 친지들에게 나누어 주면서 49재 기간 동안 꾸준히 광명진언 기도를 하도록 권했다.

"옴 아모카 바이로차나 마하무드라
마니파드마 즈바라 파라바를타야 훔"

하루 종일 상가에 머물며 인연이 있는 조문객들을 맞았다. 주말이면 항상 함께 시간 보내던 친구가 교통사고로 병원에 입원하고 있으면서 외출 허가를 받고 다녀갔다.

고인과 가까운 친구 사이인 혜인스님도 염불 기도를 하고, 식사를 한 후 잠시 살아온 얘기를 나누었다. 약봉지를 한가득 넣고 다닌 것을 보니 몸이 몹시 부실해 보였다.

우리 삶 속에 일어나는 모든 현상은 너무너무 공평하다. 모든 것이 원인에 의한 결과물이라는 관점에서 보면 한 치의 어긋남이 있을 수 없는 것이다. 생로병사 길흉화복 모두가 이 법칙에 의해 펼쳐진다. 내가 심은 원인에 의해 나에게 펼쳐지는 지금, 이 현실을 누가 부정할 수 있겠는가?

저녁에는 멀리 전주에서 조문 온 초등학교 선배를 만났다. 초등학교 선배인 그 분(ㅁ선배로 칭함)은 얼굴이 어두워 보였다. 신용보증기금에서 근무하다 정년퇴직했단다.

ㅁ선배는 직장에서 하던 일에 극심한 죄의식을 갖고 있었다. 학교 졸업 후 처음 만난 나에게 스스럼없이 하는 말이 "나는 악마였다.", "나는 피를 빨아먹고 살았다.", "나는 죄를 많이 지어 죽으면 지옥에 갈 것 같다." 이런 말을 여러 번 반복했다.

옆으로 스치는 얼굴은 이미 악마를 연상케 하는 어두운 얼굴이고, 죄책감에 사로잡혀 자학하며 살고 있는 지금의 삶은 지옥 그 자체로 보였다. 자신의 생각과 말이 자신을 악마로 만들고, 현실을 지옥으로 만들어 고통을 받고 있었다. 자학의 정도가 심각한 수준이었다.

한마디 조언을 했다. 과거의 삶이 문제가 아니고, "나는 악마였다.", "나는 피를 빨아먹고 살았다.", "나는 죄를 많이 지어 죽으면 지옥에 갈 것 같다."라는 지금 내 생각과 말이 문제인 것이다. 내가 만든 부정적인 생각을 내려놓고, 부정적인 말을 입에 담지 않으면 지금보다 많이 가벼워지고 편안해질 것이라고 조언했다. "이런 말만 들어도 숨쉬기가 편안해진다."고 한다. 그날 밤 집에 돌아와서도 머릿속에 ㅁ선배의 어두운 얼굴 모습이 지워지지 않고 어떻게든 도움을 줄 수 있으면 도와 주어야겠다는 생각을 했다.

다음날 발인일, 캄캄한 새벽 승학산에 올랐다. 마음에 큰 동요 없이 여여하다고 생각했는데, 느낌 없는 눈물이 턱밑까지 흘렀다.

동녘 하늘에 여명이 밝아 왔다. 서둘러 하산하는데 카톡이 왔다. 화장 시간이 앞당겨져서 예정보다 빨리 출발한다는 전갈이다. 아무리 계산을 해봐도 화장 시간에 맞춰 갈 수 없을 것 같았다. 급하게 카톡으로 작별 인사를 보내면서 나를 대신해서 친구에게 내 마음을 전하도록 부탁했다.

친구
내 안에 친구 있고,
친구 안에 내가 있다네.

가는 바도 없고,
오는 바도 없으니

세월이 흘러
잊고 살다가도

문득 떠올리면 항상
내 곁에 있을 것이네.

일체 안에 내가 있고,
내 안에 일체 있음을

우리는 하나임을
확인하고 실감할
시간이 다가왔네. 친구!

많은 깨우침을 준 친구
고맙고, 감사하고
사랑해. 편히 쉬시게.

산에서 내려와 서둘러 화장장으로 차를 몰았다. 울산 하늘공원 화장장……. 굽이굽이 돌아 올라가는 산등성 가을 단풍이 눈부시게 아름다워 가슴이 더 짠하고 시려 왔다. 도착해 보니 예상대로 화장이 시작되었다. 카톡으로 보낸 작별 인사를 종이에 옮겨 적어 추모객들 앞에서 낭독하고 화장하는 관과 함께 보냈단다.

안장할 묘지가 고인의 아들이 살고 있는 세종시여서 이곳에서 작별할 요량으로 차를 몰고 갔다. 화장이 끝나면 작별하고 사무실에 출근할 생각이었다.

그때 어젯밤 얘기를 나누던 □선배가 보였다. 친구 마지막 안장도 볼 겸, □선배가 죄의식에서 벗어나는 데 도움이 될 만한 얘기를 나누고 싶다는 충동이 일어났다.

화장이 끝나고 세종시로 떠나는 버스에 탑승하고 있었다. 나는 □선배 손을 붙잡고 버스를 타고 가는 동안 나와 얘기를 좀 하자고 제안하고 □선배도 흔쾌히 받아들였다.

세종시 공원묘원에 도착할 때까지 4시간 동안 김밥 한 줄로 점심을 때우고 쉼 없이 얘기가 진행되었다. 오직 이분이 지독한 죄의식에서 벗어나기를 바라는 마음으로…….

세종시에 버스가 도착할 즈음 □선배는 많이 가벼워져 있었다. 오늘 함께한 이 시간을 고인이 주고 간 최고의 선물이라 했다. 참으로 보람 있고 의미 있고 감사한 시간이었다. 다시는 "나는 악마였다.", "나는 피를 빨아먹고 살았다.", "나는 죄를 많이 지어 죽으면 지옥에 갈 것 같다."라는 말을 입에 담지 않겠다는 약속도 했다.

친구는 이미 고인이 되었으니 남은 장례 의식보다는 □선배가 죄의식에서 벗어나는 것이 더 우선으로 느껴졌다. 당분간 카톡으로라도 대화를 이어가기로 약속하며 헤어졌다. 유족들과 함께 돌아오는 버스는 정적이 흘렀다. 친구를 보낸 허전함보다는 힘들어하는 □선배에게 손을 내밀어 작은 힘이라도 되었다는 마음이 더 커서 마음은 넉넉했다.

 토요일 49재 첫 재(齋)[23]일이다. 평소 고인과 함께 다니던 지리산 수정사다. 집사람과 첫 재에 참석하기 위해 새벽 일찍 집을 나섰다. 다음날이 정기 법회일이라 절에서 하룻밤 자고 법회에 참석할 요량으로 옷 가방까지 챙겨서 갔다. 가는 도중 부고 카톡이 왔다. 고인과 함께 가까이 지내던 친구 모친상이다. 이런 걸 '엎친 데 덮친다.'라고 하는가 보다. 재를 마치고 오늘 다시 부산으로 와야 할 것 같다.

 고인의 가족 친지들이 법당에 가득하다. 빙그레 웃고 있는 영정이 한숨 짓게 한다. 지난 토요일 바로 이곳에서 비보를 듣고 올라갔는데, 그리고 7일 만에 다시 이곳에서 49재 첫 재를 맞이하니 7일 동안 흘러간 시간이 꼭 꿈을 꾸었던 것 같다. 7일간의 꿈……

---

[23] 재(齋): 성대한 불공이나 죽은 이를 천도(薦度)하는 법회.

: 스위스 여행을 다녀와서

1일차(2018년 6월 5일)

2018년 6월 5일부터 13일까지 9일간 스위스 여행을 계획하면서 이번 여행은 모든 것을 내맡겨 보기로 했다. 있는 그대로 보고, 있는 그대로 느끼고, 모든 것이 처음인 양……. 분별하지 않고 비교하지 않고 그냥 경험해 보는 것이다.

출발 당일 인천공항을 경유 스위스까지 16시간을 가야 한다. 이런 장거리 여행은 처음이라서 은근히 걱정되었다. 인천에서 스위스까지 11시간 30분을 기내에서 보내야 한다.

먼저, 비행기 탑승 시간인 11시간 30분 동안 잠을 자든, 책을 보든, 영화를 보든, 참선하든 그 통 안에서 흘러가는 것이니 그냥 내맡겨 보기로 했다. 내 주관과 판단을 최소화하는 것이다.

스위스행 비행기 탑승을 하며 지루함을 어떻게 극복할까? 생각하다가 일단 '시계를 보지 말자.' 하면서 손목시계를 가디건 소맷자락으로 덮어버렸다. 스위스 취리히 공항에 도착할 때까지 시계를 보지 않았다.

졸리면 잠자고, 기내식 먹고, 화장실 가고 무료하면 가져간 책을 읽거나 영화를 봤다. 그리고 허리, 다리가 뻐근해 오면 참선을 했다.

11시간 30분 동안 한 번도 의자를 뒤로 젖혀 보지 않았다. 허리를 곧추 펴고 바른 자세로 앉아 있었다. 들숨, 날숨 호흡에 집중하고 앉아 있으면 뻐근하던 허리도 시원하게 나아지고 기운이 모아지는 것을 경험했다.

시차가 7시간인 스위스 취리히 공항 도착 시간은 현지 시간 17시 30분이었다. 첫날 밤은 공항 근처 '파크인 바이 래디슨 호텔'에 투숙했다. 석식 후 호텔 주변 한적한 숲길을 산책한 후 잠자리에 들었다.

2일차(2018년 6월 6일)

새벽에 비몽사몽간에 알 수 없는 맑은 기운이 나를 맞이해 주는 듯했고 그 느낌이 특별했다. 동트기 전 어둑어둑할 때 아침 산책을 나섰다. 맑은 물이 흐르는 강둑을 따라 숲길이 이어졌다.

처음 밟아 보는 스위스 농촌 마을을 구경하면서 강둑을 따라 두 시간 가까이 걸었다. 강 따라 펼쳐진 광활한 밀밭과 울창한 숲은 스위스의 목가적인 풍경을 그대로 보여 주었다.

두 시간을 걸었는데도 쓰레기나 비닐 조각 하나 볼 수 없었다. 이곳 사람들의 의식 수준이 어느 정도인지 알 것 같다. 아름다운 숲과 강을 뒤로하고 조식 후 바젤로 이동했다.

독일, 프랑스와 국경을 접하고 있는 바젤, 라인강을 끼고 도는 학술과 문화의 중심지이다. 우리가 관람한 바젤 대성당은 웅장하고 아름다웠다. 1300년대에 만들어진 성당 내부에는 많은 성직자의 묘비가 있었다. 그 중 유난히 관심을 끄는 한 분이 1506년 『우신예찬(Encomium Moriae)』을 집필한 '에라스뮈스²⁴'였다.

그 당시 면죄부를 판매하고 부를 탐하며 타락한 가톨릭 구교를 비판하는가 하면 종교개혁을 이끈 마르틴 루터의 개신교마저도 비판의 대상이었으며 당시 인문학자들까지 싸잡아 비판했다. 그리고 소박한 신앙심을 회복할 것을 주문하는가 하면 인간의 본질인 자유를 회복해야 한다고 주장했다. 그러나 당시에 그는 비판의 대상이었고 그의 저서 『우신예찬』도 사후에 금서로 탄압받았다.

그 당시에 홀대받던 그분의 진가를 알아보고 성당 메인 자리에 모셔 놓고 예우하는 후대 성직자들이 존경스러웠다. 『우신예찬』의 내용을 보니 믿음의 대상과 이해와 판단의 대상을 명확하게 제시하고 이를 근거로 부패한 성직자들을 비판했다. 어디에도 치우치지 않는 중도실상(中道實相)²⁵의 진리를 증득한 깨우친 성자라는 생각이 들었다. 시공을 넘어 그분의 뜻을 공유할 수 있어 가슴이 뜨거웠다.

중식 후 스위스의 수도인 베른으로 이동했다. 인구 13만 정도로 스위스에서 4번째로 큰 도시다. 시가지 전역이 유네스코 세계 문화유산으로 등재될 만큼 의미 있고 아름다운 도시다.

과학자 아인슈타인이 상대성이론을 발표할 때 거주하던 생가를 비롯하여 국가기관 등 많은 관광 명소를 구경했다. 2, 3백 년 된 석조 건물들이 도로 좌우를 메우고 있었다. 시내 관광 후 엠버서더 호텔 베른에 투숙했다.

---

24 에라스뮈스(Erasmus, Desiderius): 네덜란드의 인문학자(1466~1536). 가톨릭교회 제도를 비판하고 성경을 교정하였다. 저서에 『우신예찬』, 『자유 의지론』 등이 있다.
25 중도실상(中道實相): 불교에서 어디에도 치우치지 아니하는 중정(中正)의 도(道)가 우주 만유의 진실한 모습이라는 말.

3일차 (2018년 6월 7일)

새벽 5시에 기상하여 아침 산책을 했다. 주택가를 가로질러 종합운동장을 끼고 도니 빙하가 녹아서 강이 된 거대한 물길을 만났다. 역시 이곳도 숲과 강이 잘 어우러진 아름다운 풍광을 보여 주었다. 고풍스러운 주택들의 다양한 모습을 둘러보고 돌아와서 조식 후 3일째 일정을 시작했다.

치즈 향이 고소한 전원마을 '그뤼에르'로 이동했다. 인구 2,000명이 사는 작은 마을에 치즈로 세계적인 명성을 얻고 있었다. 치즈를 만드는 과정을 직접 보기도 하고 시식도 하며 점심으로는 치즈를 구워서 감자에 발라먹는 '라클렛'을 먹었다.

이 마을에 있는 '그뤼에르 성'은 1200년대에 세워진 것으로 성에서 내려다보이는 사방의 넓은 초원은 장관이었다. 성내의 아름다운 장식과 화려한 가구들이 잘 보존되어 있었다.

외부의 침략을 저지하기 위하여 설치한 방호 시설들과 호화의 극치를 이룬 실내를 둘러보면서 당시 귀족들의 삶이 어떠했는지 어렴풋이나마 짐작이 간다. 이를 지키려는 자들과 이를 빼앗으려는 자들 사이에 치열한 싸움의 현장이었으리라 생각하면 성당이나 교회와는 달리 인간들의 탐욕의 흔적들이 아닌가 생각해 보았다.

오후에는 뛰어난 풍광을 자랑하는 제네바호 주변 포도밭을 구경한 후 호반도시 '몽트레'를 거쳐 레만호수에 세워진 아름다운 고성 '시옹성'을 구경했다.

숙소인 알프스 바위산이 병풍처럼 펼쳐진 '로이커바드'로 향했다. 여기는 온천수가 하루에 390만 리터나 용출되는 온천 지대다. 온천욕을 즐기고 마을 구경을 한 후 잠자리에 들었다. 다음 날 아침 나 홀로 즐길 트레킹(trekking) 코스를 미리 보아 두었다.

4일차(2018년 6월 8일)

새벽 4시 반에 일어나 빙하가 흐르는 계곡을 따라 들어갔다. 어둑어둑해서 홀로 가는 것이 약간 두렵기도 했지만 강행했다. 주변 초지에 피어난 야생화들은 난생 처음 보는 장관이었다.

빙하수가 폭포를 이루고 있었고 주변에는 울창한 숲과 야생화 그리고 아름다운 설산과 초원이 어울려 한 폭의 그림과 같았다. 중턱에는 뜨거운 온천수가 용출되면서 뜨거운 김을 내뿜고 있었다.

아직 녹지 않은 잔설을 밟으면서 계곡을 오르다 보니 까마득한 절벽 중간에 철재(鐵材) 잔도가 굽이굽이 이어졌다. 거대한 한 덩어리 바위 설산이 병풍처럼 펼쳐진 장관을 혼자 보는 것이 너무 아쉬웠다. 새벽잠 마다하고 일찍 일어나 부지런을 떤 것에 대한 보답으로 받은 선물이다.

아름다운 풍광을 카메라에 담고 조식 후 다음 여행지 '체르마트' 입성을 위한 기착지 '태쉬'로 이동했다. 체르마트는 버스가 들어가지 못하기 때문에 하룻밤 필요한 용품 가방만 들고 셔틀 열차를 이용해서 '시미' 호텔 숙소까지 갔다.

체르마트는 해발 1,620m 알프스 자락에 위치한 곳으로 주변에 마테호른과 알프스 봉우리들이 병풍처럼 둘러싸고 있어 스위스에서 가장 멋진 전망을 볼 수 있는 곳이다. 마을 내에서는 전기차 외에 공해를 유발하는 차량이 다닐 수 없기 때문에 청정 지역을 유지할 수 있는 것으로 보인다.

오후 일정으로 체르마트에서 톱니바퀴식 전동열차를 타고 만년설과 빙하가 있는 '고르너그라트' 정상을 향했다. 4개의 간이역을 거쳐 정상을 향하면서 알프스 설산을 구성하는데 날씨가 흐려서 제대로 볼 수 없었다. 꼭 보고 싶었던 마테호른도 구름 속에 숨어 버렸다.

간간이 구름 사이로 모습을 드러낸 알프스 설산의 웅장함과 만년설 빙하 밑으로 녹아내려 흐르는 물소리를 들으면서 무위자연에 경외심이 느껴졌다.

마테호른을 보기 위해 오는 사람들 십중팔구는 못 보고 돌아간다는 가이드 말에 위안을 삼으며 내일을 기약했다. 다음날은 날씨도 괜찮고 일출이 5시 40분이니 이때 나가면 멋진 광경을 볼 수 있을 것이라고 가이드가 귀띔한다. 내일 새벽 나 홀로 트레킹은 마테호른을 제대로 보는 것으로 계획하고 일찍 잠자리에 들었다.

5일차 (2018년 6월 9일)

새벽 2시쯤 잠이 깨어서 창밖을 보니 별이 초롱초롱하다. 새벽 4시쯤 채비를 하고 새벽 트레킹을 나섰다. 숙소 골목길을 나서서 큰길에 접어드는데 옆 건물 옥상에 하얗고 거대한 뿔 같은 물체가 빛을 발하고 있었다. 혹시 마테호른 정상이 아닌가 생각이 들었다. 마테호른 포토존으로 알려진 성당 옆, 다리 위로 갔다. 이때가 4시 30분경이다. 깜깜한 밤에 거대한 마테호른이 자체 발광하면서 그리고 그 위용을 드러내면서 나를 맞이하였다.

나 홀로 맞이한 마테호른! 가슴이 뛰고 소름이 돋았다. 구름 한 점 없는 푸른 하늘을 배경으로 황홀한 자태를 드러낸 마테호른은 경이롭고 신비로웠다. 나 홀로 맞이한 이 감동을 카메라에 담기 시작했다.

5시쯤 사람들이 하나둘 모이기 시작했다. 심술을 부리듯 구름 한 자락이 산허리를 감는가 하더니 산머리 위에 갓처럼 드리우기도 했다. 일출 시간인 5시 40분쯤에는 많은 사람이 몰려왔지만, 그때는 이미 마테호른은 구름 속에 자취를 감춘 뒤였다. 한 시간 넘게 서서 시시각각 변하는 마테호른 모습 60여 컷을 카메라에 담는 행운을 얻었다.

스위스 여행 첫날 새벽 비몽사몽간에 느낀 맑은 기운의 환대⋯⋯. 그 실체가 오늘 새벽 나 홀로 맞은 마테호른의 기운이 아닌가? 생각하니 가슴이 뛰고, 그 감사함으로 합장하게 되었다.

아!!! 체르마트 마테호른!!!

조식 후 체르마트를 나와서 빙하 특급열차를 타고 주변 경관을 구경하면서 1시간 30분 후 '브리그' 역에 도착했다. 케이블카를 타고 구름도 쉬어가는 천상의 마을 '리더알프스'로 이동했다. 그림엽서에서나 보던 환상의 풍경이 펼쳐졌다. 병풍처럼 펼쳐진 하얀 설산이 끝없이 이어지고 야생화로 뒤덮인 푸른 초원과 아름다운 스위스 산골 마을 풍경에 입을 다물지 못했다.

'융프라우요흐(Jungfraujoch)'의 반대 쪽에 위치한 해발 2,333m, 무스플르 전망대에서 본 '알레치빙하'는 27억톤(ton)의 얼음과 폭 1.5km에 그 길이가 26.8km나 된다고 하니 그 규모를 짐작하기 어려울 만큼 광대하며 유네스코 세계유산으로 지정되었다 한다.

체르마트 마테호른

그 혹한의 산 정상 바위틈에도 난쟁이 야생화가 꽃을 피우고 있고, 눈 덮인 설산, 그리고 빙하가 공존하는 경이로운 광경은 이곳 말고는 볼 수 없는 멋진 풍경이었다.

오후 일정은 스위스 관문인 '루체른'이다. 루체른 호수는 최대 폭이 38km나 되는 중세풍의 아기자기한 건축물이 어우러진 독특한 분위기를 자아낸 도시이다.

1300년대에 만들어진 목조다리 '카펠교'와 주변 오래된 건축물들이 잘 어울렸다. 빈사의 사자상(Lion Monument)[26], 이는 전쟁에 참여하여 용맹함을 인정받던 스위스 용병들을 기리기 위해 만들어진 것인데 그 표정이 너무 슬프게 느껴진다.

오늘날 스위스 GDP가 8만 불로 우리나라의 세 배나 되는 부를 누리고 잘 사는 데는 그 이유가 있을 것이다. 부의 원천은 정밀기계산업, 금융업, 관광산업, 낙농 등이 있겠지만 그 뿌리에는 스위스 용병 정신이 있지 않을까 생각해 본다.

신의를 지키기 위해 끝까지 남아 목숨을 바치는 스위스 용병 정신, 남을 위해 자기 목숨을 장렬하게 산화하는 그 용병 정신이 바탕 되어 수많은 과학자를 배출하고 고도의 기능인들을 배출해서 오늘날 스위스가 이만큼 발전하고 부를 누리는 바탕이 되지 않았나 생각해 본다. 고귀한 희생의 대가는 반드시 그 후손들에게 복으로 돌아간다는 관점이다.

석식 후 루체른 인근 도시 '자르넨'으로 이동하여 호텔에 투숙했다. '크로네 자르넨 호텔', 날씨도 엄청 더운데 에어컨도 없는 열악한 호텔이었지

---

26 빈사의 사자상(Lion Monument): 사자가 화살을 맞고 고통스럽게 최후를 맞이하는 모습의 기념물이다.

만 처음부터 무엇이든지 받아들이고 내맡기는 여행을 하겠다는 설정을 하고 왔기 때문에 그냥 받아들였다. 이튿날 아침 나 홀로 트레킹은 건너편에 펼쳐진 광활한 초지를 탐방하기로 마음먹고 잠자리에 들었다.

6일차 (2018년 6월 10일)

새벽 4시 반경 준비를 하고 새벽 트레킹을 나섰다. 멀리 보이는 목초지를 향해 방향을 잡은 후 귀환에 대비 지형지물(地形地物)을 눈에 담아 두면서 주택가 지름길로 나아갔다.

골목골목 꽃으로 단장된 아름다운 주택들은 훌륭한 구경거리다. 고속도로를 가로지르는 다리를 지나 숲과 목초지가 함께 어우러진 전형적인 스위스 농촌 마을에 들어갔다.

아직 어두움이 가시지 않은 새벽에 띄엄띄엄 자리 잡은 농가 주택들은 한 폭의 그림을 연상할 만큼 아름다웠다. 새벽이슬을 머금고 있는 풀밭을 들어갔더니 풀 키가 무릎에 찬다. 아침 이슬에 아랫도리를 적셔 가면서 한참을 걸었다.

저편에서 목초를 베어 햇볕에 건조하기도 하고 둥지를 틀어 건초 창고에 보관하는 등 지금부터 겨울 채비하는 듯하다. 경계를 가늠하기 어려울 만큼 광활하게 펼쳐진 목초지는 다 가볼 수 없고, 눈으로 즐기는 데 만족해야 할 것 같다.

새벽이라 소 떼나 양 떼들은 구경할 수 없지만, 소나 양들의 배설물 등 흔적들이 역력하다. 어린 시절 소먹이를 하던 시절 그 냄새와 같아 정겹다.

차로 이동하면서 구경하던 스위스 전역의 광활한 목초지와 한가하게 풀을 뜯고 있던 소 떼를 보면서 참 낭만적으로 보였다. 그러나 목초지를 직접 와서 보니 다른 면이 보인다. 이렇게 광활한 목초지를 관리하는 이곳 농민들의 노고가 느껴진다.

관리하는 농기계가 아무리 발달했을지라도 소수의 농민이 이렇게 광활한 목초지를 관리한다는 것은 내 계산으로는 가늠이 되지 않았다. 이곳 농민들의 근면함도 스위스 용병 정신이 바탕 되지 않았나 생각해 본다. 농촌인구 고령화로 사라져가는 우리나라 농촌과 너무나 비교가 된다.

목초지 능선을 넘고 또 넘어 1시간을 갔다가 되돌아왔다. 여러 마음이 교차했지만, 목초지 경관이 참 아름다운 것은 사실이다. 목초지 초입에 돌아와서 다녀온 길을 되돌아봤다.

아름다운 스위스, 고맙고 감사해!

꼭 다시 올게!

산야를 향해 이렇게 외치고 나니 온몸에 전율이 왔다. 내가 다녀온 숲과 목초지가 나에게 화답을 한 듯했다. 이렇게 아침 트레킹 두 시간을 마쳤다. 조식 후, 지중해풍의 휴양도시 '루가노'로 이동했다.

제3장

쉬어 가는 길

: 기도

새해 첫날 절에 다녀왔다. 절에 가면 법당과 여러 전각[27]에 참배한다. 나름대로 의미를 부여하고 나의 방식대로 기도한다.

대웅전 부처님과 후불 역대 조사에 하는 기도는, 불법을 만나 오늘 이만큼이라도 마음의 평온을 얻을 수 있음에 부처님과 역대 조사님들에게 감사의 삼배를 올린다. 미력하나마 부지런히 수행 정진하여 부처님 법을 전하는 법보시(法布施)를 실천하겠다는 발원을 해본다.

대웅전 법당 신중전에 하는 기도는, 내가 이렇게 존재하고 있음에 감사의 삼배를 올린다. 나는 수많은 인연의 도움으로 조합되어 이렇게 존재하고 있다. 나를 존재하게 한 이런 인연들은 각자 다른 에너지체이다. 신중탱화의 108 신중은 이런 각기 다른 인연의 에너지체들을 상징적으로 표현해 놓았다고 생각한다. 나를 존재하게 한 수많은 인연의 도움에 대한 보답으로 나도 누군가에게 선한 보시(布施)를 해야겠다는 발원을 해본다.

관음전 약사전에 하는 기도는, 내가 오늘 큰 괴로움 없이 편안하게 살고 있음에 관세음보살님께 감사의 삼배를 올리고, 내가 오늘 큰 병 없이 건강하게 살고 있음에 약사여래 부처님께 감사의 삼배를 올린다.

고통받는 만 중생을 구제해 주는 관세음보살님, 병마에 고통받는 중생을 구제해 주는 약사여래 부처님, 이런 부처님 대자대비행의 만분의 일이

---

27 전각: '전(殿)'이나 '각(閣)' 자가 붙은 커다란 집을 이르는 말.

라도 따라해 보면서 이웃의 아픔을 함께하는 무외보시(無畏布施)를 실천하겠다는 발원을 해본다.

존재에 대한 감사의 기도와 함께 이런 보시행(布施行)을 발원하면 참된 기도가 되리라 생각한다.

참된 기도를 하다 보면 복은 따로 구하지 않아도 기다리고 있다는 생각이 든다. 도반님들 성불하기 바란다.

: 생(生)과 사(死)

삶 속에서 두려움이 많은 사람은
죽음에 대한 두려움도 많다.

삶 속에서 두려움이 없는 사람은
죽음에 대한 두려움도 없다.

삶을 설계하고 사는 사람은
죽음도 설계하고 산다.

삶을 내맡기고 사는 사람은
죽음도 내맡기고 산다.

삶과 죽음은 별개가 아니다.
죽음은 삶의 한 부분일 뿐이다.

삶이 꿈이요, 환영이요, 물거품 같은 것이라면
죽음 또한 꿈속의 일이다.

그래서 죽음은 없는 것이다.

: 유구개고(有求皆苦)

유구개고(有求皆苦), 구하고 바라면 반드시 괴로움이 따른다는 말이다. 보통 사람들의 삶은 태어나서 죽을 때까지 끊임없이 구하고 바라는 마음으로 이어진다.

바람이 이루어지면 즐겁고, 바람이 이루어지지 않으면 성내고 괴로워한다. 즐거움은 괴로움의 씨앗이 되고, 괴로움은 즐거움의 전주곡이다. 즐겁다가 괴롭다가……. 냉탕과 온탕을 오가며 평생을 그렇게 살아간다.

불교 경전에서는 고(苦)와 낙(樂), 괴로움과 즐거움을 통틀어서 이를 고(苦)라고 말한다. 그래서 우리의 삶 전부를 고해(苦海)라 한다. 모든 사람은 태생적인 원죄가 있다. 이 세상에 태어남 자체가 구하고 바람을 전제로 시작되기 때문에 고(苦)를 안고 태어난다. 우리는 왜 평생 고해(苦海)의 바다에서 살아야 할까? 우리는 왜 태생적으로 괴로움을 안고 태어났을까?

고(苦), 괴로움은 우리에게 무엇일까? 부처님은 사성제(四聖諦)[28] 가르침에서 고(苦)를 성스러운 진리라 해서 고성제(苦聖諦)라 했다. 고(苦)를 도에 이르는 출발점으로 보았다. 고(苦)는 깨달음으로 들어가는 문(門)으로 보았다.

태생적으로 괴로움을 안고 이 세상에 온 이유는 깨달음을 얻기 위한 것

---

[28] 사성제(四聖諦): 고성제(苦聖諦), 집성제(集聖諦), 멸성제(滅聖諦), 도성제(道聖諦)를 말한다.

이라는 답이 나온다. 우리가 가장 힘들고 괴로울 때가 깨달음을 얻을 수 있는 절호의 기회라는 얘기가 된다.

그래서 고(苦), 괴로움을 내 마음을 보는 공부의 소재로 삼는다면 나를 영적으로 성장하게 하고 깨달음에 이르게 할 축복이요, 선물이 될 것이다.

: 수행

지난 주말 수정사 보제루에 도반님들 몇 분이 모였다. 수행하기는 해야 겠는데, 어떻게 할 것인지 의견이 분분했다. 염불 수행, 간화선 수행, 위빠사나 등등. 다양한 수행법이 거론되고 이에 이르는 수행으로 참선을 해보자는 의견이 나왔다. 들숨, 날숨 호흡을 관하며 좌선하는 것이다.

호흡을 관하는 좌선은 운동으로 말하자면 기초 체력을 다지고 힘을 키우는 것으로 보아야 할 것이다. 그것만으로는 오랜 세월 해봐도 조금 편안해지고 집중이 다소 잘되는 정도이지 큰 변화를 경험하지 못하는 경우가 허다하다.

염불 수행 또한 막연하게 '나무아미타불', '관세음보살' 등 부처님 명호를 부르면서 부처님 모습을 상상하는 염불은 마음은 편안해지고 신심이 증장(增長)될지는[29] 모르지만, 근본 문제가 해결되지 않는 것으로 생각된다.

호흡을 관하는 좌선, 염불 수행, 이를 바탕으로 알아차림과 참구(參究)[30]를 통해 본질과 하나 되는 참다운 수행에 들어가야 한다고 생각한다. '알아차림'은 위빠사나 수행 용어고, '참구'는 화두[31] 참구라는 간화선 수행 용어다. 간화선의 대표적인 화두 '이 뭐꼬?'가 화두참구의 교과서처

---

29 증장(增長)될지는: 점점 더 자라게 될지는
30 참구(參究): 불교에서, 참선하며 진리를 탐구함.
31 화두(話頭): 불교에서, 선원에서, 참선 수행을 위한 실마리를 이르는 말. 조사(祖師)들의 말에서 이루어진 공안(公案)의 1절이나 고칙(古則)의 1칙이다.

럼 되어 있다. '이 뭐꼬?'는 '이 무엇인고'의 경상도 사투리다.

위빠사나 수행과 간화선 수행을 따로 구분해서 수행하는 것보다는 경계를 두지 말고 함께 맞물려 돌아가는 수행법이 훨씬 효율적이고 쉬운 방법이라 생각한다. '이 뭐꼬?'라는 말에 갇힌 화두는 아무리 오랜 세월 불러도 의심이 깊어지지 않으면 이를 죽은 화두, 사구(死句)라 한다. 그래서 오랜 세월 동안 용만 쓰다가 소득 없이 상기병(上氣病)[32]만 앓기도 한다.

사념처(四念處), 즉 신(身), 수(受), 심(心), 법(法) 모두가 알아차림의 대상이고 그것이 일어나고 사라지는 그 자리에 마음을 모아 알아차리며 '이것을 있게 한 그것은 무엇인가?'라는 끊임없는 의문을 던지다 보면 매 순간순간 다른 화두가 살아 숨 쉬며 참구되어지는 것이 아닌가 생각한다.

한 생각이 일어날 때 생각이 내가 아님을 알아차리고, 이 생각을 있게 한 그것은 무엇인가? 이 무엇인가? '나무아미타불' 염불을 하면서도 염불하는 그것은 무엇이고, 염불을 듣고 있는 그것은 무엇인가? 이 무엇인가? 결국 '이 뭐꼬?'다.

이런 의문 하나하나가 화두가 되고, 그때그때 들리는 화두에 알고자 하는 마음으로 의심이 깊어지면 이 모두가 살아 있는 화두 진정한 활구(活句)가 되리라 믿는다.

이 일을 부단히 하다 보면 내 생각과 고정관념의 틀이 무너지는 경험을 하게 되고 나라고 생각했던 내 몸, 내 느낌, 내 생각들이 내가 아니라는 사실이 확연하게 드러나면서 생각이나 욕망에 끌려다니지 않고 생각의 노예가 아닌, 생각의 주인으로 자유를 누릴 수 있을 것이다.

---

32 상기병(上氣病): 참선 수행자가 화두에 너무 몰두해서 집착이 심해지면 기(氣)가 머리 쪽으로 몰려 두통이 오거나 심하면 정신질환이 오는 것을 말한다.

과거 내가 머물던 수행 단체에 많은 사람이 이와 유사한 수행법을 통해서 생각의 임계점을 넘는[33] 경험을 하고 생각으로부터 자유로워지는 사례들이 흔하게 있었다. 물론 먼저 경험한 사람의 도움이 필요하다.

이런 체념은 수행의 완성이 아니고 수행의 시작에 불과하다. 그다음부터 부단히 정진하다 보면 저절로 저절로 이어져 나아간다고 본다. 그렇게 함께 길 위에 서 있는 우리를 '도반'이라 부른다.

도반님들! 성불하기 바랍니다.

---

[33] 넘는: '깨어난'의 뜻이다.

: 입원 두 달이 되는 날

2022년 1월 18일 아침, 동생이 뇌경색으로 쓰러졌다. 119구급차에 실려 동아대학교병원 응급실에 입원했다. 아침 9시쯤 도착해서 2시간에 걸쳐 CT 촬영, MRI 촬영 등 각종 검사를 한 결과 뇌경색으로 왼쪽에 마비가 와서 수족을 쓰지 못하는 상태다. 언어 장애가 와서 소통이 불가능한 상태로 침대에 누워 있다.

검사를 마치고 호흡이 힘들어지니 산소 호흡기를 장착했다. 12시쯤 중환자실에 입실할 것 같다는 전갈을 받았다. 그러나 12시가 되어도 중환자실 입실 수속(手續)이 이루어지지 않았다. 중환자실 자리가 마련될 때까지 응급실에서 기다려야만 했다. 오후 2시까지로 했던 약속을 어기고 4시쯤 된다고 하더니 또 미루어졌다. 응급실에서 환자 옆을 지키며 7시간을 대기하고 있었다.

수많은 응급 환자들의 신음 소리, 환자 가족들의 슬픔 가득한 한숨 소리, 생명을 연장하는 각종 기기들의 금속성 소음이 가득한 응급실에서 7시간은 지옥 같다는 생각이 들면서 견디기 힘든 두통이 밀려왔다. 간호사들에게 불평해 봐야 아무 소용이 없었다. 이러다가 내가 쓰러질 것 같다는 생각이 들었다.

고통스럽게 누워 있는 동생을 보면서 화가 났다. 그렇게 술과 담배를 과하게 하지 말라고 당부했는데도, 말을 듣지 않고 이 지경이 되었다고 생각하니 마음이 심란했다. 지금 침대에 누워서 받는 이 고통은 동생 너의 업

(業)이고, 병원 응급실에서 지옥 같은 고통을 겪고 있는 내 고통은 나의 업(業)이라는 생각이 들었다. 동생을 좀 더 챙겨 주지 못한 회한도 있었다.

응급실에 근무하는 간호사들은 이런 환경에 익숙해서인지 평온한 얼굴로 환자를 돌보고 있는 모습이 특별해 보였다. 그런데 나는 간호사들과 달리 이 환경이 왜 이렇게 힘들까? 내가 늘 도반들에게 하던 법문이 생각났다. 모든 괴로움의 원인은 어떤 대상이나 상황에 있는 것이 아니고, 내 마음에 있으며 나의 착각에 기인한다는 법문을 수없이 해왔다.

그리고 세상 모든 유위법은 순작용과 역작용이 함께하고, 명(明)과 암(暗)이 함께한다는 법문을 수없이 해왔다. 지금 이 지옥과 같은 현실은 내가 무엇을 착각하고 있으며, 이 현실이 어둠(暗)이라면 밝음(明)은 무엇이란 말인가? 나에게 묻고 또 묻기를 반복했다.

아!!! 나의 착각이 보이고 어둠에 대응한 밝음이 보였다. 간호사들은 지금 이 환경이 일상이기 때문에 그냥 힘들지 않게 보였을 뿐이다. 그러나 나는 이런 환경을 처음 접해 보니 어렵고 힘들었다. 어제까지 나의 일상은 아침 산행을 시작으로 출근해서 소정의 일을 하고 저녁에는 선방에서 참선하며 하루를 마감하는 것이 나의 일상이었다.

나의 착각은 어제까지의 삶을 일상이라 생각하고 오늘의 이 현실을 일상으로 받아들이지 못한 것이 내가 범한 오류이다. 지금, 이 순간은 눈앞에 펼쳐진 대학병원 응급실, 이것이 나의 일상이다. 어제의 평범했던 나의 일상과 지금 이 현실을 비교하면서 견디기 힘든 지옥이 만들어진 것이다.

지금, 이 순간은 이 현실이 일상이니 당연하게 받아들여야 한다. 어제의 삶과 굳이 비교한다면 어제의 평범한 일상이 천국과 같은 귀하고 감사한 삶이었다는 자각이 선물로 다가온다. 이것이 나에게는 어둠에 대응된 밝음, 명(明)인지도 모른다.

생각이 여기에 이르자 나에게는 가슴 벅찬 각성이 일어났다. 그리고 머리가 터질 것 같던 두통이 서서히 사라지고 온몸을 휘감고 있던 피로함이 눈 녹듯이 사라지면서 편안해졌다. 한 생각 바뀌니 내 몸이 이렇게 반응하고 있다는 사실이 참으로 기이하고 신비로웠다.

일체유심조(一切唯心造)를 그대로 체험한 것이다. 그 후로 7시간을 더 기다려서 밤 11시쯤 중환자실 입원 수속이 끝났다. 응급실에 도착해서 14시간을 기다려서 일이 끝났다. 이런 의식의 변화를 체험한 후로는 힘들지 않게 시간을 보낼 수 있었다. 자정이 다 되어서 귀가하면서 중환자실에 두고 온 동생 때문에 마음은 짠하였지만[34] 발걸음도 가볍고 몸은 힘들지 않았다. 특별한 경험을 한 하루였다.

---

34 짠하다: 안타깝게 뉘우쳐져 마음이 조금 언짢고 아프다.

: 이석증

남동생이 뇌경색으로 쓰러져 동아대학교병원 중환자실에 입원한 지가 오늘로 딱 한 달이 되는 날이다. 오늘 아침 병원에서 담당 의사와 면담이 있었다. 동생은 목을 절개해서 호흡과 음식을 섭취하는 상태고 왼쪽은 마비가 와서 수족을 움직일 수 없어서 장기간 침대에 누워서 생활할 수밖에 없는 상태다.

다음 주에는 중환자실에서 나와 일반 병동으로 옮기든지 아니면 요양 병원으로 옮겨서 장기 치료에 대비해야 한다. 도반이 운영하는 요양 병원으로 옮길 준비를 하고 있다.

지금부터 32년 전 시골에서 모친과 지적장애인 동생이 살고 있다가 갑자기 모친이 세상을 떠나면서 홀로된 남동생을 부산으로 데리고 왔다. 18평 좁은 집에서 남동생, 여동생까지 6식구가 살았다. 여동생들은 결혼하면서 집을 떠나고, 지금 병원에 있는 남동생도 잠시 머물다가 지인의 도움으로 일자리를 구해서 독립해 나갔다.

남동생은 지적 능력이 떨어지다 보니 좋은 일자리를 구하지 못하고 주로 육체노동을 하는 가구 공장이나 가구 배송 일을 해오다가 최근 몇 년은 구청에서 장애인에게 알선해 주는 일자리로 생계를 이어왔다.

적은 수입이지만 이를 관리하고 운용해서 쓸 줄 몰랐다. 그래서 돈을 내가 관리하면서 매주 월요일이면 한 주일 동안 쓸 생활비를 보내 주면서 통제를 해보지만, 이것도 힘들었다. 생활비를 주고 이틀만 지나면 다 써

버리고 손을 내밀기 일쑤다.

지적 능력 부족뿐만 아니라 감정 조절이 되지 않아서 문제를 일으키고 경찰서에서 조사를 받았던 일도 더러 있었고, □□교도소에 수감 되어 6개월 동안 옥살이하였다. 내가 주말마다 면회 가고 옥바라지를 하던 일도 있었다. 이런 사실을 여동생들에게는 알리지도 못했다. 일찍 조실부모하고 남동생 둘이 있었는데, 한 동생은 2004년 암 투병을 하다가 저세상으로 가고 하나 남은 이 동생이 이런 변을 당한 것이다.

가족도 없이 홀로 32년을 살아왔는데 삶이 힘들고 외로웠던지 술, 담배를 과하게 하다가 50대 중반에 이런 변을 당했다. 뇌혈관 가족력이 있어서 늘 술, 담배를 못 하도록 말리었다. 하지만 지적 능력이 부족하다 보니 스스로 통제할 수 없었던 것 같다. 어찌 보면 예견된 일인지도 모른다.

잘 챙겨주지 못했던 것들이 아쉽고 마음 아프지만 지난 일은 돌이킬 수 없는 것이고 내 몫은 그만큼이었다. 얼마나 더 살다가 갈지 모르지만 내가 할 수 있는 한, 좀 더 편안하게 보낼 수 있도록 관심을 가져 볼 생각이다.

누군가에게 도움을 주어야 할 입장이 되는 것은 과거 누군가로부터 도움을 받았기 때문이다. 그래서 빚을 갚는 심정으로 피하지 말고 할 수 있는 만큼 도와야 한다고 생각한다. 아니면 내가 오늘 누군가에게 도움을 준 만큼 미래에 내가 어려울 때 도움을 받을 것이니 도움을 주는 것에 인색하지 말아야 한다는 생각을 해본다.

2022년 2월 22일, 동아대학교병원 중환자실에 입원해 있던 동생이 병원을 옮겨 김해에 있는 ○○요양병원으로 가기로 한 날이다. 아침 일찍부터 서둘러 동아대학교병원 진료비를 정산하고 보험회사 및 장애 등급 판정에 필요한 서류를 발급받느라고 오전을 다 보내고 12시가 넘어서 앰뷸런스(ambulance)를 불러 김해 ○○요양병원으로 향했다.

앰뷸런스에 옮겨 타면서 잠시 동생의 얼굴을 보았지만 나를 알아보지도 못하는 것 같았고, 언어 소통도 되지 않아서 식물인간처럼 보였다. 지금의 상태로 보아서는 정상으로 회복하기를 기대할 수 없는 것 같았다. 어떤 상황이 오더라도 받아들여야겠다는 마음의 준비를 했다.

삶(生)은 무엇이고 죽음(死)은 무엇인가? 옳고 그름도 없고, 좋고 나쁨도 없고, 오고 감도 없다. 인연 생(生), 인연 멸(滅)……. 인연 따라왔다가 인연 따라갈 뿐이다.

입원 수속하는 데 제법 많은 시간이 소요되었다. 점심도 거른 채 필요한 물품을 마트에서 구입하여 전해 주고 집에 오니 오후 4시가 훌쩍 지났다. 늦은 점심 겸 저녁을 먹고 나니 피로가 온몸을 엄습했다. 피곤한 몸을 눕혀 일찍 잠자리에 들었다.

한밤중에 복통이 와서 잠이 깨어 화장실에 가기 위해 일어났다. 몇 걸음 옮기다가 어둠 속에서 현기증을 느끼면서 크게 넘어졌다. 넘어지면서 '꽝' 하면서 벽에 머리를 크게 부딪혔다. 한참 엎드려서 정신을 가다듬고 일어났는데 계속 어지러웠다. 화장실에 다녀와서 침대에 누웠는데 빙글빙글 돌면서 계속 어지러웠다.

직감적으로 문제가 생겼다는 느낌과 함께 두려움이 엄습해 왔다. 분명 뇌혈관에 문제가 생긴 것으로 생각이 들었다. 부친도 뇌출혈로 40대 초반에 세상을 떠나셨고, 모친도 뇌출혈로 50대 후반에 세상을 떠나셨는데, 동생도 50대에 뇌경색으로 사경을 헤매고 있는 가족력이 있으니 능히 그럴 수 있다는 생각이 들었다.

아침이 되었는데도 어지러운 증상은 계속되었다. '동생도 저렇게 누워 있는데, 나마저 병원에 눕게 되면 지금 이 현실이 어떻게 될까?' 생각하니 눈앞이 캄캄해 왔다. 죽음이 두려운 것은 아니지만 남아 있는 집사람이 걱정됐다. 출근 후에 사무실에 급한 일이 생기면 정리할 것을 일러두고 검진을 받기 위해 병원으로 향했다.

검진 결과 뇌혈관에 문제가 있는 게 아니고 이석증이라는 진단이 나왔다. 두렵고 난감하던 마음이 일시에 사라지면서 안도의 숨을 쉴 수 있었다. 귓속에 평형감각을 유지하는 돌이 이탈되어 나타나는 '이석증'이란다. 동생을 병원에 입원시켜 놓고 심란하지만 나름 마음을 잘 다스리고 있다고 생각했는데, 몸은 스트레스를 피할 수 없었던 것 같다.

시간이 걸려도 치료하면 되는 것이고, 치료가 늦어도 위험하지 않은 병이니 얼마든지 감수하면서 살 수 있는 것이다. 한 달이 다 되어 가는 지금도 약간 어지럽지만 이대로도 감사하고 감사하다.

이석증을 앓고 있던 그 와중에 외손주 두 아이와 딸이 코로나에 확진되어 힘든 시간을 보냈다. 집사람과 나 역시 코로나에 걸려 힘든 시간을 보냈지만 두려움은 없었다.

어제는 동생이 입원하고 있는 요양병원에서 상태가 좋지 않다는 연락이 왔다. 고열이 나고 호흡이 곤란해서 응급처치를 했는데 코로나에 감염되었다는 것이다. 다행히 오늘은 열이 내리고 안정을 찾아가고 있다는 연락을 받았다. 두 달 동안 내 주변에서 일어난 여러 가지 힘든 상황을 겪으면서 나 자신의 받아들이는 수용의 그릇이 훌쩍 커졌다는 생각이 든다. 이런 상황을 나에게 주는 선물로 생각해 보았다.

: 나무아미타불

간절한 마음으로
일념(一念)이 되도록
염불(念佛)하다 보면
염념(念念)이 상속되고
종국에 일념(一念)마저
사라지면 오롯이
불(佛)만 남게 된다.

이때는 우주 법계와 내가
하나가 되는 것이니
염불 공덕이 과거, 현재,
미래, 삼세(三世)에 미치지
않은 곳이 없다.

이런 상태를 우리는
염불삼매라 한다.

부단히 정진해서
염불삼매를 증득하고

무량공덕(無量功德)[35]을 짓기
바라는 마음이다.

나무아미타불!

---

35 무량공덕(無量功德): 헤아릴 수 없는 공덕, 한량없는 공덕이라는 뜻. 주로 어떤 행위나 실천으로 인한 공과 덕이 뛰어남을 나타내는 뜻으로 쓰인다.

: 기도와 수행

종교인들의 신앙은 기도에 의존하는 경우가 많다. 불교인들은 기도 성취를 '부처님의 가피'로 보고, 기독교인들은 기도 성취를 '하느님의 은혜'로 본다. 이 모두는 나의 바람을 자력이 아닌 타력에 의지해서 성취하고자 하는 것이다.

그러나 이렇게 타력에 의지해서 하는 기도는 성취기도 하지만, 성취 안 되는 경우도 많다. 일시적으로 바람이 이루어진다 해도 만족은 잠시고, 또 다른 바람을 만들어 기도의 한계에 봉착하게 된다. 결국 바람이 이루어지지 않으면 괴로워한다.

결국 모든 괴로움의 원인은 바라고 구하는 마음에서 온다. 바라고 구하는 마음만 내려놓으면 괴로움은 없다. 그래서 기도만으로는 괴로움에서 벗어나기 어렵다는 결론이 나온다.

수행은 나의 바라고 구하는 것을 성취하는 것이 아니고, 괴로움의 원인인 나의 바라고 구하는 마음을 내가 만든 망상(妄想)임을 자각하는 것이다. 그리고 그때그때 알아차리고 내려놓는 것은 말한다. 이런 수행을 통해서만이 괴로움의 원인이 사라지고 항상 편안한 상락아정(常樂我淨)에 들 수 있는 것이다.

: 염불 수행

  2022년 6월 11일 토요일 아침 8시, 7일간의 염불 수행을 목적으로 차를 몰고 하동군 화개면 부춘리에 있는 수정사로 향했다. 오로지 "나무아미타불", 이 하나로 몰입하고 또 몰입하는 것이다. 고속도로에서 차를 운행하면서도 "나무아미타불" 염불이 끊임없이 이어지도록 지극한 마음으로 염불을 이어갔다.

  수정사에 도착해서는 숙소에 짐을 풀고 점심 공양을 한 후 염불을 시작해서 저녁나절까지 이어졌다. 적게 먹고, 적게 자고, 적게 말하자는 것이 기본이었다. 첫날 무리가 될까 봐 조금 일찍 잠자리에 들었다.

  밤 10시 반쯤 전화벨 소리가 요란하게 울렸다. 동생이 입원하고 있는 요양병원 병원장 전화다. 동생이 고열과 혈압이 떨어져서 위독하다는 전갈이다. 상태가 더 나빠지면 다시 연락을 하겠다며 기다리라 했다. 잠을 이룰 수 없는 상황에서 밤새 전화만 기다리고 있었다. 아침 7시쯤 통화를 했는데 조금 호전은 됐는데 아직 안심할 상황은 아니라는 것이다.

  아침에 동생이 입원하고 있는 김해 요양병원으로 향했다. 하루를 지켜보다가 위험한 고비는 넘긴 것 같아 그다음 날 수정사로 돌아와서 염불 수행을 이어갔다. 일련의 일들이 수행을 방해하는 마장이 아닌가? 의심스러웠다.

  수행하다 보면 먼저 수행을 방해하는 마장과 마주치기 일쑤다. 극심한 졸음 즉 '수마'를 경험하기도 하고, 목, 허리, 무릎 관절이 끊어질 듯 아프기도 하며, 등에 담이 결려서 잠을 잘 수 없을 만큼 아프기도 했다. 그러나 이런 마장은 그 고비만 참고 이겨내면 언제 그랬느냐는 듯이 흔적 없이 사라진다.

이 모두가 수행을 방해하는 마장이다. 아마도 경험이 없는 사람들은 수행을 중단하거나 종국에는 포기할 수밖에 없는 경우도 있을 것이다. 그래서 스승이나 도반의 도움이 필요하다. 그래도 나는 과거 이런 마장의 경험이 있어서 힘들게나마 이를 이겨낼 수 있었다.

수행 과정에서는 여러 경계를 체험한다. 수행 시작 3일째 되는 날 염불이 저절로 되는 삼매 상태를 경험하면서 의식이 확장되는 경험을 했다.

나무아미타불~
나무아미타불~
나무아미타불~

염불 수행 3일이 되는 날 새벽 나의 의식은 아미타불과 하나가 되어 무한하게 확장되어 갔다.

위로는 욕계, 색계, 무색계, 비상천, 비비상천까지 확장되어 삼천대천세계 모두가 아미타불이었고, 아래로는 지옥과 수많은 지옥 중생들까지도 모두 아미타불이었다.

과거, 현재, 미래, 삼세에 걸쳐 인식되는 모든 사람과 유정물, 무정물들뿐만 아니라 온 우주가 아미타불이었다. 이 모두가 전체이자 하나였다.

이런 체험을 하고도 염불 수행은 무리 없이 이어졌다. 법당에서도 하고, 전각을 돌면서도 하고, 형제봉 산행을 하면서도 꾸준히 이어졌다.

6일째 되는 날 새벽에 길을 잃고 헤매는 꿈을 꾸다가 잠이 깼다. 그때 시간이 새벽 2시쯤이었다.

법당에 가기 위해 세수를 하는데 꿈속에서 길을 잃고 헤매던 일들이 무언가 이상한 느낌으로 다가왔다. 또 내가 마장에 속아서 방일(放逸)해지는[36] 것이 아닌가? 마장에 속았다는 생각이 들자 분노가 치밀었다.

오늘은 독하게 마음먹고 해보자고 다짐했다. 새벽 3시부터 시작한 염불은 식사도 거른 채, 오후 3시 반까지 12시간 30분 동안 이어졌다.

그 사이 또다시 삼매 상태를 경험하고 다음과 같은 글을 남겼다.

> 나무아미타불 ~
> 지금, 이 순간
> 이 한 구절에
>
> 과거 억겁의 시간이
> 이 안에 녹아들어
> 흔적 없이 사라지고
>
> 미래세 영겁의 시간마저
> 이 안에 녹아들어
> 흔적 없이 사라졌네.

---

36 방일(放逸)해지는: 제멋대로 거리낌 없이 방탕하게 노는

욕계, 색계, 무색계,
삼천대천세계가
이 안에 녹아들어
혼적 없이 사라지고

삼세 제불 부처님도
이 안에 녹아들어
혼적 없이 사라진다.

팔만대장경도 이 안에 녹아들어
혼적 없이 사라지니 '반야심경'
독경이 공염불이었던가?

천상, 지옥 6도가 이 안에
녹아들어 혼적 없이 사라지니
생(生)과 사(死)가 어디 있는가?

아미타불 이름이 그러할 뿐
앞뒤 일체가 끊어지고
하나 되니

아~하면 '아'만 남고,
미~하면 '미'만 남는다.

타~하면 '타'만 남고,
불~하면 '불'만 남는다.

나무아미타불~
나무아미타불~
나무아미타불~

7일간의 염불 정진을 마치고 집에 돌아왔다. 가족과 저녁 식사를 함께 하고 모처럼 보이차도 마시며 한가한 시간을 보냈다. 그리고 일찍 잠자리에 들었다. 새벽녘 이상한 꿈을 꾸었다. 꿈에서 내가 바다에 고기를 잡으러 갔다. 많은 사람이 고기를 잡고 있었고 바다에는 고기들이 물 위로 뛰어오르기도 하고 물속에서는 떼를 지어 다니는 모습이 생생하게 보였다.

나도 고기를 한 움큼 잡아서 들고 나왔다. 그런데 나와서 보니 내가 잡은 고기들은 우리가 먹을 수 없는 쓸모없는 고기란다. 그렇게 실망하면서 꿈에서 깨어났다.

다시 마음을 다잡아야 하겠다고 다짐하고 일상 속에서 100일을 목표로 염불을 시작했다. 하루하루 오늘도 그렇게 염불 수행이 이어지고 있다.

: 백운산에는 명당이 없다

어제 수정사에서 주지 스님 말씀이 풍수지리상 백운산에는 정작 백운산 명당이 없다고 한다. 백운산 전체를 한눈에 조망할 수 있는 수정사 관음전 자리가 백운산 정기가 모인 혈 자리라 한다. "백운산에는 백운산이 없다."라는 말과 같은 맥락이다.

내 눈으로 내 눈을 볼 수 없는 것처럼 백운산에서는 어떤 경우도 백운산 전체를 볼 수 없고, 봐 봤자 고작 백운산 한 부분밖에 볼 수 없는 것이다.

그러나 수정사 관음전처럼 멀리 건너편 특정된 장소에서 비추어 볼 때 백운산 전체를 볼 수 있고, 이런 곳에서 백운산의 진가가 드러난다고 할 것이니 이곳이 백운산 정기가 모인 혈 자리라는 스님 말씀이 알 듯, 모를 듯 참으로 묘하다는 생각이 든다.

조선 시대 이황과 쌍벽을 이루는 성리학의 대학자이신 남명 조식 선생 또한 지리산 천왕봉이 한눈에 조망되는 지리산 건너편 기운이 맺힌 혈 자리에 터를 잡고 살았다. 이 또한 지리산에 명당이 있는 것이 아니고 지리산 건너편 천왕봉을 비추어 보는 곳이 정기가 모인 명당이란 얘기다. 지금도 그 생가에 가 보면 생생하게 볼 수 있고 알 수 있다.

그런가 하면 한방에서는 우리 몸을 소우주라고 한다. 몸이 아프면 침을 놓을 때 통증이 있는 데 침을 놓는 것이 아니라 상하·좌우 대칭되는 혈(穴) 자리를 찾아 침을 놓는다. 왼팔이 아프면 오른팔에 침을 놓고, 머리가 아프면 발에 침을 놓는 등 상호 대칭점에 치유의 혈 자리가 있다는 애기다. 이 또한 비추어보는 혈 자리와 같은 이치라 생각된다.

문득 '백운산보다 크고, 태산보다 크고, 우주보다 더 큰 우리 마음의 산은 어떻게 볼 수 있을까?'라는 의문이 든다. 반야심경에서는 이런 우리 마음의 산을 보는 방법으로 '조견(照見) 오온 개공', 즉 오온이 공(空)함을 비추어보라 하니 백운산을 비추어본 이치와 다를 바가 없다는 생각이 든다.

우리 마음은 어떤 경우도 우리 육안으로는 볼 수 없다. 우리 마음을 볼 수 있는 것은 수시로 일어나고 사라지는 생각들을 비추어서 우리 마음의 실체를 알 수 있는 것이다. 이는 산 너머에서 피어오르는 연기를 보고 그 밑에 불씨가 있음을 알듯이 생각을 보면서 생각을 있게 한마음의 실체를 알 수 있는 것이다.

실존적으로 우리 마음을 어떻게 볼 수 있을까? 먼저 부처님의 가르침 사성제(四聖諦), 팔정도(八正道), 십이연기(十二緣起)를 보면 우리 마음을 어떻게 볼 수 있는지 명료하게 설명하고 있다.

사성제(四聖諦)는 다음 네 가지 성스러운 진리다. 고성제(苦聖諦), 고뇌는 내 마음을 보는 문(門)과 같은 것이다. 집성제(集聖諦), 고통의 원인은 집착 즉 취사심(取捨心)에서 온다. 멸성제(滅聖諦), 이런 고통을 소멸할 방법은 팔정도 수행이다. 도성제(道聖諦), 이런 수행을 통해 고통으로부터 해탈하는 것이다.

팔정도(八正道)는 계(戒), 정(定), 혜(慧) 삼학을 닦는 것이다. 혜(慧)는 정견(正見)·정사유(正思惟), 계(戒)는 정어(正語)·정업(正業)·정명(正命), 정(定)은 정정진(正精進)·정념(正念)·정정(正定)이다.

십이연기(十二緣起)는 다음과 같다. 무명(無明), 행(行), 식(識), 명색(名色), 육처(六處), 촉(觸), 수(受), 애(愛), 취(取), 유(有), 생(生), 노사(老死)이다.

내 마음을 보는 첫 단계는 어떤 대상과의 접촉(觸)으로 인해 내면에 저장된 경험의 정보와 매칭되면서 괴로움 등 생각이 일어날 때의 느낌, 수(受)를 알아차리는 것, 이것을 정념(正念)이라 한다.

생각을 알아차리는 즉시 이 생각은 내가 아니라는 자각, 내 마음이 만들어 낸 피조물이라는 자각과 함께 나라고 특정할 실체가 없음[아공, 我空] 뿐만 아니라 일체 만법이 모두 자성(自性)이 없다는 것, 약견제상비상(若見諸相非相)을 자각하는 것이 정견(正見)이다.

그리고 나라고 하는 것은 실체가 없고 오온(五蘊), 즉 색(色, 몸), 수(受, 느낌), 상(想, 생각), 행(行, 의지), 식(識, 분별)의 화합물이며, 이 오온(五蘊) 또한 모두가 각자 자성(自性)이 없고, 공(空)함을 깊이 사유해서 법공(法空)을 증득한 것을 정사유(正思惟)라 한다.

이런 과정을 통해서 우리 마음이라는 큰 산은 반야심경에서 말하는 불생불멸(不生不滅)[37]하며, 불구부정(不垢不淨)[38]하며, 부증불감(不增不減)[39]하는 육불공상(六不空相)임을 알 수 있다.

우리 마음이 큰 것으로 말하면 '무변제'라 끝이 없이 크고, 작은 것으로 말하면 '간불견'이라 눈으로 볼 수 없을 만큼 작아서 인연 따라 자유자재한 것이 우리 마음이다.(불수자성 수연성(不守自性 隨緣成), 자성은 고정된 실체가 없고 인연 따라 일어나기도 하고 사라지기도 한다.)

이런 지혜(정견, 정사유)를 증득하기 위해서는 먼저 바른 계(戒), 정어(正語, 바른말)하고, 정업(正業, 바른 직업)을 가지며, 정명(正命, 바른 생활)을 꾸

---

37 불생불멸(不生不滅): 태어남도 없고 사라짐도 없음.
38 불구부정(不垢不淨): 더러움도 없고 깨끗함도 없음.
39 부증불감(不增不減): 늘어남도 없고 줄어듦도 없음.

준히 이어가야 한다.

그리고 항상 마음이 고요한 상태를 유지해야 하고[정정(正定)], 이런 상태가 쉼 없이 이어지도록 부단히 노력하는 것[정정진(正精進)]이 고통을 소멸하고 도(道)에 이르는 첩경이다.

고통이 소멸되었다 해도 세세생생 살아오면서 쌓인 업(業)이 소멸할 때까지는 부단히 노력하고 닦아야 할 것이 보살의 육바라밀(六波羅蜜) 수행이다. 육바라밀(六波羅蜜)이란 보시바라밀(布施波羅蜜), 지계바라밀(持戒波羅蜜), 인욕바라밀(忍辱波羅蜜), 정진바라밀(精進波羅蜜), 선정바라밀(禪定波羅蜜), 지혜바라밀(知慧波羅蜜)을 말한다. 성불하기 위한 보살의 행동 지침이다. 우리 모두 성불하는 그날까지 부단히 노력하자.

: 기적의 치유 호르몬, 다이돌핀

지난 1월 18일 뇌경색으로 쓰러져 사경을 헤매고 있는 남동생이 있다. 동아대학교병원 중환자실에서 1달을 지내다가 회생(回生)을 못하고 목에 호스를 꽂는 '기관 삽입'을 한 채 요양병원으로 옮겨져서 말할 수도 없고, 음식을 먹을 수도 없이 호스로 음식과 호흡을 하며 식물인간처럼 연명하는 실정이다.

지난 6월 11일 토요일 밤늦은 시간에 위독하다는 전갈을 받았다. 혈압이 떨어져 기기에 측정이 되지 않고, 임종 직전에 나타나는 온몸에 청색 반점이 나타나는 현상까지 와서 회생이 어려워 보였다.

이튿날 아침 병원에서 어려운 고비는 넘긴 것 같다는 연락이 왔다. 수행 차 지리산 사찰에 와 있다가 급히 연락을 받고 다음 날 아침 병원으로 가서 대면 면회를 했다.

하지만 안심할 단계는 아니라서 하루쯤 더 지켜 보아야 할 것 같았다. 하루가 지난 그다음 날 아침 병원에 가 보니 병세가 다소 호전되고 나를 알아보는 것 같았다. 안타깝게도 내가 해 줄 수 있는 것이 아무것도 없었다.

신앙생활은 안 했지만, 문득 염불을 시켜 봐야겠다는 생각이 들었다. 백지에 큰 글씨로 '나무아미타불'을 써서 보여 주면서 읽을 수 있는지 물어보면서 읽을 수 있으면 내 손을 꼭 쥐어 보라 하니 손을 살며시 쥐는 것이었다.

나무아미타불(南無阿彌陀佛)!, 나무아미타불!, 나무아미타불! 내가 염불을 하면서 마음속으로 따라 해보라고 하니 마음속으로 따라 할 수 있다는 의사표시를 했다. 말은 못 해도 내 말은 알아듣는 것 같았다.

네가 아플 때도 마음속으로 나무아미타불하고, 네가 무서울 때도 마음속으로 나무아미타불하면, 아미타불 부처님이 너를 지켜 주고 보호해 줄 것이니, 항상 염불하도록 일러 주었다. 나무아미타불~, 나무아미타불~, 나무아미타불~ 반복해서 염불하면서 마음속으로 따라 하게 했다. 하루하루 조금씩 호전되어 갔다. 휴대폰에 염불 앱을 깔아서 계속 듣고 따라 할 수 있도록 병원 관계자의 도움을 청했다.

열흘 후 면회를 신청하고 병실을 방문했다. 휴대폰에서 나무아미타불~ 염불 소리가 이어지고 있었다. 병원 관계자 말이 열흘 동안 계속 염불 독경을 들어왔다 한다.

침상에 누워 있는 동생이 환하게 웃으면서 맞이했다. 안색도 판이하게 좋아졌고, 손동작도 힘이 있고 자유로웠다. 상태가 호전되어 투약하던 모든 약을 중단했다 한다. 눈앞에 불가사의한 일들이 펼쳐지고 있었다. 나무아미타불~ 염불의 공덕이 이런 기적을 만들었다. 목에 기관삽입을 해서 말은 못 하지만, 마음속으로 일념 염불을 한 결과 영적 각성이 일어났다는 생각이 든다.

우리 인체에서 기쁨이 충만할 때 생성되는 '엔돌핀' 호르몬은 통증을 완화하는 의약품 '몰핀' 약효의 200배에 달한다고 한다. 그런가 하면 영적 각성이 일어날 때나 큰 감동, 감사함이 있을 때 생성되는 '다이돌핀'이라는 호르몬은 엔돌핀 호르몬 치유 효과의 4,000배나 된다고 한다. 동생은 지금, 이 기적 같은 현상은 영적 각성이 일어나면서 엔돌핀 호르몬 치유 효과의 4,000배나 된다는 호르몬 '다이돌핀'이 생성된 것이 아닌가 생각된다.

일념으로 나무아미타불~ 염불을 이어간다면 육신의 고통뿐만 아니라 죽음에 대한 두려움에서도 벗어날 수 있다는 확신이 든다. 오늘 이런 기적을 낳게 한 모든 인연에 감사하고 또 감사하다. 나무아미타불~, 나무아미타불~, 나무아미타불~.

: 새벽 산행 중 만난 인연

염불 수행을 100일로 연장한 새벽 평소와 다름없이 새벽 산행을 했다. 새벽 5시쯤 어둑어둑한 새벽 산길을 염불하면서 걸어가고 있었다. 문득 인기척이 느껴져서 돌아보니 60대로 보이는 여성 한 분이 뒤따라오고 있었다.

염불에 방해받고 싶지 않아서 따돌릴 요량으로 샛길로 들어섰다. 그런데 그 여성분이 가던 큰길을 두고 나를 따라오는 것이었다. 하는 수 없이 소리 없이 묵성 염불을 하면서 앞만 보고 걸었다. 승학산 능선 억새밭 초입 갈림길에 가까워졌다.

염불하기 위해 그 여성분이 가는 길을 피해서 다른 길을 갈 요량으로 "어느 길로 가십니까?"라고 말을 건넸다. 그 여자분 왈, "승학산 정상 쪽으로 갑니다. 거기 제 아들을 만나러 갑니다."라고 대답을 하는 것이었다.

이 깜깜한 새벽에 승학산 정상에 아들을 만나러 간다는 말에 무언가 가슴이 싸한 전율을 느끼면서 사연을 물어본즉, 31살 된 아들이 저세상으로 간 지 96일째 되었다는 것이었다. 답답한 병실에서 병마와 싸우다 저세상으로 간 아들이 너무도 안쓰럽고 짠해서 영혼이라도 '시원하라.'고 사방이 확 트인 승학산 정상에다 죽은 아들의 유골을 뿌려 주었다는 것이다.

자식을 먼저 보낸 어머니 마음이 어떨까 싶으니 너무도 가슴이 아파서 그대로 두고 갈 수가 없었다. 그 여성분에게 조금이나마 도움이 될까 해서 승학산 정상까지 동행해도 되겠느냐고 물었더니 흔쾌히 허락했다. 그렇게 해서 승학산 정상까지 걸어가면서 그분이 살아오면서 겪은 슬픈 가족사를 듣게 되었다.

2년 전에는 한 해에 남편과 친정어머니가 저세상으로 떠나고 이제는 외아들마저 저세상으로 떠나고 두 딸 중 하나는 미국에서 거주하고 또 하나는 서울에 거주하다 보니 홀로 남아서 이 슬픈 현실을 감내해야 하는 형편이 되었다고 한다.

승학산 정상 한 모퉁이에 반반한 돌을 모아서 만든 작은 제단 앞에 배낭을 풀고 준비해 온 음식을 제단 위에 올려놓고 아들의 영혼을 향해 "내가 너를 어떻게 잊을 수 있겠니, 나는 항상 너와 함께하고 있다."라며 한동안 흐느껴 울고 있었다.

어떤 위로의 말도 건넬 수 없는 상황이라 지켜만 보고 있었다. 그렇게 한참의 시간이 지난 후 차려진 음식을 사진으로 담고 나서 음식을 뿌려주고 나서 자리에서 일어났다. 사진은 멀리 있는 딸들에게 보내려고 사진으로 담는다고 한다.

내가 영가천도에 도움이 되는 '광명진언' 기도를 해 주고 싶은데, 괜찮겠느냐고 물었더니 흔쾌히 허락했다. "옴~ 아모카 바이로차나 마하무드라 마니파드마 즈바라 파라바를타야~ 훔." 한동안 광명진언을 독송하고 나무아미타불 정근(正勤)[40]으로 마무리를 하면서 극락왕생을 기원하는 기도를 마쳤다.

그리고 그분에게 조언을 해 드렸다. "아들이 편안하게 이생을 떠나도록

---

40 정근(正勤): 불교에서, 선법(善法)을 더욱 자라게 하고 악법(惡法)을 멀리하려고 부지런히 닦는 수행법.

해 주어야 합니다. 아들이 편안하게 떠나게 하려면 오늘처럼 음식을 차려 놓고 슬피 울면서 마음으로 붙들고 있으면 안 됩니다. 내 마음을 평온하게 유지하면서 꾸준히 '광명진언' 기도하는 것이 아들을 편안하게 보내는 방법으로 보입니다. 이제 100일이 다 되어 가는데 음식도 준비하지 말고 아쉬우면 차 한 잔쯤 우려 와서 올리도록 하는 것이 좋을 것 같습니다. 음식 사진을 딸들에게 보내는 것도 바람직하지 않게 보입니다. 딸들의 슬픔만 부추기는 결과가 될 것으로 보입니다."

그분의 얼굴이 다소 밝아지면서 감사의 인사를 했다. 필요하다면 '광명진언' 기도 내용을 폰 메일로 보내드리도록 하겠다는 약속을 하고 휴대폰 번호를 받고 먼저 자리를 떴다. 가슴은 먹먹했지만, 다소나마 도움이 된 것 같아 보람이 있었다. 그리고 집에 도착하자마자 '광명진언'을 문자메일로 보내드리고 위로의 마음을 글로 전했다.

그분으로부터 온 폰 메일 회답이다.

    초면에 실례했다면 이해 바랍니다. 혼자서 마음에 담고 지내다가 이런 상황을 야기(惹起)한 저 자신도 아이러니합니다. 아마도 말씀하신 우연이 아닌 필연인가 싶네요. 덕분에 형언키 어려운 위안과 위로의 말씀 정말 감사합니다. 알려주신 대로 일상에서 쉼 없이 정진하여 편안하고 좋은 곳으로 가도록 기도하려구요. 제 아들도 오늘에서야 자기 자리 찾아가겠다고 생각하니 더더욱 귀한 시간 할애와 염불 독경 들려주심에 좋아했을 것 같네요. 마음이 여무는 시간이 필요로 하는 만큼 삶의 무게가 클 때 연락드려도 되겠지요? 참 감사한 하루네요.

7일간의 염불 정진을 마치고 백일기도를 다짐한 날 새벽에 일어난 기이한 인연이 부처님 가피가 아닌가 생각되어 참 감사하다. 윗글을 받아보고 카톡으로 보낸 답례 글이다.

관세음보살님처럼 살고 싶다. 천수천안 관세음보살님은 중생들을 고통으로부터 지켜주는 대자대비한 불보살이다. 내가 들었던 관세음보살님의 전생 얘기를 요약하면 다음과 같다.

'인도의 어느 마을에서 요즈음으로 말하면 국제간 무역업을 하는 부유한 상인이 살고 있었는데 한 번 장사를 나가면 6개월 내지 1년이 걸리는 것이었다. 그는 아리따운 배우자와 어린 아들 2명과 함께 유복한 가정을 이루고 있었다.

그런데 어느 날 배우자가 병을 얻어 시름시름 앓다가 세상을 떠나고 말았다. 어린아이들을 두고 장사를 나갈 수도 없고 아이들을 친어머니처럼 맡아 키워줄 보모를 구하는 광고를 냈다. 넉넉한 대가를 지불(支拂)하면서 엄선한 결과 적합한 보모를 구해서 아이들을 맡겼다. 참으로 친어머니처럼 아이들을 잘 보살폈다.

아이들의 아버지는 이런 보모에 대한 믿음이 확고해지니 안심하고 아이들을 보모에 맡기고 사업에 전념할 수 있었다. 시간이 지날수록 보모에 대한 믿음이 더 커지면서 보모를 정식 아내로 맞이하여 새로운 가정을 꾸리게 되었다. 그러면서 이 부유한 상인의 안주인이 되었다. 여전히 어린아이들을 친어머니처럼 잘 보살폈다.

그러다 새로 가정을 이룬 이 부부 사이에서 아이가 태어났다. 새로 태어난 아이가 자랄수록 이 부인은 불안하기 시작했다. 전실(前室)에서 태어난 두 아이가 성장해서 돌봄이 필요 없어지면 자신과 자신이 낳은 자식은 내팽개쳐질 것이라는 두려움이 생겼다. 그래서 전실 자식 2명을 쥐도 새도 모르게 없애면 자신과 친자식은 안전할 것이라 생각하고는 기회를 엿보고 있었다.

어느 날 남편이 1년이 넘게 걸리는 긴 장사 길에 나섰다. 그 계획을 실천하기 위해서 자기가 보살피던 전실 자식 두 명을 데리고 배를 타고 아름다운 섬으로 여행을 떠났다. 그런데 그 섬은 무인도였다.

아무것도 눈치채지 못한 아이들은 아름다운 섬 풍경에 빠져 물놀이와 뛰어노는 데 정신이 팔려 있었다. 그 틈을 이용해서 몰래 혼자만 배를 타고 섬을 빠져나왔다. 남겨진 아이들은 날이 어두워지면서 울며불며 아무리 어머니를 불러도 어머니는 대답이 없었다.

어둠과 추위와 배고픔에 지친 두 형제는 그렇게 밤이 지나가고 그다음 날 그리고 또 그다음 날도 그렇게 어머니를 목 놓아 부르면서 지나가고 있었다. 아버지를 불러도, 돌아가신 어머니를 불러도 아무도 응답하지 않았다. 그렇게 많은 날이 지나가던 어느 날 두 형제 중 동생이 형의 무릎에 누워 세상을 떠나고 말았다.

홀로 무인도에 남아 추위와 배고픔에 지칠 대로 지친 형은 끝없이 아버지를 불러 보고, 어머니를 불러 보아도 아무런 응답이 없었다. 극심한 고통과 함께 생명의 등불이 꺼져가고 있었다.

그때 이 어린아이는 자기를 버리고 간 계모를 원망하지도 않고, 자기를 보살펴 주지 않은 아버지를 원망하지 않고, 이 세상에 자신처럼 고통을 받는 모든 사람을 구원해 주겠다는 원을 세우면서 세상을 떠났다.

이 아이는 그런 원을 세우고 다음 생에 태어났다. 그러고는 고통받는 수많은 사람을 구제했다. 그다음 생도 그러했고, 그다음 생도, 그다음 생도……. 수많은 생을 환생하면서 고통받는 중생들을 구제하는 삶을 살다가 지금 우리가 추앙하고 있는 대자대비 천수천안 관세음보살 화신불로 세상에 강림하신 것이다.

사바세계 고통받는 모든 중생을 품어 주고 구제하는 대자대비한 천수천안 관세음보살님……. 관세음보살~, 관세음보살~, 관세음보살~.'

보살님! 이제 아드님 영가는 모든 중생의 고통을 품어 주는 관세음보살님 품으로 보내드리고 부지런히 '관세음보살' 정진을 통해서 청정한 마음에 이르기 바랍니다.

흔한 일은 아니지만, 어디엔가는 지금, 이 순간에도 자식을 먼저 보낸 부모들의 통곡은 이어지고 있을 것입니다. 과거에도 그러했고, 앞으로도 그러할 것입니다.

관세음보살님의 전신(前身)처럼 원대하고 큰 자비심으로 원을 세우고 부단히 정진하다 보면 나 자신도 모든 고통으로부터 벗어나게 되고, 나와 같은 고통을 받는 이웃에 손을 내밀 수 있을 것입니다. 아드님 극락왕생을 빌고 보살님은 해탈성불하시기 바랍니다.

윗글을 받아보고 그분으로부터 온 카톡 답례 글이다.

너무 감사합니다. 오늘 아침에도 관세음보살 작은 소리로 되뇌며 산에 다녀왔네요. 쉽진 않지만 아들이 더 이상 병마에 고통받지 않고, 짧은 시간이었으나 좋았던 기억 가지고 편한 곳 가라고 염원 담은 기도 열심히 하려고 합니다. 정말 적절한 때 너무 위안의 말씀, 글귀 감사합니다. 광명진언 기도법 책 주문해 도착했습니다. 정독 후 일상에 접목시켜 생활하려구요. 감사합니다. 시간 되시면 차 한잔 대접할게요.

아침 산행길에서 만난 그분은 항상 광명진언 염불과 함께하고 있었다. 그분의 아들이 세상을 떠난 지 100일이 되는 날 카톡으로 보낸 글이다.

'오늘이 보살님 자제분이 세상을 떠난 100일이 되는 날이구나!'라는 생각을 하면서 새벽 산행을 하고 있었는데 문득 보살님과 마주치게 되었습니다.

흔히 기도하거나 수행할 때 짧게는 7일 또는 21일 단위로 하고, 길게는 100일 내지 3년 기한으로 기도를 합니다. 그래서 100일이라는 기간은 상당히 긴 시간입니다.

이제 100일이 지났으니 자제분이 편안하게 갈 수 있도록 기도

하면서 보살님 자신도 큰 슬픔에서 벗어나 편안하고 청정한 마음을 유지하도록 부단히 노력하셔야 합니다.

아침에도 잠시 말씀드렸지만, 자제분 유품은 가능하면 정리해서 눈에 보이지 않는 곳에 별도로 보관하는 것이 좋습니다. 지금은 힘들어도 그 방법이 영가를 편안하게 보내면서 나 자신도 슬픔에서 빨리 벗어나는 방법입니다. 제 가족 중에도 몇 년 전에 그렇게 한 사례가 있습니다. 유품을 정리하고 살고 있던 집마저 처분하고 이사를 했습니다.

자제분 영가를 편안한 곳으로 보내고 싶다면 내가 먼저 슬픔에서 벗어나 편안해져야 합니다. 여행 삼아 풍광 좋은 사찰에 기도도 하러 다니고, 홀로 머무는 시간보다는 가족이나 친지들과 함께 시간을 보내는 것이 슬픔에서 빨리 벗어나는 데 도움이 될 것입니다.

과거에 제가 명상을 하는 수행단체에 머물던 때가 있었습니다. 신앙을 믿는 종교단체는 아니고 자기 마음을 깨달아 고통으로부터 벗어나기 위해 수행하는 수행단체였습니다.

그때 고등학교 3학년 아들을 저세상으로 떠나보내고 저에게 괴로움을 호소하면서 상담을 해온 여성분이 있었습니다. 어떤 방법으로든 아들을 한번 만나보고 싶어서 절에도 가 보고 교회에도 가 보고 했지만, 방법이 없어서 여기까지 오게 되었다는 하소연을 하면서 서럽게 울고 있었습니다.

그때 저는 그분에게 이런 조언을 했습니다. 제가 자제분 영가를 만날 수 '있다.', '없다.'는 얘기는 할 수 없지만, 꾸준히 수행하다 보면 자제분 영가를 만나야겠다는 생각이 사라지고 지금 이 슬픔으로부터 자유로워질 것이라는 조언을 한 일이 있었습니다.

그 후로 그분은 그곳에서 꾸준히 수행해 오면서 아들을 먼저 보낸 슬픔에서 벗어날 수 있었습니다. 8년이 지난 지금도 훌륭한 수행자로 살아가고 있습니다. 보살님도 꾸준히 기도정진 하다 보면 그렇게 되리라 봅니다.

그분에게서 카톡으로 보내온 답례 글이다.

일러 주신 말씀대로 진정 위하는 방법으로 편히 잘 지내라고 보내 주는 것이 마지막 엄마 마음일 듯 생각되네요. 정성껏 기도의 시간 저 자신에게도 필요하기도 하구요. 좋은 말씀 감사합니다.

처음 인연이 펼쳐진 6월 20일로부터 한 달이 훌쩍 지난 요즈음도 광명진언 염불과 함께 아침 산행하는 그분을 만날 때면 마음이 무겁고 가슴이 아린다. 긴 슬픔의 터널에서 하루빨리 벗어나기를 바라는 마음 간절하다.

: 깨달음

서울 도심 속 유명 사찰 봉은사 주지를 역임했던 어느 스님 애기다. 출가 후 수행에 매진하던 젊은 시절 어느 날이었다. 하루는 수박을 한 통 사서 절로 돌아가는 길이었다. 그때 어느 노파가 바쁘게 걸어가는 스님을 향해 "스님은 무엇이 그리도 바쁩니까?"라고 말을 걸었다. 겸연쩍어하는 스님을 향해 빙그레 미소를 지으면서 말했다. "저희 집에 가서 잠시 쉬었다 가시지요."

안광이 예사롭지 않은 노파의 제의를 거절하지 못해서 그 노파를 따라갔는데 그곳은 읍내 한 술집이었다. 그 노파는 술집 주인이었지만 술을 팔기 위한 것이 아니고 스님에게 무엇인가 일러 주고 싶은 것이 있었다.

그 노파는 놀랍게도 스님의 마음을 훤하게 읽고 있었다. 세속에 살고 있지만 이미 한 소식을 한[41] 훌륭한 수행자였다. 스님은 수행에 도움이 될 만한 주옥같은 법문을 들을 수 있었다. 스님은 큰 감동을 받고 삼배의 예를 올리면서 어떻게 수행했는지 여쭈어 보았다. 그 노파는 자기가 살아오면서 깨달음을 얻게 된 애기를 했다.

그 노파는 젊은 날 남편과 사별하고 나이 어린 외아들과 단둘이 세상에 남겨져서 안 해본 일이 없을 정도로 고생을 하면서 살아왔는데, 그 끝에 술집까지 하게 되었다고 한다. 그런 고생 끝에 가세(家勢)도 좀 나아지

---

[41] 한 소식을 한: 수행자들이 깨달음을 얻었을 때 이르는 말이다. 내 몸이 내가 아니고, 내 생각·감정·느낌이 내가 아니라는 무아를 증득해서 번뇌에서 벗어난 사람을 이른다.

고 어린 외아들이 성장해서 20대 중반이 되어 제 앞가림을 할 정도가 되었다. 그러던 어느 날 그 외아들이 교통사고로 목숨을 잃게 되었다.

자신의 모든 것이라고 생각하면서 살아왔던 아들의 죽음 앞에 삶의 의욕을 잃고 실성한 사람처럼 눈물로 세월을 보내고 있었다. 아들의 유골을 품에서 내려놓지 못하고, 그렇게 2년 여의 시간이 흘러갔다.

어느 여름날 장마 끝에 초가지붕 처마 밑에 방울져 맺힌 낙숫물 물방울이 뚝뚝 떨어지는 것을 보고 있다가 마음이 확 열려 버렸다 한다.

아, 사람의 생명이라는 것이 저 물방울이 생겨남이 태어남이고 뚝 떨어지는 것이 죽음과 같은 것이구나! 세상에 모든 것들은 이렇게 태어나고 사라지는구나. 그러면서 아들의 죽음을 받아들이게 되고 죽음과 같은 깊은 슬픔에서 벗어나게 되었다 한다. 생사(生死) 문제가 해결된 것이다.

그 후로 수행에 매진하면서 큰 깨달음을 얻을 수 있었고, 고통받는 많은 사람에게 도움을 주는 삶을 살고 있다. 진흙 속에서 한 송이 연꽃이 피어난 듯하다.

물방울의 여정을 살펴보면 생명의 실상을 엿볼 수 있다. 우리 모두 '나'라고 생각하는 개체로서의 존재는 처마 밑에 방울진 낙숫물과 같고, 넓은 바다에서 잠시 일었다가 지는 파도와 같다. 물방울이나 파도는 인연따라 잠시 생겨났다가 사라질 뿐이다.

그런가 하면 물이 증발(蒸發)되어 구름이 되기도 하고, 혹한의 추위에서는 얼음이 되기도 하면서 다른 모습을 하고 있지만, 물의 본질은 변하지 않는다. 물은 언젠가는 바다에서 만나게 되어 있다. 물이 돌아가야 할 고향이다.

사람의 죽음도 육신이 생겨나고 사라질 뿐이다. 생명의 본질인 실상의 자리에서는 태어남도 없고 죽음도 없는 불생불멸이다. 마음을 항상 이 실상의 자리에 두는 것을 선(禪)이라 하기도 하고, 수행이라 하기도 한다. 수행을 통해서 생사(生死) 문제를 해결하고 고통에서 벗어난다면 가장 의미 있는 삶이 되리라 본다.

: 해탈의 길

괴로움(苦)은 해탈에 이르는 문(門)이다. 괴로움은 어디에서 오는가? 괴로움은 바라고 구하는 데서 온다. 바람, 즉 탐심이다. 탐내고 바라는 대로 되지 않으면 화를 내고 괴로워한다. 바람이 없으면 괴로움도 없다.

사람은 생로병사를 반복하는 윤회를 하고 있다. 이렇게 윤회하는 것은 끝없는 나의 바람 때문이다. 태어날 때부터 바람을 갖고 태어난다는 것은 결국 태어나면서부터 괴로움이 예견되어 있다는 얘기다.

그래서 이 세상에 태어난 모든 사람은 태생적으로 괴로움을 품고 태어나고 끝없는 바람과 괴로움을 반복하면서 살다가 이루지 못한 바람과 함께 죽음을 맞이하면 그 바람을 이루기 위해 또다시 다음 생을 선택하여 태어나는 것이다.

이렇게 태어나고 죽기를 반복하는 것이 생사(生死) 윤회고, 살면서는 탐내고 바라고 성내고 괴로워하는 삶을 반복하는 것이 업(業)의 윤회다.

생사(生死)윤회도 업(業)의 윤회도 나의 선택이다. 그렇다면 모든 괴로움의 원인은 나에게 있다는 결론이 나온다. 그런데 대부분의 사람들은 괴로움의 원인이 나에게 있는 줄 모르고 어떤 대상에 있다는 착각을 하면서 괴로움이 시작된다. 지금 내가 겪고 있는 괴로움의 원인을 나 아닌 어떤 대상에서 찾으려고 한다면 세세생생(世世生生)[42] 찾아도 영원히 찾을 길이

---

42 세세생생(世世生生): 불교에서, 몇 번이든지 다시 환생하는 일 또는 그런 때. 중생이 나서 죽고 죽어서 다시 태어나는 윤회의 형태이다.

없는 것이다.

　괴로움이 소멸되는 경우는 두 가지가 있다. 시간이 흘러 망각으로 인해서 괴로움이 사라지는 경우다. 이 경우는 흙탕물을 가라앉히면 우선 맑은 물처럼 보이나 휘저으면 다시 흙탕물이 일어나듯이 괴로움이 완전히 사라진 것이 아니고, 업식(業識)으로 내면에 가라앉아 있다가 어떤 상황과 접촉하면 인연 따라 다시 드러나기를 반복한다. 그래서 이 경우는 괴로움이 완전히 소멸되었다고 볼 수 없다.

　다른 하나는 괴로움의 원인을 찾아서 벗어나는 것이다. 즉, 괴로움의 원인이 밖에 있는 것이 아니고 내 안에 있다는 것을 자각하고 착각에서 벗어나는 것이다. 나에게 괴로움이 다가올 때는 항상 내 의식이 내면으로 향해야 하고, 괴로움의 원인을 대상이 아닌 나 자신으로부터 찾아야 한다는 깊은 통찰과 매 순간순간 이를 알아차리고 자각한다면 괴로움에 허덕이는 어리석음은 범하지 않을 것이다.

　자업자득(自業自得)이라는 불변의 진리를 확실히 믿고 나에게 일어나는 모든 일을 긍정하고 수용하다 보면 괴로움으로부터 자유로워질 수 있는 것이다. 이 길이 괴로움에서 완전하게 벗어나는 해탈의 길이고, 우리 모두가 가야 할 여정이다.

: 낙상

 나는 특별한 일이 없는 한 새벽 4시 30분에 알람을 맞추고, 아침 산행을 준비해서 새벽 5시부터 승학산을 산행한다. 지난 8월 30일 화요일 그날도 그렇게 깜깜한 산길을 더듬어 아침 산행을 시작했다. 넓은 임도를 지나고 약수터를 지나 222계단을 오르니 새벽 여명과 함께 억새밭 사이로 평탄한 길이 펼쳐졌다.
 몇십 년을 늘 다니는 길이라서 방심했던지 돌부리에 걸리면서 넘어졌다. 앞으로 엎어지면서 바닥에 깔린 돌에 머리를 심하게 부딪쳤다. 순간 정신을 잃었던 것 같다. 정신을 차리고 보니 내가 길 위에 엎드려 있었다. 앞이마 부분과 콧잔등에 심한 통증이 느껴졌다. 코를 만져 보니 부러진 것은 아닌 것 같았다. 이마와 코에 선혈이 낭자했다. 손수건을 꺼내서 상처 부위를 눌러 지혈했다. 양다리를 움직여 보니 다리는 괜찮아서 걸어서 내려갈 수 있을 것 같았다. 오른쪽 팔도 통증과 함께 힘을 줄 수 없었다. 119는 부르지 않아도 될 것 같았다.
 왜 나에게 이런 일이 생겼을까? 나에게 일어나는 모든 일은 긍정의 이유가 있다는 말을 침이 마르게 설파하고 다녔지 않았던가? 길 위에 누운 채로 이런 생각을 하고 있었다.
 오늘 이 사고가 미래에 닥쳐올 더 큰 사고를 대비할 경고의 메시지라면 이제부터 조금 더 긴장하고 조심하면서 무리하지 않아야겠다는 다짐이 긍정의 이유로 충분하다.

칠십이 넘은 나에게 다가올 노화로 인한 질병이나 사고는 얼마든지 이보다 더할 수 있다. 그리고 그 끝에는 죽음도 기다리고 있다. 오늘 이 사건이 이런 것들을 잘 받아들일 수 있는 면역력을 길러 주는 백신 같은 것이라면 이 또한 긍정의 이유가 충분하다.

이제부터 아침 산행을 하지 말까? 이런 생각도 해 봤다. 결론은 '아니다.', '조심하면서 계속한다.'였다. 이런 생각들을 정리하고 하산을 했다. 모자를 눌러쓰고 손수건으로 얼굴을 가리면서 내려오는 하산 길이 유난히도 멀게 느껴졌다.

어제 그리고 오늘 피부과에서 치료를 받았다. 이왕 이렇게 되어 병원에 오는 김에 얼굴에 잡티, 점을 제거하는 시술도 병행해서 받았다. 2주일은 매일 치료를 받아야 한단다. 사무실에 출근을 못 하고 집에만 머물고 있다. 집에 머물러야 하는 긍정의 이유는 무엇일까? 푹 쉬어 주고 책도 읽으면서……. ㅎㅎ 모든 것을 긍정의 산물로 받아들이기로 했다.

: 넘어진 그 자리에서 다시 일어서라

지난 8월 30일 화요일 새벽 승학산 산행 중 억새밭 등산로에서 넘어지면서 이마와 얼굴을 바위에 부딪쳐 심하게 다쳤다. 열흘 가까이 매일 병원에서 치료받고 있다. 상처가 어느 정도 아물고 얼굴에 부기(浮氣)도 빠지고 해서 어제부터 새벽 산행을 재개했다.

등산로에서 다친 기억 때문에 선뜻 나서기가 쉽지 않았다. 넘어지던 그 순간에도 새벽 산행을 멈추지 않겠다는 다짐을 했는데도 정작 새벽 산행을 나서려 하니 두려운 마음이 들었다.

익숙하던 어둠 속의 산행도 생소하게 느껴지고 조심스러웠다. 걸음걸음 염불(아미타불)이 저절로 이어졌다. 정신 차리지 않으면 또 넘어질 수 있다는 것을 몸이 먼저 알고 저절로 정신이 차려지고 염불이 이어지는 것 같았다.

억새밭 갈림길에서 잠시 갈등이 왔다. 내가 넘어졌던 그 억새밭 길은 가고 싶지 않았다. 넘어진 그 길보다 더 편하고 안전한 탐방로 길을 선택해도 내가 가고자 하는 억새밭 전망대에 갈 수 있기 때문이다.

'넘어진 그 자리에서 다시 일어서라.'라는 말이 생각났다. 생각을 바꿔서 내가 넘어졌던 그 길을 선택했다. 넘어졌던 그 길을 천천히 걸어갔다. 아무리 보아도 넘어질 만한 위험이 없었다. 정신 차리고 조심하면 아무런 문제가 없는 길이다. '이런 길을 내가 두려워했구나!' 싶어 미소가 지어졌.

만약 넘어졌던 이 길을 피해서 다른 길로 다녔으면 아마도 넘어졌던 두

러움의 트라우마에서 자유롭지 못하고 이 길을 다시 오는 것을 꺼렸을 것이다. '넘어진 그 자리에서 다시 일어서라.'는 의미를 알 것 같다. 내 의식 속에 두려움의 트라우마를 심지 않는 것이다.

넘어져 치료받느라 불편하고 아픔도 많았지만, 이런 다양한 경험을 할 수 있었고 또 다른 긍정의 이유가 있구나 하고 위안을 삼았다. 나의 건강과 영적 각성을 주는 새벽 산행은 앞으로 힘이 다할 때까지 이어가고 싶다.

: 천도재(薦度齋)

　우리가 절에서 지내는 재(齋)는 조상들의 영가천도를 위해 지내는 천도재(薦度齋) 또는 망자의 천도를 위해 지내는 49재가 대부분이다. 천도재를 지내지만 정작 조상님들 영가가 천도되는지 여부는 대부분 알 수도 없고 확인할 길도 없다. 다만 가족의 안녕과 소원 성취를 바라는 믿음의 마음으로 지낸다. 그래서 일부 스님들은 천도재를 부정적으로 보는 경우도 있다. 나 자신도 천도재를 지내면 조상님들 영가가 천도된다는 확신은 없지만 알 수 없으니 해롭지는 않을 것이라는 생각으로 지냈다.

　과거 내가 머물던 어떤 명상 단체에서의 일이다. 그 단체를 이끄는 스승은 어릴 때부터 귀신이 보이는 영매(靈媒)[43]였다. 그분의 경험에 의하면 자기 집에서 제사를 지낼 때 제사 음식을 차려 놓으면 자기 조상들의 영가가 오는 것이 아니고 잡귀들이 오거나 심지어 뱀 등 동물의 영가들이 와서 먹고 가는 것을 직접 목격했단다. 그래서 집에서 조상들 제사를 지내는 것은 아무 의미가 없다고 했다. 그래서 집에서 제사를 지내지 말라는 말을 듣고 많은 제자가 제사 지내는 것을 중단하는 것을 보았다.
　그래도 나는 불교 의식으로 제사를 지냈고 조상 대대로 지내 온 제사라서 반신반의하면서 제사를 종전에 하던 대로 지내 왔다. 불교 의식으로

---

[43] 영매(靈媒): 신령(神靈)이나 죽은 사람의 영혼과 의사가 통하여, 혼령과 인간을 매개하는 사람. 곧 무당이나 박수가 이에 해당한다.

지내는 제사는 음식을 올리는 제사뿐만 아니라 반야심경 등 부처님 법을 겸비하는 재(齋)에 가깝다.

최근 스님께서 "불교의 꽃은 절에서 지내는 재(齋)다."라는 말씀을 하셨다. 절에서 재(齋)를 지낼 때 수많은 배고픈 영가들에게 음식을 베풀어 배고픔의 고통에서 벗어나게 하고 부처님 법을 전해 들어 해탈의 길로 간다는 부연 설명도 하신 일이 있다.

중생에서부터 수행해서 최고의 경지, 다시 말해서 부처의 경지에 이르기까지를 화엄경에서는 52위로 나눴는데 이는, 십신(十信), 십주(十住), 십행(十行), 십회향(十廻向), 십지(十地)와 등각(等覺), 묘각(妙覺)을 일컫는다.

40위 십지(十地)는 보살의 경지로서 초지보살부터 십지보살까지 10단계를 거쳐야 하는데, 이 과정에서 행해야 할 보살도 수행은 육바라밀수행이다. 보시바라밀, 지계바라밀, 인욕바라밀, 정진바라밀, 선정바라밀, 반야바라밀, 이 육바라밀을 넓은 의미로 보면 보시바라밀이다. 재보시, 무외보시, 법보시로서 무주상보시(無住相布施)가 필수다. 살아 있는 사람들에게는 이렇게 육바라밀을 실천하면 된다.

그러나 중음[44]의 영가들에게 육바라밀을 실천할 수 있는 방법은 천도재(薦度齋) 등을 통해 배고픔의 고통에서 벗어나게 하고 불법을 전해서 해탈의 길로 안내하는 유일한 방법이다. 천도재가 육바라밀을 실천하는 무한 공덕이 된 셈이다.

그래서 가정에서 지내는 제사도 절에서 지내는 천도재도 단순하게 영가들에게 음식을 올리는 개념이 아니라 우리 모두가 성불하는 데 꼭 필요

---

44 중음: 사람이 죽은 뒤 새로운 몸을 받기 전까지 49일간의 영가 상태

한 육바라밀을 실천하는 수행이라는 확신과 함께 온 정성을 다해서 천도재(薦度齋)를 지내야 하겠다는 다짐을 해본다.

: 보살님 1에게

지금 가족 간 겪고 있는 혼란의 뿌리는 남편과의 문제에서부터 기인하는 것입니다. 남편과의 문제가 해결되면 시누이 문제도 어렵지 않게 될 것입니다.

문제의 본질에 대해 말하고 싶어도 항상 두 분이 함께 오시니까 말할 수 있는 것이 한계가 있었습니다. 한쪽이 약이 되면 한쪽은 독이 되는 경우가 있습니다. 한쪽이 피해자가 되면 한쪽이 가해자가 됩니다.

그러나 문제의 본질은 두 분 모두가 피해자이자 가해자입니다. 그런데 두 분은 각자 자신만이 피해자라고 착각하고 있기 때문에 끊임없이 갈등하고 있습니다.

그래서 이런 경우는 각자 따로 얘기할 수밖에 없습니다. 남편의 문제는 따로 그분에게 얘기하기로 하고 보살님 문제만 짚어 봅시다.

보살님의 젊은 날 긴 시간 동안 겪었던 궁핍의 고통은 당사자가 아니고는 누가 감히 헤아릴 수 있겠습니까? 자신의 무능으로 가족을 건사하지 못하고 처갓집 신세까지 져야 했던 남편의 마음은 얼마나 힘들었겠습니까?

두 분 다 떠올리기 싫은 과거일 것입니다. 보살님은 이제라도 보상받고 싶은 마음이 왜 없겠습니까? 그러나 현실은 편안하게 살 수 있는 조건이 됨에도 남편이 다른 사업에 손을 대서 실패를 거듭해서 또 다른 궁핍을 경험하게 되니 기가 막힐 일입니다.

이런 현실을 냉정하게 짚어 봅시다. 세상일이 자기의 생각대로 되는 일보다는 자기 생각대로 되지 않은 경우가 훨씬 많습니다. 이 모든 것에는 법칙이 있습니다. 원인에 의한 결과 인과(因果)의 법칙입니다. 최선을 다해도 안 되는 것은 그 이전에 분명 원인이 있고 지금 상황은 그 결과물인 것입니다. 그것은 자업자득의 법칙에 따라 그 결과물이 각자에게 복과 화로 나타나는 것입니다.

부부가 겪는 현실의 길흉화복은 두 사람의 복이 합해서 현실로 펼쳐진다고 봅니다. 그러나 각자의 지분을 나누기는 어렵습니다. 지금의 현상을 보고 잘잘못을 가리기도 어렵습니다. 그러나 지금 현상에 대한 원인은 추정해 볼 수 있습니다. 서로 당사자 간에 괴로운 일이 펼쳐질 때 자업자득이나 업(業)의 윤회라는 법칙이 적용됩니다. 괴로움의 강도가 큰 사람은 그 원인에 해당하는 업(業)이 그만큼 크고, 상대적으로 괴로움의 강도가 적은 사람은 그 업(業)도 그만큼 적다고 보는 것입니다.

보살님이 과거 겪었던 힘든 상황이나 현재 펼쳐지는 괴로움 중에서 남편과 보살님 두 사람 중 어느 분의 고통이 더 컸는지 살펴보고 판단하세요. 그리고 나에게 판단의 오류가 있다고 생각되면 진심으로 참회해야 합니다.

남편에 대한 원망은 그동안 여러 번 반복된 일이고 이번에 와서도 똑같은 상황이 펼쳐졌습니다. "남편은 긴 세월 동안 수입이 없어서 가족들 도움을 받거나 심지어 처갓집 도움을 받으며 생계를 유지했습니다."라는 애기를 제가 들은 것만 해도 여러 번입니다. 옛말에 '겉보리 서 말만 있어도 처가살이는 하지 마라.'는 애기가 있습니다. 남자들에게는 처갓집 도움을 받는 것이 그만큼 자존심 상하는 일이라는 애기가 속담처럼 전해져 내려온 것입니다.

아무리 그것이 사실이라 해도 처갓집 도움으로 살았다는 그 말은 하지 말아야 할 금기어라고 생각합니다. 매번 그 말을 듣고 있는 남편의 얼굴은 일그러지고 창백하게 굳어 가는 모습을 지켜보았습니다. 남편의 자존감에 비수를 꽂는 듯했습니다. 지금 펼쳐지는 이 모든 것들은 미래에 부메랑이 되어 돌아옵니다.

과거사 지난 일들은 우리 기억 속에만 남아 있을 뿐 실체는 없는 것입니다. 과거 괴로운 기억을 들추어내서 입에 담으면 그것은 과거의 일이 아니고 바로 지금, 현재의 일이 되는 것입니다.

언젠가 보살님의 시력이 점점 떨어지고 있는데 아마도 실명이 되어 장애인이 되면 남편이 나를 보살펴 주지 않을 것이라는 얘기를 한 적이 있습니다. 아마도 자신의 무의식에는 이런 현상이 그대로 투사되어 피해의식으로 남아 있는지도 모릅니다.

내가 힘들고 고통스러운 것은 나의 업(業)일 뿐입니다. 자업자득의 법칙은 불변의 진리입니다. 이 불변의 법칙으로 자신을 점검해 보세요. 그리고 판단의 오류가 있어 나 아닌 다른 사람을 원망하는 말이나 행동을 해서 힘들게 했다면 진심으로 참회해야 합니다.

참회 기도의 방법으로 권하고 싶은 것은 매일 108배와 함께 참회 하면서 최소한 21일을 해보고, 그래도 미진하면 100일 동안 참회 기도를 권합니다.

이대로 실천한다면 지금까지 살아오면서 했던 어떤 기도나 수행보다 월등히 나를 일깨우는 기회가 되리라 생각합니다. 그리고 긴 고통의 터널에서 벗어날 것입니다. 오늘 이 글이 보살님과의 인연에서 작은 조언이 됐으면 하는 바람으로 두서없이 적어 보았습니다.

: 보살님 2에게

20년 전 간화선(看話禪)을 수행할 때 일입니다. 설날 은사 스님께 세배하러 갔습니다. 절을 하기 위해서 합장하고 서 있는데 스님께서 이런 말씀을 하셨습니다. "절은 내가 나에게 하는 것입니다." 그때는 그 말이 와 닿지 않았습니다. 그동안 여러 수행을 체험하고 다녔지만, 그때 그 말씀에 모든 것이 있었습니다. 그것이 전부였다 해도 과언이 아닙니다.

금강경에서도 일체유위법이 나를 비추는 그림자(影)에 비유했습니다.[일체유위법(一切有爲法) 여몽환포영(如夢幻泡影)] 진리에 눈먼 중생들의 삶은 거울에 비치는 제 모습을 보고도 제 모습인지 모르고 짖어대는 강아지와 같은 오류를 범하는 것 같습니다.

절을 하든, 싸움하든, 사랑하든, 그 대상 모두가 내 마음이 투사된 또 다른 내 모습입니다. 누군가를 증오하는 것은 곧 나를 증오하는 것이고, 누군가를 사랑하는 것은 곧 나를 사랑하는 것입니다.

신심명(信心銘)에서도 단막증애(但莫憎愛)하면 통연명백(洞然明白)하다고 했습니다. 사랑하고 미워하는 증애심(憎愛心)만 멈추면 도(道)는 명백하게 드러난다고 합니다.

보살님이 가족과의 관계에서 늘 힘들어하는 것을 보면서 "대상은 없다.", 지금 내가 증오하는 대상은 "내 마음이 투사된 또 다른 내 모습이다."라는 말을 끊임없이 반복해 왔습니다.

물론 저 자신도 체득이 부족하고 온전치를 못해서 망각하고 오류를 범하기도 하지만 본질은 그렇습니다. 그래서 매 순간 이를 자각하려고 노력합니다. 본질에 대한 자각은 마음을 편하게 해 줍니다.

현재 우리가 범하고 있는 이런 상황의 오류를 공부의 소재로 삼는다면 나를 진리의 길로 인도하는 최고의 선물이 되리라 믿습니다. 괴로움은 도(道)에 드는 문(門)이라 생각합니다. 도반은 서로를 비추는 거울입니다. 함께할 수 있음에 감사합니다.

: 아미타불

阿彌陀佛在何方(아미타불재하방) 아미타부처님은 어느 곳에 계신가?
着得心頭切莫忘(착득심두절막망) 마음 마음 간절히 잊지 아니하고
念到念窮無念處(염도념궁무념처) 생각이 다하고 생각이 다하여 무념처에 도달하니
六門常放紫金光(육문상방자금광) 안, 이, 비, 설, 신, 의 육문에 항상 자금색 광명을 놓고 있네.

수정사 대웅전에 주련으로 걸려 있는 문구이다. 법신, 보신, 화신, 삼신일불인 아미타불 부처님을 찾기 위해 화두를 참구하기도 하고, 염불을 하기도 하고, 주력(呪力)[45]을 하기도 하고, 사경을 하기도 하는 등 수많은 수행을 하고 있다.

'이 뭣꼬?'를 들고 수많은 날을 헤매야 했고, 나무아미타불 염불로 수많은 세월을 보냈다. 무량광 무량수 아미타부처님은 어디에 계신가?

내 의식이 밖으로 향하면 안(眼) 즉 눈으로는 대상의 모양을 보고, 귀[耳] 즉 귀로는 대상의 소리를 듣고, 비(鼻) 즉 코로는 대상의 냄새를 맡고, 설(舌) 즉 혀로는 대상의 맛을 보고, 신(身) 즉 몸으로는 대상의 촉감을 느

---

45 주력(呪力): 특정한 문장이나 음절의 형태로 이루어진 언어의 초월적 힘을 믿고 그것을 외움으로써 업장을 소멸하고 여러 가지 장애로부터 벗어나거나, 궁극적으로는 깨달음에 이르고자 하는 수행 방법이다.

끼고, 의(意) 즉 의식으로 대상을 느끼다 보면 끊임없이 분별, 망상, 집착으로 괴로움을 만든다.

반면에 내 의식을 회광반조(回光返照)[46]하여 내면으로 향하면 안(眼)으로 봄을 통해서 보고 있는 나(자성)를 자각하고, 귀(耳)로 들음을 통해서 듣고 있는 나를 자각하고, 비(鼻)로 냄새 맡음을 통해서 맡고 있는 그 나를 자각하고, 설(舌)로 맛봄을 통해서 맛을 느끼는 나를 자각하고, 신(身)으로 몸의 촉감을 통해서 촉을 느끼는 나를 자각하고, 의(意)로 생각이 일어나고 사라짐을 아는 나를 자각하다 보면, 분별 망상 집착이 없는 고요하고 텅 빈 그 자리가 드러나고 생각이 다하면, 생각이 다한 무념처(無念處)에 이른다.

텅 비어 있으면서도 인연 따라 끊임없이 일어나고 사라지는 불수자성수연성(不守自性隨緣成) 진공묘유(眞空妙有)가 펼쳐진다. 이런 자각의 눈으로 보면 보이는 모든 대상은 나와 다른 별개의 대상이 아니고 내 마음이 투사된 또 다른 내 모습이라는 사실이 드러나니 나와 대상 둘이 아니다.

이런 자각 속에서 펼쳐진 세상은 하늘에 떠 있는 해가 분별없이 온 세상을 비추듯 있는 그대로 드러나고, 내가 세상을 보는 것이 아니고 세상이 있는 그대로 드러나고 보일 뿐이다.

자각의 눈으로 본 세상은 거대한 강물이 흘러가는 모습을 그냥 지켜보는 그런 느낌이다. 내가 무엇을 하는 것이 아니고 지켜만 보면 저절로, 저절로 그냥 되어진다는 느낌이 든다.

이렇게 비추어진 세상에는 아무런 문제가 없었다. 오직 나의 분별 식심

---

[46] 회광반조(回光返照): 빛을 돌이켜 거꾸로 비춘다. 자신을 반성해서 곧바로 자기 심성의 신령한 성품을 비쳐 보는 것을 말한다.

(識心)만이 문제였다. 분별 식심이 멈출 때 육문(안, 이, 비, 설, 신, 의)은 자각의 빛이 항상 해서 안과 밖이 하나가 되니 육문상방 자금광(六門常放 紫金光)이라 하는가 보다.

아미타불 재하방(阿彌陀佛 在何方), 아미타부처님은 어느 곳에 계신가?

: 신앙문과 수행문

사찰에 오는 불자들의 유형을 보면 다수의 기도 위주의 신앙생활을 하는 신도들과 수행에 마음을 두고 있는 소수의 불자들로 대별된다. 기도 위주의 신앙 활동은 대부분 나와 대상을 둔다. 대웅전이나 여러 전각을 돌면서 부처님께 기도한다. 부처님 가피를 기대하며 기도하는 경우가 대부분이다. 이런 경우 실제로 기대한 만큼 바람이 이루어지기도 한다.

그러나 수행은 어떤 대상에 의식을 두는 것이 아니고 자기 자신의 마음을 살피고 그 본질이 불생불멸의 자성불이라는 자각에 이르는 것을 목표로 한다. 참선, 염불선, 관법 등 다양한 수행법이 전해진다.

신앙문의 기도는 의식의 방향이 대상으로 향하고, 수행은 그와 반대로 의식의 방향이 대상이 아닌 자기 자신으로 향하는 것이니 상반된 수행법이라고 볼 수도 있다.

그러나 어느 수행법이든 궁극에는 나도 공하고[我空] 대상도 공해서[法空] 본질이 하나라는 불이법[不二法]에 도달하게 될 것이니 이를 구분하는 것은 의미가 없다. 각자의 경험이고 여정일 뿐이다. 그래서 어떤 기도나 수행법을 구분하고 폄하해서는 안 된다.

: 나는 '깨달음병' 환자였다

나는 2003년 간화선 수행을 시작한 이후로 염불선 수행, 자각 수행 등 깨달음을 찾아 사찰과 명상 단체를 전전해 왔다.

2017년 몸담았던 명상 단체를 탈퇴하고 나서 나는 더 이상 깨달음을 찾아 여기저기 기웃거리지 않겠다는 생각으로 작은 수행처 지금의 '다선당(茶禪堂)'을 마련하고 눌러앉은 지도 6년이 되었다.

인연 따라 스쳐 지나간 도반들도 있고, 지금도 왕래하는 소수의 도반이 있다. 회비도 없고, 스승도 없어서 특별하게 가르침을 펼치는 곳은 아니다. 그래서 누구나 오고 감이 자유롭다. 차 한 잔에 무거운 것은 내려놓고 가벼워져 쉬어 가는 곳이다. 나는 그것으로 자족하고 있었다.

그렇게 마음공부[47]로 보낸 세월이 20년이다. 나는 먹고살기 위해 세무사라는 직업이 있지만, 내 삶의 영순위는 항상 마음공부, 깨달음이었다. 새벽에 잠에서 깨어날 때 첫 생각이 그것이었고, 잠자리에 들 때 마지막 생각이 그것이었다. 항상 그런 간절함 속에 살아왔다.

그동안 특별한 영적 체험도 경험하고 가벼워졌다. 그 결과 삶 속에서 과거나 미래에 크게 걸리지 않고 죽음 또한 큰 문제가 되지 않다 보니 목전의 일에 집중하면서 살아왔던 것 같다.

그러나 항상 나의 공부가 무엇인가 확연하지 못하고 미진하고 부족하

---

[47] 마음공부: 정신적으로 수양을 쌓는 일.

다는 생각을 떨쳐 버릴 수 없어서 당당하지 못하고 깨달음이라는 말 앞에 주저해야 했다.

진리 앞에 겸손해야 한다는 자조적인 생각으로 포장되기도 하고, 나 나름 깨달음을 완성이 아닌 진행형이라 정의하기도 했다. 그래서 늘 깨달음에 대한 갈증에서 벗어날 수 없었던 것 같다.

최근 우연히 유튜브에 올라온 어느 거사의 법문을 듣고 나의 부족함을 보면서 당황스럽고 혼란스러웠다. 한 달가량을 법문을 듣는 데 혼신을 다했다. 밤잠을 설쳐 가면서 이 사람 저 사람 법문을 들었다.

오늘 새벽에도 유튜브에서 어느 젊은이의 법문을 들었다. 법문의 내용은 내가 다 체험하고 다 알고 있는 내용인데 왜 이렇게 잠을 설쳐가면서 이런 법문을 들어야 하나?

20년 세월을 헛되게 보낸 것 같아 분노가 치밀었다. 무엇이 그렇게 결핍되고 무엇이 그렇게 부족한가? 머리를 벽에 박으면서 '이 결핍감 이것이 무엇인가? 나는 이 정도밖에 안 되는가?' 절망감이 들었다.

잠시 적막의 시간이 흘렀다. 체험하고, 확인하고, 증득해서 이미 삶속에 묻어가는데 '아직 부족하다, 더 닦아야 한다.'라는 이 한 생각에 사로잡혀 헐떡이고 있는 내 모습이 처연하게 드러났다.

나는 20년 동안 밤낮으로 깨달음을 머리에 이고 살았던 '깨달음병' 환자였다는 생각이 들었다. 내 에고에 또 당하고 있었구나! 깨달음 이런 게 어디 있다고……. 피식 웃음이 나왔다.

어둠 속을 더듬어 아침 산행을 시작했다. 구름 사이로 보이는 반쪽의 달은 유난히 밝다. 흰 구름은 바람 따라 자유자재로 떠다니고, 반짝이던 별들은 구름 뒤로 숨는다. 깨달음을 내려놓으니 할 일이 없어진다.

: 아름다운 벚꽃을 보면서

한바탕 굵은 비가 지나고 나니 벚꽃 꽃망울이 터졌다. 막 피어나는 꽃망울은 풋풋하고 싱그럽기만 하다.

이렇게 며칠 지나면 절정에 이르다가 또 몇 날 지나면 시들해지면서 한 잎 한 잎 낙화되어 떨어질 것이다. 비바람에 내몰려 여정을 다하지 못하고 일찍 떨어져 뒹구는 놈도 있고, 청명하고 좋은 날 꽃비 되어 우아하게 춤을 추며 떨어지는 놈도 있다. 떨어지는 꽃잎들은 우아하게 떨어지기를 바라지도 않고, 일찍 떨어져 뒹군다고 괴로워하거나 슬퍼지도 않는다. 벚꽃들은 소리 없이 자연의 섭리를 따르면서 여정을 다한다.

사람이 태어나고 죽는 것은 벚꽃이 피고 지는 여정과 다를 바 없을 것인데 태어나면서부터 끊임없이 바라고 갈구하는 마음으로 산다. 바라는 대로 되지 않으면 성내고 괴로워하는 어리석음을 저지른다. 반면에 바라는 대로 이루어지면 교만해지기 일쑤고, 또 다른 바람을 만들어 괴로움을 자초하는 업의 윤회를 반복한다.

죽음은 벚꽃이 지는 것처럼 목전의 일인데도 남의 일처럼 생각한다. 그런가 하면 막연하게 죽음에 대한 공포나 두려움 속에 살기도 하고, 아름답고 편안한 죽음을 설계하고 계획하는 오류를 범하기도 한다.

벚꽃이 자연의 섭리를 따르듯 우리의 삶도 죽음도 인연의 흐름에 맡기고 다가오는 모든 것을 받아들이고 살다 보면 이번 생 지구촌의 여정이 아름답게 마무리되리라 생각해 본다.

: 맹구우목(盲龜遇木)

보살님!

얼마나 힘이 드세요? 최근 3년 동안 연달아 겪고 있는 어머니의 죽음, 남편의 죽음, 그리고 아들의 죽음으로 이어지는 기가 막힌 이 괴로움의 현실······.

아마도 보살님과 같은 고통을 겪고 있는 사람이 이 세상에 또 있을지 의심스럽습니다. 최근 3년 동안 겪고 있는 괴로운 시간들이 차라리 꿈이었으면 하는 생각을 해보지 않았습니까?

꿈이라면 툭 털고 깨어나면 그만일 텐데······. 지금 우리가 사는 이 현실은 괴로우나 즐거우나 모두 꿈과 같습니다. 낮에 눈 뜨고 꾸는 꿈입니다.

낮에 눈 뜨고 꾸는 꿈도 깨어나면 밤의 꿈처럼 꿈속의 일들은 기억 속에만 있을 뿐입니다. 우리는 꿈 깨는 이 일을 '깨달음'이라 합니다. 괴로움에서 벗어날 수 있는 유일한 길입니다. 이 말은 제 얘기가 아닙니다. 석가모니 부처님 말씀입니다. 그리고 부처님을 비롯한 역대 조사(祖師)[48]들이 검증한 방법입니다.

여생을 깨달음의 길, 해탈성불의 길, 이 길로 가 보지 않겠습니까? 죽음과 같은 고통의 시간인 지금의 이 현실이 꿈에서 깨어날 수 있는 기회인지 모릅니다. 맹구우목의 기회를 놓치지 마십시오.

---

48 조사(祖師): 한 종파를 세워서, 그 종지(宗旨)를 펼친 사람을 높여 이르는 말.

보살님은 아침에 눈을 뜨면 무슨 생각을 합니까? 즐거움도 괴로움도 모두 한 생각에서 시작됩니다. 가슴이 미어지는 고통도 이 한 생각에서 시작되고, 절절하고 애타는 그리움도 이 한 생각에서 시작됩니다.

모든 괴로움의 시발점인 이 한 생각은 어디에서 일어나고 어디로 사라질까요? 생각이 처음 일어나는 당처가 어디일까요? 한 생각이 일어나고 슬픔이 밀려오거든 마음을 돌이켜서 그 생각이 일어나는 당처를 알아차리고 끊임없이 살펴보세요.

: 어느 보살의 하소연

♣ 보살님이 보내온 카톡 글

거사님, 끝이 안 보이는 인생사! 뭐가 문제인지 모르겠지만 둥글둥글 살고 싶은데, 자꾸 뾰족뾰족 부딪치는 감정에 모든 것을 관세음보살님을 불러 보지만 심장이 아프네요.
그냥 편하게 살면 안 될까요? 허허, 웃으면서 살면 안 될까요? 둥글둥글 호박 같은 마음으로 건강하게 살면 안 될까요? 꼭 칼날을 세워야 수행자의 삶인가요? 긴 숨을 쉬면서 가슴에 빈 공간을 만들어 봅니다. 편하기 위해, 정말⋯⋯. 그냥 살고 싶어요. 항상 감사합니다.

♣ 보살님께 보낸 답글

보살님 글을 보면서 마음이 짠하면서도 미소가 지어집니다. 힘듦 속에도 여유가 있는 것 같아요. 긴 숨을 쉬면서 가슴에 빈 공간을 만드는 여유, 정말 멋져요.
인생사 둥글둥글 살고 싶은데 자꾸 뾰족뾰족 부딪치는 것은 상대의 문제이기도 하지만 나의 문제이기도 합니다. 뾰족하다는 것을 느끼는 것은 상대의 뾰족함과 나의 뾰족함이 충돌할 때 느끼는 것입니다.

뾰족뾰족한 얼음과 얼음이 충돌할 때 깨지고 요란합니다. 얼음과 물이 만나면 조용합니다. 얼음의 본질은 물입니다. 물은 얼음도 받아들이고 칼로 베어도 흔적도 없답니다. 모든 것을 받아들이니 충돌이 없답니다.

나에게 아집이 얼음 같은 존재입니다. 나의 아집을 내려놓고 모든 것을 허용하고, 포용하고, 수용하면 나는 물 같은 존재가 되는 것입니다. 무엇에도 걸리지 않는 대자유를 누리는 것입니다.

보살님! 모든 것을 수용하는 물과 같은 대자유인이 되고 싶지 않으세요? 날마다 좋은 날 보내시기 바랍니다.

: 자각(自覺)의 빛

　해뜨기 전 새벽 여명과 해가 질 때 저녁노을이 하늘을 가장 붉게 물들인다. 무색 바탕인 허공에 수채화를 그린 것처럼 붉게 물든 하늘을 보면서 무심히 보아 넘겼던 하늘의 실체가 분명하게 드러난다.
　해가 뜨고 해가 지는 것은 시각적으로 해의 모습이 생겨나고 사라지는 것처럼 보인다. 그러나 해는 생겨난 일도 없고 사라진 일도 없다. 지구가 자전하면서 그렇게 보였을 뿐이다. 이 사실을 모르는 옛사람들은 시각적인 착각을 진실로 믿는 오류를 범할 수밖에 없었을 것이다.
　해는 자체 발광하기 때문에 자신의 그림자가 없다. 해는 세상 만물을 차별(분별) 없이 비추고만 있다. 그러나 비추어진 모든 것들은 인연 따라 투명하고 밝게 빛나기도 하고 어두운 그림자로 드러나기도 한다. 명(明)과 암(暗)으로, 음(陰)과 양(陽)으로 나뉜다. 해와는 상관없이 일어나는 연기(緣起)의 작용이다. 이러한 일련의 과정이 우리의 마음 작용과 유사하다.
　우리의 마음, 자성(自性)은 해가 만물을 분별없이 비추듯 '자각의 빛'으로 비추어 보고, 비추어 듣고, 비추어 느끼는 앎의 작용이자 생명의 실상이다.
　우리가 보고, 듣고, 느끼는 대상을 분별하지 않으면 해가 만물을 비추듯 있는 그대로 드러나고 목전에 펼쳐지는 우리의 삶 전체가 진리 그 자체다.
　분별이 없는 그 자리에는 어떤 문제도 고뇌도 없다. 분별이 없는 이 자리를 우리는 공(空)이라 한다. 체험으로 증득된 지혜로만 알 수 있는 영역이다. 증지소지비여경(證智所知非餘境)⁴⁹이다.

우리 육신의 관점으로 보면 해가 뜨는 것이 태어남이요, 해가 지는 것이 죽음에 해당한다. 해가 뜨고 지는 모습을 보고 착각했던 옛사람들의 오류처럼 우리도 육신의 태어남과 사라짐을 생(生)과 사(死)로 규정하는 것은 옛사람들이 해의 모습을 보고 범하는 오류와 다를 바 없다. 육신의 모습은 나타나고 사라지지만 생명의 실상인 진여자성(眞如自性)은 태어남도 없고 죽음도 없다. 불생불멸(不生不滅)이다.

우리의 마음 자성(自性)은 만법이 일어나고 사라지는 바탕이자 근원이며, 과거 생(生) 모든 경험의 정보가 저장되어 있다가 인연 따라 나타나기도 하고 사라지기도 하는 진공묘유(眞空妙有)요, 불수자성수연성(不守自性隨緣成)이다.

지금 이 순간 목전에서 자각의 빛으로 비추어 보고 듣고 느끼는 알아차림이 펼쳐지는 진리의 세계, 번뇌가 끊어진 자리요, 자유와 감사가 충만한 자리다.

오늘도 이 자각(自覺)의 자리에 머물면서 불러 본다. 법신(法身), 보신(報身), 화신(化身) 삼신 일불(三身一佛) 아미타불(阿彌陀佛)!

---

49 증지소지비여경(證智所知非餘境): 깨친 지혜로 알 일일 뿐 다른 경계로 알 수 없다는 말이다.

: 주인공

우리 삶을 한 편의 영화에 비교해 보자. 영화의 구성 요소를 보면 시나리오를 쓴 작가와 감독 그리고 배우로 구성되어 있고, 배우는 1인의 주연(주인공)과 다수의 조연으로 구성되어 있다.

나의 삶이란 한 편의 영화는 내가 작가이자 내가 감독이고 내가 주연배우다. 그래서 시나리오도, 세트장도, 각색도, 연기도 모두 나를 위해서 만들어지고 나에 의해서 만들어진 것이다. 나 외의 모든 사람은 조연배우에 불과하다.

내 삶이란 영화 속에 등장한 수많은 사람 중 위대한 성자도, 최고의 권력가도, 최고의 재벌도, 모두 나라는 주인공에 따르는 조연에 불과하다. 나의 배우자도, 부모도, 자식도, 모두 '나라는 주인공에 따르는 조연에 불과하다. 이렇게 절대적인 지위에 있는 나라는 주인공이 사람과의 관계에서 상처받고 힘들거나, 부부관계가 원만하지 못해서 파경을 맞는다든지, 부모 형제간에 등을 지고 남들보다 더 못하게 사는 경우가 비일비재하다.

그런가 하면 많은 사람이 자기 욕망[50]을 채우지 못해 끊임없이 바라고 구하는 마음에 사로잡혀 분노와 스트레스로 자기 자신을 학대하고 괴롭히는 우(愚)를 범하고 산다.

이 모든 경우는 자신이 주인공이라는 사실을 망각하고 주연이 아닌 조

---

[50] 자기 욕망: 오욕. 재물욕, 색욕, 식욕, 명예욕, 수면욕을 말한다.

연의 자리를 자처하는 꼴이 되고, 주인으로서 삶을 포기하고 노예의 삶을 자처한 꼴이 된다. 주인공의 자리에 내가 아닌 어떤 대상을 그 자리에 둔다면 나는 그 대상의 노예가 되는 삶을 살게 된다.

재물의 노예가 되기도 하고, 성욕의 노예가 되기도 하고, 명예의 노예가 되기도 하고, 심지어 잘못된 믿음에 머물면 종교의 노예가 되기도 한다.

노예로서의 삶이 아닌, 주인으로서 삶을 살려면 우리는 항상 주인공의 자리에서 깨어 있어야 한다. '수처작주 입처개진(隨處作主立處皆眞)'이다. 어느 때 어느 곳에서나 항상 내가 주인공이고, 모든 것의 주체가 바로 나라는 진실이 바로 참다운 진리의 세계다.

: 나에게 귀의합니다

미래의 행복은 내가 지어서 내가 누리는 자작자수(自作自受)이고, 미래의 불행은 자신의 밧줄로 자기를 묶는 자승자박(自繩自縛)이다. 현재 일어나고 있는 모든 것들은 과거에 원인이 되어 지금 나타나는 자업자득(自業自得)의 결과물이다.

어느 것 하나 나 외에서 일어난 일이 없다. 모두 나에 의해서 인연 따라 일어나고, 인연 따라 사라지니 우리의 삶이란 결국 업(業)의 윤회에 불과하다.

내 삶 자체가 업(業)의 윤회라면 내 과거의 삶은 내 의지와는 상관없는 업(業)의 작용에 불과하고, 모든 삶이 자업자득(自業自得)이니 허공과 같은 마음으로 받아들여야 한다. 자수용신(自受用身)이다.

미래의 원인이자 미래의 씨앗이 될 지금, 이 순간 나의 행위·사고에 대한 선택은 자유의지이다. 찰나[51] 깨어 있는 각성으로 비추어 업(業)의 윤회를 끊는 선택을 해야 한다.

이 모든 연기(緣起)의 작용이 일어나고 사라지는 바탕에는 생명의 근원인 자성불(自性佛)이 있다. 불생불멸(不生不滅)이요, 진공묘유(眞空妙有)다.

윤회의 세계가 색(色)의 세계라면, 성품의 세계는 공(空)의 세계지만 색즉시공(色卽是空) 색이 곧 공이요, 공즉시색(空卽是色) 공이 곧 색이다. 색

---

[51] 찰나: 매우 짧은 시간. 탄지경(彈指頃)보다는 짧은 시간이나, 염(念)·탄지 따위와의 관계는 해석에 따라 다르다.

(色)과 공(空)이 둘이 아닌 불이법(不二法)이다. 『금강경』의 한 구절이다.

  일체유위법 여몽환포영(一切有爲法 如夢幻泡影)
  여로역여전 응작여시관(如露亦如電 應作如是觀)

  몽(夢)! 우리 삶에서 과거사(過去事)는 꿈과 같은 것이다. 밤에 꾸는 꿈처럼 기억 속에는 있는데 실체는 없다.
  환(幻)! 우리 삶에서 미래사(未來事)는 환영과 같은 것이다. 미래는 아직 일어나지 않는 상상 속의 일이니 환영이다.
  포(泡)! 우리 삶에서 접촉에 의한 느낌은 물거품 같은 것이다. 감수(感受), 느낌은 물거품처럼 찰나에 일어나고 사라진다.
  영(影)! 우리의 삶에서 대하는 모든 대상은 내 마음의 그림자다. 우리가 대하는 모든 대상은 실체가 아니고 내 마음이 투사되어 나타나는 그림자에 불과한 것이니 집착할 것이 없다.
  노(露)! '나'라고 생각하는 육신은 풀잎의 이슬과 같다. 나의 육신은 영원할 것 같지만 항상 변하고 있고 풀잎에 이슬처럼 허무하게 사라질 것이니 집착할 것이 없다.(諸行無常, 諸法無我)
  전(電)! 유일한 진실이라고 생각하는 지금도 번개처럼 지나간다. 과거는 지나가고 미래는 아직 오지 않아서 실체가 없으니 오로지 지금, 이 순간만이 유일한 진실이라 한다. 하지만 지금, 이 순간도 인식과 동시에 번개처럼 번쩍하고 지나가 과거가 되는 것이니 머무는 바 없이 마음을 내야 한다.(應無所住 以生其心)
  우리의 삶은 자업자득(自業自得), 자작자수(自作自受), 자승자박(自繩自縛)

이 한바탕의 꿈과 같은 업(業)의 윤회다. 그러니 모든 것을 다 내려놓고 받아들여 쉬어져야 한다. 그리고 나의 본질이자 생명의 근원인 불생불멸(不生不滅), 자성불(自性佛)에 귀의해서 안심입명(安心立命)해야 한다.

: 여여(如如)한 마음

여여(如如)한 마음은 흔들림 없는 부동(不動)의 마음, 부족함이나 아쉬움이 없는 마음, 노력하지 않아도 편안하게 쉬어지는 마음, 번뇌가 사라지고 마음의 본바탕이 드러난 마음, 불생불멸, 불구부정, 부증불감, 육불공상(六不空相)인 마음이다.

내 몸을 나라고 생각하는 사람, 내 생각·감정을 나라고 생각하는 사람은 끊임없이 분별하고 집착해서 취사심(取捨心)을 내니 여여(如如)한 마음에 머물 수 없다.

삼세에 걸쳐 내 일상에서 일어난 모든 일은 색(色), 수(受), 상(想), 행(行), 식(識) 오온의 작용이자 과거에 원인 지어진 업식(業識)의 결과물이다. 자업자득(自業自得), 자작자수(自作自受), 자승자박(自繩自縛)의 결과물이다.

내가 지금까지 살아오면서 겪었던 모든 일들, 지금 이 순간 일어나고 있는 모든 일들, 미래에 일어날 모든 일도 이와 다를 바 없는 업(業)의 윤회에 불과한 것들이다.

내가 그렇게 살고 있는 것이 아니고, 내 업(業)이 그렇게 흘러간 것이다. 과거에 원인 지어 지금 결과물로 나타나는 일들을 지금 내 생각으로 분별하고 호불호(好不好)를 따져서 자신을 괴롭히는 어리석은 짓은 하지 말아야 한다.

다만, 지금 이 순간 내가 선택할 수 있는 것은 미래 결과물의 원인이 될 현재의 행위들을 잘 살펴서 지혜롭게 행(行)하는 것이다. 나에게 일어나는 모든 일은 자업자득의 산물이니 저항하지 말고 무조건 전부를 받아들여야 한다. 모든 것을 받아들이면 여여(如如)한 마음이 된다. 자수용신(自受用身), 법신불(法身佛)이 된다. 이 길이 성불의 길이다.

지금 내 마음의 현주소는 어떠한가? 내 마음은 여여(如如)한가? 내 마음은 쉬어지는가?

: 정토(淨土)

슬퍼도 너무 슬프면
오히려 슬픈지 모른다.

아파도 너무 아프면
오히려 아픈지 모른다.

괴로워도 너무 괴로우면
오히려 괴로운지 모른다.

왜냐하면
그것 너머에는
그것이 없기 때문이다.

우리는
그것 너머를
정토(淨土)라 한다.
아미타불 부처님이 계시는…….

: 의식의 그릇

사람에게는 누구나 의식의 그릇이 있다.
그 의식의 그릇은 각자 자기가 만들어 간다.
의식의 그릇은 수용(受用)의 그릇이다.

나를 괴롭히는 사람을
응징하는 것은 하(下)요,
참는 것은 중(中)이요,
용서하는 것은 상(上)이다.

그 괴로움이 대상 때문이 아니고
나의 바람이 만든 착각임을 자각하고
괴로움으로부터 자유로워진 사람을
우리는 깨달은 각자(覺者)라 부른다.

우리 마음에는 중생과 부처가 함께하듯
위 네 가지 마음이 다 있다.

무엇을 선택할 것인지는
나의 자유의지다.

: 무(無)는 유(有)의 어머니다

유(有)는
이름(名)이 있고, 모양(相)이 있다.
눈으로 보여지고,
귀로 들려지고,
코로 냄새 맡아지고,
혀로 맛보아지고,
몸의 접촉으로 느껴지고,
생각으로 그려지는 모든 대상이다.

유(有)는
태어남(生)이 있고,
머뭄(住)이 있고,
소멸(滅)이 있다.
항상(恒常)하는 것은 없다.
제행무상(諸行無常)이다.

유(有)는
고유한 독자성이 없고, 인연의 화합물인 연기(緣起)적인 존재다.
물결처럼 인연 따라 잠시 일어났다가 사라지는 허망한 것들이다.

범소유상 개시허망(凡所有相 皆是虛妄)이다.
그래서 집착하지 말아야 한다.

무(無)는
이름도 없고, 모양도 없다.
무명무상(無名無相)이다.
태어남도 없고, 사라짐도 없다. 불생불멸(不生不滅)이다.
모든 유(有)가 무(無)에서 나오니 전지전능(全知全能)이다.

무(無)는
사유(思惟)로는 알 수 없다.
단지 알 수 없다는 사실을 아는 것이 아는 것이다.
오로지 깨달아 증득된 지혜로만 알 수 있을 뿐,
달리 알 방법이 없다.

유(有)와 무(無)는 둘이 아니다.
유는 무의 또 다른 이름이고, 무는 유의 또 다른 이름이니
유즉시무(有卽是無)요, 무즉시유(無卽是有)다.
색즉시공(色卽是空), 공즉시색(空卽是色)이다.

그래서 유(有)에도 머물지 말고, 무(無)에도 머물지 말고
머무는 바 없이 마음을 내어 대자유를 누리기 바란다.
응무소주 이생기심(應無所住 以生期心)이다.

유(有)를 유(有)인 줄 알고,

무(無)를 무(無)인 줄 아는

나는 누구인가?

약견제상비상 즉견여래(若見諸相非相卽見如來)[52]

---

[52] 약견제상비상 즉견여래(若見諸相非相卽見如來): 『금강경(金剛經)』의 한 구절이다. 만약 모양이 모양이 아님을 본다면, 곧 여래를 볼 것이라는 의미이다.

: 내가 가야 할 길

금강경 사구게 중 한 구절이다.

일체유위법 여몽환포영(一切有爲法 如夢幻泡影)
여로역여전 응작어시관(如露亦如電 應作如是觀)

내 삶에서 일어나는 모든 현상을 일체유위법(一切有爲法)이라 하고, 이를 몽(夢), 환(幻), 포(泡), 영(影), 노(露), 전(電)에 비유했다. 우리의 삶을 꿈과 같고, 환상과 같고, 물거품과 같고, 그림자와 같고, 이슬과 같고, 번개와 같으니, 응당히 그렇게 보라 하였다.

몽(夢)! 지난 과거는 꿈과 같은 것이다. 꿈속에서는 모든 현상이 현실과 똑같이 생생하게 나타나지만 꿈을 깨고 나면 꿈속의 일들은 우리의 기억 속에만 있을 뿐 내 삶에 영향을 미치지 않는다. 꿈은 말 그대로 우리 의식이 만든 실체가 없는 꿈일 뿐이다.

우리의 삶 속에서 과거는 꿈처럼 우리의 기억 속에만 존재하고 있는데 우리의 의식이 과거의 기억을 소환해서 현재화하면서 실체가 없는 것을 실체가 있는 것처럼 착각하게 만들고 수많은 오류를 범하게 된다. 그 오류가 수많은 생각과 문제를 만들어 내고 그것들이 번뇌가 된다.

환(幻)! 오지도 않은 미래는 상상 속의 환영(幻影)이다. 그렇게 과거를 소환해서 만들어진 생각들이 상상력을 동원해서 오지도 않은 미래를 불러오고 그로부터 수많은 두려움과 망상들을 양산하면서 우리의 삶은 온통 고(苦)와 락(樂)을 넘나드는 번뇌에서 벗어나지 못하게 된다.

우리에게 일어나는 모든 생각들은 대상이 없이는 일어날 수 없다. 생각을 유발하는 대부분의 대상은 과거나 미래를 소환하면서 오는 대상들이지 지금, 이 순간 목전(目前)에는 그런 대상이 거의 없다. 그래서 과거를 돌아보지 않고 미래를 불러오지 않으면 생각이 단순해지고 현재의 삶에 저절로 집중하게 되고 마음은 고요하고 편안해진다.

포(泡)! 육근(안, 이, 비, 설, 신, 의)으로 인식하는 느낌[수(受)]은 물거품[포(泡)]과 같은 것이다. 업(業)의 윤회에 해당하는 12연기를 살펴보면 무명(無明), 행(行), 식(識), 명색(名色), 육처(六處), 촉(觸), 수(受), 애(愛), 취(取), 유(有), 생(生), 노사(老死)로 이어진다.

대상을 감각기관으로 접촉(觸)하고 느낌이 오면서 업(業)의 윤회가 시작된다. 느낌[수(受)]이 오는 순간 이를 분별하고 갈애[애(愛)]하는 마음, 구하고 바라는 마음이 생기면서 좋은 것은 취(取)하고 나쁜 것은 버리려는 취사심(取捨心)을 일으켜 말이나 행동으로 옮기게 된다. 그렇게 업(業)으로 남으면서[유(有)] 같은 일이 일어나고 사라짐[생(生)·노사(老死)]이 반복되는 것이 어두움(無明)이다. 이 느낌[수(受)]은 물거품[포(泡)]처럼 찰나지간에 일어나고 사라져서 허망하기 짝이 없는 것이니 느낌에 머물러 분별하지 말아야 한다.

영(影)! 모든 대상은 마음의 그림자[영(影)]에 불과하다. 우리가 인식하는 모든 대상은 우리 마음이 투사되어 만들어진 마음의 그림자[영(影)]에 불과한 것이다. 어떤 대상과 접촉하게 되면 우리 의식에 저장된 과거 경험의 정보로 분별하고 상(相)을 만들어 인식하게 되니, 우리가 인식하는 모든 것들은 결국 내 마음의 분별상을 볼 뿐이다.

내가 이 세상에 태어나 지금까지 보았던 모든 것들은 결국 내 마음이 만든 상들만 보았을 뿐, 내 마음 아닌 것을 본 일은 없다. 그래서 일체유위법이 일어나고 사라짐을 일체유심조(一切有心造)라 한다.

노(露)! 우리의 삶은 풀잎에 맺힌 이슬[로(露)]처럼 잠시 왔다가 사라지는 허무하기 짝이 없는 것이니 어디에도 집착하지 말아야 한다.

전(電)! 유일한 실체라고 생각하는 지금, 이 순간도 번개[전(電)]처럼 지나가니 만들어진 모든 상(相)은 허망한 것이다. 그래서 머무는 바 없이 마음을 내야 한다. 응무소주 이생기심(應無所住 以生其心).

우리의 삶은 실체가 없는 과거를 돌아보지 않고, 아직 오지 않은 미래를 소환해서 두려움, 망상을 만들지 않으면 저절로 목전(目前)의 일에 집중하게 되고 마음은 고요해지면서 번뇌로부터 자유로워진다.

이 일을 쉼 없이 정진하는 것이 내가 가야 할 길이고 성불(成佛)의 길이 아닌가 생각해 본다.

: 알아차림의 자각

우리는 왜 수행할까? 무엇을 얻고자 수행할까? 무슨 체험을 위해 수행할까?

긴 세월 수행을 해왔다면 지금쯤 자기 자신에게 근원적인 질문을 던져볼 때이다. 수행 과정에서 경험하는 수많은 경계는 지금 나에게 무슨 의미가 있는지 되돌아보아야 한다.

내가 사라지기도 하고 다른 의식의 세계를 경험하는가 하면 전생과 내생을 동시에 경험했던 수많은 경계 체험은 지금의 나에게는 아련한 기억 속에만 있을 뿐 별다른 의미가 없다. 지금의 나를 있게 한 과정에 불과하다.

수행 과정에서 늘 생겨나고 사라지기를 반복하는 현상적 체험들은 파도의 물결처럼 생멸(生滅)을 반복하는 것이니 그 자체가 진리일 수 없다.

이 과정에서 유일하게 항상 하면서 변하지 않는 것이 있다. 내가 사라질 때 내가 사라지는 줄 알고, 내가 다른 의식에 들어갈 때 내가 거기에 들어가는 줄 알며, 내가 전생(前生)을 경험할 때 전생인 줄 알고, 내생(來生)을 경험할 때는 내가 내생을 경험하고 있다는 사실을 찰나 찰나 알아차리는 이 앎의 의식은 항상 있었다.

칠흑 같은 어두운 암흑에 갇혀 몸이 화석같이 굳고 한 생각도 일으킬 수 없을 때도 갇힐 때는 갇힌 줄 알고, 벗어날 때는 벗어나는 줄 아는 이 앎의 의식은 일어나고 사라지는 그 바탕에 항상 있었다.

안이비설신의(眼耳鼻舌身意) 6근의 작용을 늘 비추어 아는 이 앎의 의식은 내 의지와 상관없이 항상 함께해 왔다. 이 앎의 의식은 태어남도 없고 사라짐도 없으며, 더러움도 없고 깨끗함도 없으며, 늘어남도 없고 줄어듦도 없어서 헤아려 알고자 해도 알 수 없는 것이다. 오로지 있음(현존할) 뿐이다.

수행자들 대부분은 일어나고 사라지는 현상, 경계 체험에만 관심이 있지 항상 변함없는 바탕 의식인 이 앎의 의식은 간과하기 일쑤다. 자나 깨나 늘 함께하면서 분별없이 비추어 알아차리는 불생불멸(不生不滅)의 성품(性品)은 내 의지와 상관없이 항상 드러나 있어서 얻고자 해도 얻을 수 없고, 알고자 해도 알 수 없으니 굳이 해야 할 일이 없어지고 아무 일 없는 그곳에 고요한 쉬어짐이 다가온다.

일어나고 사라지는 현상을 알아차리고 있는 이 앎이라는 순수의식에 마음을 두고 있는 것이 알아차림에 대한 알아차림이요, 진정한 자성관(自性觀)수행이 아닌가 생각해 본다.

: 승학산 정상에 나투신 관세음보살님

추석 연휴 마지막 날이 2024년 9월 18일 수요일이다. 평소와 다름없이 승학산 새벽 산행을 했다. 추울 때나 더울 때나 이렇게 새벽 산행한 지 30년이 넘었다. 여름에 비하면 해가 짧아져서 어둠 속을 더듬어 산에 오르고 억새밭 능선을 거쳐 정상에 오를 즈음 동녘에서 여명이 밝아 오고 있었다.

승학산은 해발 497미터로 남쪽으로는 다대포 앞바다에서 멀리 대마도까지 보이고, 서쪽으로는 김해평야가 한눈에 들어온다. 북쪽으로는 백두대간 줄기인 금정산, 백양산 등 크고 작은 산줄기가 맥을 이어온다.

동이 틀 무렵 승학산 정상 서쪽에 안개가 피어오르면서 안개 속에 오색찬란한 원형 무지개가 뜨고 무지개 속에 사람 모습의 형상이 나타났다. 생전 처음 보는 희귀한 현상에 관세음보살님이 나투셨는지, 천사가 나났는지 별별 상상을 다 했다. 사진을 찍어보니 휴대폰 카메라에 육안으로 본 모습 그대로 찍혔다.

사진에 찍힌 것을 보니 의식의 변성에서 오는 환영이 아니고 분명 물질로 된 대상이 명백한데 저 현상의 실체가 무엇인지 궁금했다. 장소를 좌우로 옮겨 가면서 사진을 찍는 과정에서 원형 광명 속의 사람 모습이 내 그림자라는 사실을 발견하게 되었다. 동쪽에서 해가 뜨면서 나를 비추고 내 그림자가 서쪽 허공 안개에 영상으로 나타난 것이다. 안개의 수분이 스크린 역할을 하면서 허공에 내 그림자가 나타났다는 사실을 간파할 수 있었다.

그런데 내 그림자 주변을 감싸고 있는 오색 광명은 고정된 무지개는 아니었다. 내가 장소를 이리저리 옮겨 다녀도 항상 내 그림자를 감싸고 있었다. 내 그림자를 감싸고 있는 그 오색 광명은 내 그림자와 함께 내 아우라가 비춰진 것이 아닌가 생각해 보았다. 하여간 그 광명은 알 수 없는 현상이다.

내가 본 이 현상은 관세음보살님도 아니고 천사도 아닌 것은 분명했다. 알고 보니 이미 이런 사례가 있었다. 부로켄 현상이다. 부로켄 현상은 사물의 뒤에서 비치는 태양

광이 구름이나 안개에 비치면서 보는 사람의 그림자 주변에 무지개 같은 빛의 띠가 둘러져 있는 것처럼 보이는 기상 광학 현상이다.

이 현상은 독일 하르츠산맥 꼭대기에 있는 '브로켄산'에 오른 등반가들이 처음 관측하면서 이름이 붙여졌다. 2023년 8월 우리나라 한라산 백록담에서도 촬영된 사실이 있고, 지리산 천왕봉에서도 촬영된 사실이 있다.

이런 현상은 흔하지 않은 현상으로 행운의 징표로 여긴다고 한다.

  승학산은 나의 수행처이고 도장이자 놀이터이며 건강을 지켜주는 생명의 원천이라 해도 과언이 아니다. 이번에 경험한 귀한 체험은 30년 넘게 승학산을 사랑해 온 대가(代價)로 받은 귀한 선물이 아닌가 생각해 본다.

: 수용(受用)의 그릇

사람과의 관계에서 지극히
이기적이고 속 좁은 사람들을
일컬어서 하는 말이 속이
밴댕이 속과 같다 하기도 하고,
속이 간장 종지보다 더 작다고도 한다.

이런 사람들은 사람과의
관계에서 끝없이 부딪치고
갈등하면서 나도 힘들고
남도 힘들게 한다.

그 바탕에는 항상 내 생각이
옳다는 강한 아집이 도사리고
있지만 정작 자기 자신은 그것을
알지 못한다.

사람들과 관계에 있어 갈등이
생길 때 그 원인을 무조건 상대
탓으로 돌리지 말고 그 원인이

나에게 있지 않은지 살펴야 한다.

내 생각이 옳다는 아집을
내려놓고 서로의 생각이 다름을
인정하면서 수용하는 의식의
그릇을 키워가는 것이 수행이다.

의식의 그릇이 커지다가
종국에 자아(自我)라는
의식의 그릇이 사라지면서
모든 것을 수용하고 받아들이는
자수용신(自受用身),
무아(無我)를 증득할 때
우리는 어디에도 걸림이
없는 대자유에 이른다.

우리 모두가 염원하는
해탈의 길이다.

: 세상에서 가장 귀한 사람

　나는 지금까지 살아오면서 집사람으로부터 극진한 대접을 받고 살아온 것 같다. 그러나 나는 이를 당연하게 생각하고 귀한 대접을 받았다는 사실은 까맣게 모르고 있었다. 오히려 내가 잘해준 것만 문득문득 떠올리고 있었으니 한심하고 부끄럽기 짝이 없다.

　지금부터라도 나의 오류를 바로잡고 집사람을 세상에서 가장 귀하게 대접하면서 살아야겠다. 아마도 세상 많은 부부가 나와 같은 오류를 범하면서 살고 있지 않을까 생각해 본다.

　나의 오류를 바로잡으면 우리 모두가 귀한 존재라는 깨달음을 경험하게 된다.

: 자성관(自性觀)

학도상어자성관(學道常於自性觀)
즉여제불동일류(卽與諸佛同一類)
도를 배우려거든 항상 자성관(自性觀)을 해라
그러면 곧 부처와 한 무리가 되리라.
육조단경의 가르침이다.

염기즉각(念起卽覺)
각지즉실(覺之卽失)
생각이 일어나면 곧 알아차려라.
알아차리면 곧 사라진다.
생각이 사라진 자리에 자성이 드러난다.
원각경(圓覺經)에 나오는 글귀이다.

단지불회 시즉견성(但知不會 是卽見性)
다만 알 수 없다는 것을 알면 바로 견성(見性)이다.
보조 지눌스님 수심결(修心訣)에 나온 깨달음 얘기다.
있는 그대로 알아차리는 것이다.
알아차림이 드러나면 있는 그대로 또 알아차리게 되니
알아차림에 대한 알아차림이란 궁색한 표현을 한다.

파사현정(破邪顯正)

삿된(망상) 것을 깨버리면 바른 것이 그대로 드러난다.

우리 모두는 자기 의지와 상관없이 항상 알아차리고 있다.
다만 생각에 가려 이를 놓치고 있는 것이다.
생각이 멈추면 저절로 드러나게 된다.
이마저도 내가 보는 것이 아니고 보여지는 것이니
내가 할 것이 아무것도 없다.

자성관(自性觀)을 어떻게 할지?
어떻게 하면 깨달을지?
정해진 방법이 없다.
다만 찾고 구해서는 답이 없다.

찾고 구하고 있는 그 놈을 알아차림 즉
회광반조(回光反照) 하는 것이다.
그리고 시절인연[53]을 기다리는 것이다.

---

[53] 시절인연: 불교에서 모든 사물의 현상은 시기가 되어야 일어난다는 의미를 갖고 있다. 명나라 말기의 승려 운서주굉(雲棲株宏: 1535~1615)이 조사 법어를 모아 편찬한 『선관책진(禪關策進)』에서 유래되었다.

: 밤에 꾸는 꿈과 낮에 꾸는 꿈

우리는 밤에 잠을 자면서 꿈을 꾼다. 꿈속에서 현실과 똑같은 수많은 모습의 내가 있다. 그런 다양한 꿈을 꾸고 있는 꿈속의 나는 가짜다. 내 의식이 만들어낸 환영에 불과하다. 침대 위에 누워서 잠자고 있는 내가 진짜 나다. 꿈을 꾸고 있는 동안에는 침대 위에서 잠자고 있는 내가 있다는 사실은 알 수가 없다. 꿈에서 깨어날 때 비로소 침대 위에 누워 있는 내가 있다는 사실을 알게 된다. 그제야 그 내가 진짜인 줄 안다. 이것이 우리가 밤에 꾸는 꿈이다.

불교 경전 『금강경(金剛經)』에는 우리의 일상을 밤에 꾸는 꿈과 같다고 했다. 달리 말하면 우리 일상이 낮에 꾸는 꿈이라는 얘기다. 금강경 사구게(四句偈) 중 한 구절이다.

'一切有爲法 如夢幻泡影(일체유위법 여몽환포영)
如露亦如電 應作如是觀(여로역여전 응작여시관)'

우리 일상의 모든 것들이 꿈이요, 환상이요, 물거품이요, 마음의 그림자에 불과하며 풀잎에 이슬과 같고 번개와 같다.

우리가 현실이라고 인식하는 순간 찰나지간에 과거가 된다. 우리 일상에서 과거는 밤에 꾸는 꿈의 속성과 너무나 유사하다. 우리가 경험하는 과거는 밤에 꾸는 꿈의 속성처럼 실체가 없고 우리의 기억 속에만 있다.

아직 오지 않은 미래의 일들은 우리 마음이 만들어낸 환영에 불과하고, 우리가 지금 인식하고 있는 이 현실도 실체가 아니고 내 마음이 투사된 마음의 그림자에 불과하다. 우리가 접촉으로 느끼는 감수 작용도 물거품처럼 삼시 일어나고 사라신다. 유일한 신실이라 밑고 있는 시금 이 눈산도 풀잎의 이슬처럼, 번개처럼 찰나지간에 사라져 과거에 매몰되니 어느 것 하나 실체라 할 것이 없다.

 밤에 꾸는 꿈속에서 나타나는 나라는 존재는 내 의식이 만들어낸 환영과 같은 가짜다. 꿈을 꾸고 있을 때는 침대에서 잠자는 진짜 내가 있다는 사실은 꿈에도 모른다. 꿈에서 깨어날 때 비로소 그 진실을 알게 된다.

 지금 이 현실이라는 낮에 꾸는 꿈에서 나라고 인식되는 내 몸, 내 생각, 내 느낌 등은 밤에 꾸는 꿈에서처럼 가짜다. 따라서 지금 이 현실의 꿈에서 깨어나지 않고는 진짜 나를 알 수 없는 것이다. 나는 누구인가?

 우리 모두 꿈에서 깨는 일에 매진할 때가 아닌가 생각해 본다.

제4장

간화선 체험

: 간화선 체험

내가 처음 접했던 수행은 2003년 간화선 수행이었다. 스님들이 몇십 년씩 들고 있는 화두참구와는 다른 가장 단순하면서 엄청난 폭발력을 가진 활구 참선이다. 상당수가 일주일이면 되지만 스승이 함께해야 가능하다. 간화선의 기본서인 선요(禪要)[54]에서 고봉 원묘 스님도 돈오체험을 할 수 있는 기간을 7일이면 충분하다고 하였다.

체험의 강도도 사람마다 다 다르겠지만 내 경우는 조금 특별했던 경우이다. 돌이켜 생각해 보면 화두참구를 통해 에고의 임계점을 넘는 경험은 모두 고도의 집중력을 발휘할 때 체험할 수 있었다. 공직에 근무할 때 자격사 시험을 준비하느라 7년 동안 건강도 최악이고 스트레스로 인해 정신도 피폐해 있었다. 그래서 그해 여름 일주일간 휴가를 내서 부산 ○○ 선원에서 하는 '간화선 수행' 프로그램에 합류했다.

첫날, 화두를 받은 후 지도하는 스님의 채찍 같은 법문을 시작으로 화두참구에 들어갔다. 우리 몸의 한 부분의 움직임에 집중하는 것이다. 이것을 움직이는 놈이 누굴까? 마음이 움직이는 것도 아니고, 몸이 움직이는 것도 아니다. 누가 움직이는 것일까? 이것을 참구하는 데 온몸을 던지는 것이다.

---

[54] 선요(禪要): 고봉화상선요(高峰和尙禪要)를 말한다. 조선 후기, 남송과 원나라 초의 임제종(臨濟宗) 선승(禪僧) 고봉 원묘(高峯原妙, 1238~1295)의 어록에서 발췌한 책이다. 이 책은 화두(話頭)를 참구하는 간화선(看話禪) 수행을 위한 지침서로서 조선시대에 큰 영향을 미쳤다.

내 경우 6일이 걸렸지만, 그동안 참기 힘든 경계가 왔다. 가부좌하고 있는데 졸음이 오기 시작했다. 그런데 이 졸음은 상상을 초월한 졸음이었다. 전날 충분히 쉬고 숙면했는데도 왜 그럴까? 이해가 되지 않았다. 아무리 정신을 차리려고 해도 세 번의 호흡을 넘기지 못하고 꾸벅꾸벅 졸음이 쏟아졌다. 첫날은 하루 종일 그러했다.

훗날 알게 된 사실이지만 이것이 '수마(睡魔)'라는 마장이었고, 공부를 방해하는 첫 번째 에고의 저항을 만났던 것이다. 밥을 먹는 둥 마는 둥 잠을 자는 둥 마는 둥, 그렇게 하루가 지나갔다.

다음 날, 가부좌를 틀고 있는 시간만도 하루 15시간이 넘었다. 어제의 졸음은 사라졌는데 또 다른 현상이 일어났다. 내 안에서 강한 망상이 올라왔다. '나는 이미 모든 것을 다 알고 다 이루어서 더 이상 배울 것이 없으니 그만두고 내려가자!', '지도하는 저 스님은 나보다 한 수 아래라서 배울 게 없어!' 귀에서 이런 환청이 들리는 듯하고 온종일 이런 망상과 씨름을 하면서 화두는 온데간데없고, 오로지 그만 중단하고 싶은 생각밖에 없었다. 훗날 알게 된 사실이지만 이것은 아만(我慢)이라는 마장이었다.

다음에 다가온 것은 육신의 고통이었다. 하루 15시간 이상 가부좌를 하고 있으니 무릎 관절이 아파서 10분도 견디기 힘들고 허리가 아파서 몸을 지탱하기 어려웠다. 늘 앉아 있는 직업이라 허리가 좋지 않았는데 이러다가 허리 병신이 될 것 같은 두려움이 밀려왔다. 정말로 그만두고 싶었지만, 주변의 만류로 다시 눌러앉았다. 신기하게도 그다음 날은 이런 통증과 두려움이 씻은 듯이 사라졌다.

5일째 되는 날 휴가 기간이 이틀밖에 남지 않았는데, 화두 타파는커녕 아침부터 머리가 빠개지는 것처럼 아프고 거울에 비치는 내 눈은 붉게 충혈되어 있었다. 답답함이 극에 달해 나 자신이 무슨 일을 저지를지 알 수 없는 지경이 되었다.

지도하는 스님은 밤낮으로 불을 뿜는 듯한 법문으로 화두 의심으로 몰아가고 있었고, 먹느냐 먹히느냐 하며 에고와 생존 게임을 하는 것 같았다. 『조사록』에서는 이런 현상을 밤송이가 목에 걸려 삼키지도 뱉지도 못하는 답답함에 비유하기도 한다. 이런 현상은 화두가 타파되기 직전에 오는 전조 현상이라는 사실을 훗날 알게 되었다.

시간은 기다려 주지 않고 밤이 깊어 갔다. 이대로 끝인가 하는 절망감이 밀려왔다. 찬물을 한 번 뒤집어쓰고 나니 이때가 자정이 다 되었다. '지금부터 이대로 앉아서 잠도 자지 않고, 밥도 물 한 모금도 먹지 않고, 안되면 차라리 이대로 죽어 버리자.'라는 오기가 발동했다.

새벽 5시 정도였을까? 나도 시간도 없어지는 깊은 경계에 들었다. 시간의 흐름을 감지하지 못했던 것 같다. 앉아 있는 나도 인식하지 못했던 것 같다. 나도 시간도 함께 사라졌던 것 같다. 어느 순간 갑자기 벽이 꿈틀거리고 방바닥이 파도치듯 출렁이면서 내 몸 회음혈에서 가슴 쪽으로 거대한 전류 다발이 치고 올라오는 것 같기도 하고 수백 마리 벌레떼가 꿈틀거리면서 치고 올라오는 것 같기도 했다.

그리고 가슴에까지 올라와서 '쾅!' 하는 어마어마한 굉음(폭발음)이 들리면서 폭발해 버렸다. 순식간에 일어난 일이라 너무 놀라서 나는 괴성을 질렀고, 잠시 내 의식의 모든 것들이 멈춰 버렸다.

잠시 후 정신을 차리고 보니 내가 놀라서 지른 괴성이 얼마나 컸던지 다른 방에서 잠자던 사람들이 모두 뛰어나와서 내 주변에 모여 지켜보고 있었다. 가슴이 송두리째 날아가 버린 것 같고 텅 비어서 빈 통에 들숨 날숨만 들고 나는 것 같았고, 이마에는 뜨거운 불덩기를 매고 있는 것 같았다. 몸은 발작하듯이 진동하면서 허공으로 튀어 올랐다가 떨어지기를 반복하고 있었다.

'아! 이러다 죽는 게 아닌가?' 하는 두려움이 밀려왔다. 이때부터 온종일 온몸이 튀어 오르는 진동이 왔다. 전류가 흐르는 것처럼 엄청난 기운의 흐름과 함께 요동치는 경계는 하루가 지나서 멈추기 시작했다. 가슴과 머리가 날아 가버리고 없는 것 같아서 자꾸 만져 봤다. 몸에는 뜨거운 기운이 계속 돌고, 혀 밑에서는 단침이 샘 솟듯 했다. 저녁 공양으로 먹은 밥과 나물은 내가 이 세상에서 먹어본 어떤 음식과도 비교할 수 없는 경이로운 맛이었다.

6월의 푸른 나뭇잎 모두가 나를 향해서 반짝반짝 빛을 발하고, 몸은 날아갈 것처럼 가벼웠다. 세상의 모든 것이 나를 위해 존재하고 있었다. 그 중심에 내가 있었다. 의식도 있고 과거의 기억도 있는데, 나는 빈껍데기만 있는 것 같았다. 한없이 여유롭다. 그냥 무지하게 좋을 뿐이었다.

피부는 뽀얗게 변하고 얼굴이 훤하게 변했다. 오장육부는 어린애처럼 변해서 짜고 매운 것이나 자극성 있는 음식은 입에 댈 수도 없었다. 이런 지복(至福)[55]의 상태가 2개월이 넘도록 지속되었다. 날마다 좋은 날, 환희심 그 자체였다. 포행 길에 피어 있는 풀 한 포기 꽃 한 송이, 이 모두가 나와 둘이 아님이 확연하게 느껴졌다. '생각이라는 의식의 벽이 가로막고 있어 단절되는구나.'라고 중얼거리기도 했다.

첫 체험 후 1년쯤 지났을 무렵 갑자기 회음혈에서 강한 에너지가 분출

---

55 지복(至福): 더없는 행복.

되면서 진동이 오기 시작했다. 처음과는 비교가 되지 않을 정도로 강한 것이었다. 시작하면 탈진될 때까지 내버려뒀다. 삼 일 밤낮을 이렇게 반복했다. '죽이든지 살리든지 마음대로 해라.' 하고 맡겨 두었다.

삼 일째 밤에는 특이한 현상이 일어났다. 내 손이 내 의지와는 상관없이 온몸을 두드리고 다니면서 특히 안 좋은 부위를 집중적으로 두드리는 것이다. 내 의지와는 상관없이 호흡을 시키는 것이다. 한 호흡에 정확하게 2분이 소요되는 복식호흡이 저절로 되었다. 그 외에도 기이한 동작들이 계속 나왔다. 먼 훗날 그 동작들이 수행에 유익하게 쓰였지만, 그때는 알 수 없는 동작이었다.

그리고 나에게 의사 표시를 했다. 나와 내 안의 또 다른 내가 소통되는 것이다. 빙의가 된 줄 알고 겁도 나고 무서워서 중단했다. 그로부터 며칠 동안 희귀한 체험들의 연속이었다. 꿈과 현실이 중간상태에서 몸을 감고 있는 구렁이를 처치하고, 수없이 달려드는 새까만 동물들을 다 해치우기도 하고, 온몸에 박힌 유리 조각을 제거하기도 하고, 어떤 보살로부터 온몸의 피를 다 뽑아내고 새로운 피를 수혈받는 체험도 했다. 이 모두가 가면 상태에서 이루어졌다. 그리고 마지막에는 거대한 태양이 떠오른 광명을 보면서 이 모든 상황이 끝났다.

이후, 나는 필요하면 언제든지 나의 몸 어느 부위든지 마음대로 자율 진동을 시킬 수 있었다. 오장육부를 부위별로 진동시킬 수 있고 혀, 눈동자까지 마음대로 진동시킬 수 있었다. 그리고 얼마 지나지 않아 눈앞에 수정체를 수십 개 엮어 놓은 것처럼 생긴 투명체가 보이기 시작했다. 살아 있는 생명체처럼 모양이 수시로 변한다.

그리고 몸에 있던 모든 잔병이 치유되었다. 수십 년 된 피부병, 고질적인 오십견, 요통 등등. 10년 이상 쓰고 다니던 다초점 렌즈 안경도 이때 벗게 되었다. 좌우 0.4, 0.6이던 시력이 1.5 정상으로 돌아왔다.

그 후로 지금까지 항상 나를 보호해 주는 수호령이 있다고 생각했다. 위험한 상황에서도 항상 믿으면 되었다. 수행 과정에서 오는 극심한 육체적 통증이 올 때, 어김없이 이 염체의 자동 발공이 일어나 온몸을 두드려서 치유해 주었다. 그렇지만 이런 현상을 아는 사람은 아무도 없었다. 삿된 것으로 치부되기도 하였다. 훗날 알고 보니 아무런 문제가 없었다. 수행 과정에서 일어나는 자연스러운 현상이었다. 모두 지나가는 경계였다.

이런 체험 이후에 삶이 달라진 것은 일상에서 내 몸의 변화나 생각의 일어나고 사라짐을 알아차리고 이를 비추어 보는 주시자의 관점이 저절로 작동되어지면서 업식(業識)에서 오는 습관을 쉽게 바꿀 수 있었고, 부정적인 생각이나 번뇌에서도 어렵지 않게 벗어날 수 있었다. 날이 갈수록 점점 더 가벼워지고 편안해지는 느낌이 들었다.

: 멈춤의 자각

    자각이 없는 사람은 끝없이 찾고 구하게 돼 있다. 왜냐하면 늘 나와 남을 비교하기 때문이다. 나는 지금까지 그렇게 흘러 여기까지 왔다.
    이곳에 와서 배우고 알게 된 것은 나의 정체성이다. 나는 어느 누구와도 비교의 대상이 아니라는 것이다. 나는 나만의 독립된 완전한 세계에 있다는 사실이다. 나뿐만 아니라 다른 사람들도 나와 똑같이 그러하다. 그러니 나를 남과 비교하여 부족하다고 생각하는 것은 사리에 맞지 아니하고 구하는 마음만 일으킬 뿐이다.
    앎이 부족하다고 생각했기 때문에 훌륭한 스승을 찾아다녔고, 수행이 부족하다고 생각했기 때문에 좋은 수행처를 찾아다녔으며, 항상 나의 부족함을 채우기 위해서 찾아다녔다.
    나는 이곳에 와서 더 이상 찾고 구할 것이 없다는 것을 배웠다. 나를 남과 비교하지 않으면 나에게 부족함이 없을 것이며, 부족함이 없으면 찾고 구하는 행위도 멈출 것이다.
    현재 나에게 주어진 것을 감사하게 생각하고 누리는 것이다. 내일을 위해 열심히 일하는 것도 누리고, 내일을 위해 편안한 휴식과 운동도 누리고, 몸이 아프면 아픔도 누리고, 짜증이 나면 짜증도 누릴 것이다. 내 일상 모두를 누리며 사는 것이다. 나는 더 이상 찾고 구할 것이 없으니 찾아다닐 이유도 없다.

: 돈

나는 지금까지 살아오면서 크게 궁핍한 생활은 하지 않았다. 20대 중반에 약간 어려운 때가 있었지만 그렇게 지나갔다. 그 후 공직 생활 27년, 그리고 자영업 10년 그렇게 살았다. 그동안 살면서 나는 재물에 대한 욕심이 비교적 적은 사람이라 생각하며 살아왔다.

돈을 모으기 위해서 재테크해 본 일도 없고, 재산을 늘리기 위해 주식에 투자하거나 부동산에 투자해 본 일도 없다. 한마디로 경력이나 직업과는 달리 재테크에는 빵점이다.

내 소득의 범위 내에서 쓸 만큼 쓰고 미래를 위해 조금 저축하고 형편이 어려워지면 쓰는 것을 줄이거나 아예 안 썼다. 금융기관이나 남에게 빌려서 무엇을 해 본 적이 없다.

집을 사거나 자동차를 살 때도 항상 100% 현금을 마련해서 샀고, 대출을 받거나 할부로 사지 않았다. 내가 20대에 가장이 되어 빚잔치했던 기억 때문인지도 모른다.

항상 지갑에 현금을 넉넉하게 갖고 다녔다. 지갑에 현금이 달랑달랑 하면 불안했다. 그리고 적은 돈은 아끼지 않고 잘 쓰는 편이다. 술도 밥도 잘 사는 편이다.

그래서 나는 돈에 대한 욕심이 없는 사람이라고 생각했다. 그런데 최근에 나는 돈에 대한 욕심이 없는 것이 아니라 돈을 버는 용기가 없는 사람이라는 사실을 깨닫게 되었다.

돈을 빌리지도 않고 빌려주지도 않는다. 형제간에도 보증을 서주지 않는다. 투기성 재테크는 하지 않는다. 이런 생활 철칙을 만들어 놓고 그 안에 안주했다. 그러니 부자가 되는 것을 포기한 사람일 수밖에…….

나는 돈에 대한 욕심이 없는 것이 아니라 돈에 대한 집착이 너무 강해서 생활 패턴이 이러했던 내 모습이 보였다. 나는 돈에 대한 욕심이 없다고 착각했다. 결국 돈에 대해 자유롭지 못했던 것이다.

나는 돈에 대해 무엇을 착각하고 무엇을 두려워했을까? 내가 가진 돈을 지키지 못하고 잃을 경우 나는 노후에 궁핍한 생활을 면치 못하기 때문에 이를 지켜야 한다는 강박관념에 살아야 했다. 그러나 어떤 사고로 내 돈을 잃게 될 때 정말로 불행하게 될까?

사기를 당한다든지 보증을 잘못 서서 쫄딱 망하면……. 모든 것이 불행해지는 상황 끝인가? 쫄딱 망함이라는 포장지에 싸인 선물이 있다. 이런 상황을 잘 이겨 내면 나는 이런 상황을 이겨 내는 힘을 얻게 되며 이때 얻은 힘은 잃은 돈의 값어치보다 훨씬 크다는 사실이다.

이때 얻은 힘은 차후 내 생명을 지켜 주는 힘의 원천이 될 수도 있으니 포장지에 싸인 선물이 아닐 수 없다는 사실이다. 모든 것은 긍정의 산물이라는 가르침이 여기에도 적용된다.

: 내가 건강해야 하는 이유

나는 건강해야 한다.

모든 것을 나에게 의존해서 살고 있는 옆지기를 홀로 두고 내가 먼저 간다면 남아 있는 사람이 너무 힘들 것 같다. 그래서 최소한 6살 아래 옆지기보다 더 오래 살려면 각별한 건강관리가 절실하다. 나는 건강해야 한다.

일찍 조실부모하고 어릴 때부터 내 보살핌으로 살아가는 약간 부족한 홀로 사는 마흔아홉 살 남동생을 내가 보살피지 않으면 혼자 세상을 살아가기가 어렵다. 더구나 시력을 거의 잃어가고 있어 언제 실명될지도 모르는 동생을 보살피기 위해서라도 나는 절제된 생활을 해야 한다. 나는 건강해야 한다.

아직 안정된 직업을 찾지도 못하고 공부하고 있는 아들……. 이 아이가 안정된 생활을 할 때까지는 내가 보살펴 줘야 한다. 내가 건강해서 일할 수 있을 때까지 열심히 해야 할 것 같다. 나는 건강해야 한다.

육신을 지니고 있는 이생에서 자각으로 나를 일깨우고 생사윤회에서 벗어나기 위해 나는 늘 건강해야 한다. 그리고 고통 없는 죽음을 선택하고자 한다. 그래서 나는 항상 건강해야 한다.

건강하기 위해서.

나는 술 마시는 것을 절제하도록 하겠다. 술로 인해서 나의 오장육부가 손상되고, 술로 인해서 나의 혈액이 탁하고 혈관이 막히며, 술로 인해서 기억력과 판단력이 흐려지고, 이런 후유증으로 인해 나는 건강을 잃을 수 있다. 그래서 나는 술잔을 대할 때 항상 나의 건강을 떠올려 보겠다. 건강을 위해서.

나는 운동을 게을리하지 않겠다. 아침으로 등산하는 것을 원칙으로 하고 이를 하지 못할 때는 런닝 머신과 반신욕을 하겠다. 자가용 승용차보다는 대중교통과 도보로 이동하겠다. 사무실에서 틈틈이 스트레칭과 근력 운동을 하겠다. 건강을 위해서.

나는 건강한 식단을 이어 가겠다. 육류 섭취를 최소화하고 채식 위주의 식사를 하겠다. 백미밥보다는 현미밥을 먹고 저염식 식사를 하겠다. 혈압에 좋은 양파와 양파 와인을 지속적으로 섭취하겠다. 건강식인 매실장아찌, 견과류, 토마토, 기타 제철 과일을 섭취하겠다. 건강을 위해서.

나는 항상 내 몸과 마음을 살피고 건강할 수 있는 환경을 마련하겠다. 사무실에는 깨끗한 공기를 공급해 주는 공기청정기를 가동하겠다. 정신과 육체를 맑게 해주는 차(茶)를 매일 마시도록 하겠다. 마시는 물은 수질이 양호한 물을 선택하고 신선도를 유지할 수 있도록 하며 찬물보다는 음양수를 배합하여 마시도록 하겠다. 건강을 위해서.

나는 나를 무한하게 이해하고 사랑하겠다. '괜찮아, 괜찮아, 괜찮아……. 무엇이든 괜찮아.' 이렇게 나를 위로하고 이해해 주자. 그래서 나에게는 부정성이 없다. 긍정과 사랑이 충만할 뿐이다.

: 반전

가족을 부양하며 살아가야 하는 가장의 입장으로도 그렇고, 아직 독립하지 못한 자식들의 안위 문제에 대한 것도 그렇고, 항상 이런 문제로부터 자유로울 수 없는 것이 부모의 입장 같다.

수행을 시작하고 나서 한동안 절제된 생활을 하고 있었다. 그런데 근래에 조금 심란한 일이 생겨서 혼자 가슴앓이를 하다가 이를 핑계 삼아 두세 번 과한 술자리를 했다.

그 결과 몸의 반란이 시작되었다. 강력한 경고의 메시지를 보내는 것이었다. 돌이켜 생각해 보니 내 몸과의 약속을 저버린 것이다. 과거의 경험으로 보면 이 정도는 괜찮았는데……. 몸이 민감하게 반응한다는 생각이 든다. 그래도 몸의 반응을 겸허히 받아들이기로 했다.

연말 여기저기 많은 송년회 모임, 피할 수 없는 술자리는 눈치껏 피해 다니는 미꾸라지족이 돼야겠다. 수행은 정신과 몸이 함께 가야 한다는 사실도 절감했다.

잠시 나를 힘들게 했던 가슴앓이도 결국 나를 일깨우는 동기부여를 한 긍정의 이유가 있었다는……. 잠시 흐트러짐도 새로운 일깨움을 주는 수행의 한 부분이었다. 생각하니 내 삶 자체가 수행 아닌 것이 없다. 자각이 있는 삶은 항상 긍정과 누림만 있을 뿐이다.

: 혜명경

한 조각 빛무리가 진리의 세계를 둘러싸고
이도 저도 다 잊고
고요하고 맑으면
가장 영험하고 텅 빈다.
텅 비고 빌붙을 바 없는
공간이 살 비치게 맑은데,
천심이 고요히 빛나니
깨달음조차도 선정으로 돌아가 버리면
둥근달만 외롭다.
생겨남도 아니요
없어짐도 아니며
가는 법도 없고
오는 법도 없다.
구름이 스러져 푸른 하늘에
산색이 깨끗하고
바닷물 맑고 맑아
호수에 달이 녹아내린다.

혜명경(慧命經)의 수승화강법

물이 올라가고 불이 내려오는 수승화강법은 세상의 자연 이치와 정반대이다. 마찬가지로 미륵부처님은 사람이 성녕으로 거듭나 부처가 되기 위해서 평소 집중적으로 반대 생활하기를 당부하신다.

가령 밥상에 고기가 먹고 싶으면 반대로 씀바귀를 먹고, 일하기 싫으면 일을 하고, 심지어 나를 미워하는 사람을 더 좋아하고 진심으로 사랑하는 것이 반대 생활이다.

이와 같이 반대 생활을 일관하면 탐진치(貪瞋癡) 삼독(三毒)이 되는 아상(我相, 假我: 나라는 주체 의식)이 소멸(消滅)되고, 양심이 되는 진아(眞我, 眞如佛性)가 마음의 주인 자리를 도로 찾아 수승화강 누진통·(漏盡通)[56]의 성불을 이룬다는 것이다.

---

[56] 누진통(漏盡通): 불교에서, 번뇌를 끊고 다시는 미계(迷界)에 태어나지 않음을 깨닫는 각자(覺者)의 신통력.

: 세상은 내 마음의 그림자

　세상 삼라만상은 거대한 거울에 비치는 내 모습이다. 내가 이렇게 움직이면 이렇게 보이고, 내가 저렇게 움직이면 저렇게 보이고, 내 마음이 투영된 허상의 그림자이다.

　내가 보는 세상 모두가 거울에 비치는 그러한 것이니, 나는 꿈같은 환상 속에 살고 있는 것이다. 실체가 없는 환상을 실체로 착각하고 살고 있다. 유일한 실체는 이런 환상을 있게 하고 이를 인식하고 있는 나만이 유일한 진실이다. 세상에 보여지고 인식되는 모든 것은 바로 나의 모습, 내 마음의 반영이다.

　그러니 세상 삼라만상은 둘이 될 수 없는 것이다. 매사에 분별하고 시비하는 우리들의 모습은 자기가 만들어 놓은 그림자를 보고 짖어 대는 강아지와 다를 바 없다. 그래서 남의 허물을 입에 담는 것은 누워서 침을 뱉는 격이고, 다른 사람을 증오하고 분노하는 것은 결국 자기를 증오하고 자기에게 화를 내는 격이니 강아지의 어리석음과 다를 바 없는 것이다.

　나는 오늘도 자기가 만든 그림자에 놀아나는 강아지의 어리석음을 답습하고 있지 않은지 잘 살펴볼 일이다.

: 자백

나는 나에 대한 믿음이 있다. 정신적으로 괴롭고 불안한 사람들을 그 고통으로부터 벗어나게 도와줄 수도 있고, 깨우침을 얻는 데 도움을 줄 수 있다고 생각한다.

나는 직업상 많은 사람과 상담하는 경우가 있다. 고정 거래처인 경우도 있고 생면부지 처음인 경우도 있다. 내 본업은 세무 상담이다. 하지만 더러는 불안감, 두려움에 힘들어하는 경우를 본다. 이런 경우는 본능적으로 손을 내민다. 그리고 그들이 힘들어 하는 사연들을 들어주고, 그의 입장이 되어 주면서 해법을 모색하고, 그가 갇혀 있는 생각의 틀에서 벗어날 수 있도록 도와준다.

대부분 그가 붙들고 있는 문제점과 그 답이 함께 있다. 편안해지고 가벼워진 모습으로 돌아가는 뒷모습을 볼 때 참 행복하다. 이렇게 살아온 지 십수 년이 지난 것 같다. 아마 그런 시간을 통해서 나도 나를 치유했던 것 같다.

나는 아직도 내 안에 상처와 아픔이 많은지 모르지만, 지금도 아파하는 사람들을 만나면 그냥 지나칠 수가 없어 손을 내밀고 아픔을 함께하고자 하는 습이 남아 있다.

: 치유 능력

과거에 수행하다가 쿤달리니[57]가 열리는 체험을 했다. 그 후로 내 몸에 여러 가지 특이한 현상들이 일어났다. 내 몸이 좋지 않은 여러 부위를 자가 치유할 수 있는 능력을 얻게 되었다.

강력한 자율 진동을 통해서 몇 년을 고생하던 오십견이 치유되었고, 시력이 나빠 15년 동안 쓰고 다니던 안경을 벗게 되었으며, 그 외 내 몸의 잔병들이 자가 치유를 통해 없어졌다.

그때 다른 사람을 치유할 수 있는 조그만 능력도 얻게 되었다. 그러나 이런 능력도 내가 머물 자리가 아니라고 생각하고 쓰지 않고 지나쳐 버렸더니 까맣게 잊고 있었다.

지난 3월에 장모님이 위독하다는 전갈을 받고 광주에 갔다. 이 병원 저 병원 다녀도 병명도 모르고 이미 탈진해서 딸 사위도 알아보지 못하고 밤이면 귀신들의 환영에 시달리고 있었다.

그래서 큰 병원에 입원시키려고 부산으로 모시고 왔다. 주말이라 월요일까지 기다려야 할 것 같아 집에 모시고 있으면서 내 방식대로 치유해 보았다.

불교의 광명진언을 반복하면서 내가 빛의 존재가 되는 심상화를 했다. 그리고 빛의 존재 하에서는 병도 어떠한 어두움의 존재도 범접할 수 없다

---

[57] 쿤달리니: Kundalini. 인간의 근원적인 생명 에너지.

는 강력한 심상화를 하면서 하루에 두 번씩 치유의식을 해 보았다.

장모님에게도 나와 똑같은 심상화를 하도록 유도했다. 하루를 이렇게 하고 다음 날 아침에 보니 화색이 돌아오고 죽도 못 드시던 분이 식사하기 시작하는 것이다. 밤에 보이던 귀신들 환영도 보이지 않았다는 것이다.

이틀을 이렇게 하고 나니 생선회까지 드실 수 있는 상태가 되고, 기력을 되찾아 병원에 입원할 필요가 없게 되었다. 일주일 동안 이런 치유의식을 정성껏 해드리고 많이 좋아지셔서 광주로 모셔 드렸다.

이번 일을 통해서 각자 자신의 존재에 대한 이해와 자신의 능력에 대한 믿음을 키워 나가는 것 '일체유심조'의 산 체험이 아닌가 생각해 본다.

: 창조주

    내가 다니는 지리산 암자는 고산지대라서 겨울이면 새벽에 영하 10도 이하로 내려가는 경우가 있다. 한번은 이런 추위 속에 난방도 안 된 법당 마룻바닥에 좌선하였다. 너무 추웠기 때문에 추위를 이기는 심상화를 해 봤다.

    지구 심층부 부글부글 끓는 용암 마그마의 뜨거운 열기를 끌어올려 내 온몸을 덥히는 심상화였다. 잠시 후 한기가 걷히고 온몸이 훈훈해 오는 것이다. 5분도 버티기 힘든 상황에서 1시간을 넘게 앉아 있었는데, 뒤에는 겨드랑이에서 땀이 날 정도로 훈훈하게 되었다. '내 몸이 바보가 아닌가?'라는 생각도 들었다.

    태국투어 갈 때는 비행기에서 나오는 에어컨 바람을 맞으며 잠을 자고 일어났더니 콧물이 줄줄 나오고 오한이 들며 영락없이 감기에 들었다. 이 때도 허리를 곧추 펴고 앉아 심상화를 했다. 지구 심층부 마그마의 열기를 끌어올려 회음혈을 통해 백회혈까지 온몸을 덥히는 심상화이다. 태국 도착하기도 전에 콧물이 마르고 한기도 걷히면서 정상 컨디션으로 돌아 왔다. 이렇게 마음먹은 대로 따라주는 몸뚱이가 참 신기했다.

    지리산의 여름은 계곡의 물이 맑고 참 시원하다. 어느 여름날 선방에서 나와 계곡에 발을 담그고 하늘을 보는데 하얀 뭉게구름들이 떠 있었다. 장난삼아서 내 염력으로 작은 구름을 쪼개보기도 하고 없어지게도 해 보니 신기하게도 마음먹은 대로 되는 것이다. 자꾸 반복하다 보니 더 큰 구름도 어렵지 않게 쪼갤 수 있고 사라지게도 할 수 있었다.

호풍환우(呼風喚雨)도 이렇게 가능하겠구나 싶었다. 2시간을 그 짓을 했더니 골이 띵하다. 그 후로는 이런 행위를 다시 하지 않았다. 혹한의 추위에서 위세를 부리는 것은 바보 같은 짓이고, 비행기 헤어컨 아래서는 님요를 덮는 것이 현명하며, 머리 띵하게 구름 쪼개기 하는 것은 나에게 아무 도움도 되지 않는다.

처음부터 이런 경험을 찾거나 구하지도 않았다. 나 자신의 한계를 만들지 않고 그냥 하다 보니 됐다. 이런 경험을 통해서 나 자신의 정체성이 명료해지는 기회가 되었다. 내 안에 무한한 창조의 힘이 있다는…….

: 뒤집으면 보이는 것

 나는 과거에 성격이 다혈질이고 분노가 치밀면 스스로 통제하지 못해서 많은 문제를 일으켰고 이에 따른 혹독한 대가를 치르기도 했다.
 내가 상대에게 어떤 응징의 행위를 하지 않고 단순히 분노와 증오감만 가져도 그 상대가 좋지 않은 사건이 생기는 경우가 많았다. 몸이 아프거나 심한 경우는 사망에 이르는 경우도 있었다. 그럴 즈음 나도 교통 사망 사고를 내기도 하고, 그 외에 힘든 일들을 겪으면서 내 이런 성향과 무관치 않다고 생각했다.
 이런 내가 너무 무서워서 매일 아침 절에 가서 백팔 배를 하며, '다른 사람을 증오하지 않게 해 주세요.'라고 기도를 했다. 화를 안 내려고 화 일기를 쓰기도 했다. 그러다 보니 수행에 관심을 갖게 되어 여기까지 왔는지 모르겠다.
 수행하고 나서도 그 습이 남아 있었던지 나를 자존심 상하게 하는 사람에게는 증오감이 치밀고 올라오면 감당하기 어려웠다. '내가 만든 감정이다.' 자각을 해도 통제가 어려웠다.
 궁여지책으로 분노의 감정이 올라올 때 정반대되는 행동을 해 봤다. 눈 찔끔 감고 '나는 없다.'라고 생각하고 내 몸을 던져 보았다. '내가 나잇값을 못 했다.', '미안하다.', '용서해 다오.' 특별히 잘못도 없으면서 나에게 패악을 저지르는 자식 또래밖에 안 되는 젊은 녀석에게 납작 엎드려서 이런 문자를 보내기도 하고 직접 만나서 눈 찔끔 감고 담소도 나누고 저녁도 사주고 했다.

 그런데 놀랍게도 나에게 분노의 감정이 사라져 버리고 오히려 연민이 생기고 나의 옹졸함과 부족함이 보이는 것이었다. 내가 한 행동대로 긍정적인 생각으로 바뀌는 것이었다. 상대도 생각을 바꾸어 감사의 화답을 해 오는 것이었다.

 그 후로 내 일상에서 일어나는 많은 불편한 일들을 이런 뒤집기 방법을 적용해 보면서 내 생각의 양면성을 보게 되었다. 나의 부정성은 모두 착각이었다. 부정성은 본래 없었다. 모든 것은 긍정의 산물이라는 스승님 가르침을 증명해 보인 것이다. 뒤집으면 보인다.

: 뒤집기 신공으로 새 삶을 찾다

지난 3월 센터를 폐쇄한다는 결정이 나고, 정기 모임인 금요일에도 소수의 도반만 나왔다. 곁에 있던 여성 도반이 남편에 대한 불만을 토로하고 있었다. 폰을 만지면서 '내려오면 그냥 안 두겠다.', '각오해라.', '이제 끝장을 내자.' 서울에서 내려오고 있는 남편에게 이런 문자를 보내겠단다.

남편과 그 여성 도반은 사회에서 엘리트 계층에 속하는 중년들이다. 결혼 생활 20년 내내 갈등과 반목으로 다투다 보니 지쳐서 이제 이혼해야 할 단계에 와 있다는 것이다.

갈등의 골이 깊어져 고3 딸도 차라리 이혼하라고 권한다는 것이다. 자각으로 다른 문제는 다 해결되는데 남편과의 갈등은 어떻게 할 방법이 없다는 것이다.

"내가 시킨 대로 한번 해보겠느냐?"라고 했더니, 이제 이판사판인데 뭐든 못 할 게 없다는 것이다. 그래서 다음과 같이 권했다. 지금 내 생각과 정반대로 행동해 보세요. 지금 보내려고 했던 독설 문자와 정반대 내용의 다음과 같은 문자를 보내 보세요.

'여보 지금까지 제 생각이 부족해서 당신을 힘들게 했습니다. 이제라도 용서를 구하고 당신과 잘 지내고 싶습니다. 이런 의미로 오늘 밤 당신에게 술을 한잔 올리고 싶습니다. 집에 술상 준비할 테니 도착한 대로 빨리 오세요.'

즉석에서 시킨 대로 문자를 보냈다. 그리고 바로 집에 가서 술상을 준비하도록 했다.

여러 가지의 경우가 있을 수 있다. 오늘 당장 화답하면 좋지만 그렇지 않을 수도 있다. 그때는 인내심을 갖고 침묵하면 다음 기회가 올 것이다.

이렇게 일러서 보내고 1주일을 기다려도 소식이 없어서 내심 실망하고 있었다. 열흘쯤 지나고 다시 센터에 왔는데 얼굴이 환해져 왔다. 첫마디가 "우리 가정을 구해 주신 은인입니다." 얘기인즉 남편이 집에 들어오자마자 무릎을 꿇으면서 "여보 내가 잘못했습니다." 하면서 용서를 구했단다.

늘 상대의 허물만 보고 살다가 이 문자를 본 순간 자신의 허물을 본 것이다. 자신을 보는 데 20년이 걸린 셈이다. 그 후로 남편과의 하루하루 생활이 너무 좋단다.

엘리트층 부부들에게 흔하게 있는 자존심으로 인한 갈등……. 20년 동안 한 생각 내려놓지 못해서 서로 갈등하던 것, 뒤집기 신공 한방으로 해결한 사례다.

: 친구여

　친구! 많이 힘드시지? 많은 사람이 한 번쯤은 겪는 일이 아니던가. 나도 두 달 전에 부위는 다르지만, 종양일 가능성이 높다고 해서 대학병원에 입원하고 생살 14군데를 뜯어내 조직 검사를 한 일이 있었다네.

　결과는 종양이 아니고 단순 염증이라 다행이었지만, 검사를 하고 기다리는 일주일 동안 많은 경험을 했다네. 내가 건강할 때 대학병원 다인실에 병문안이라도 가면 한 방에 5, 6명씩 누워서 수액 주사를 주렁주렁 달고 있는 것을 보면서 지옥 같다는 생각을 하곤 했다네.

　그리고 거기 누워 있는 사람들은 모두 자기 관리를 잘못해서 또는 함부로 마구 살았던 결과라고 생각하기도 했다네. 그런데 내가 바로 그 자리에 입원해서 주사를 달고 누워 있는 신세가 되다 보니 많은 생각을 하게 되었다네.

　막상 그 입장이 되어 누워 있어 보니 지옥 같은 곳이 아니고 그런 대로 편이 잘 수도 있고 그냥 지낼 만했다네. 다 내 마음먹기 나름이네. 친구! 병실에 누워 있는 것도 삶의 한 부분일 뿐이라 생각하니 그렇게 경험하는 '경험의 장(場)'이라는 작은 깨달음이 오더라고. 그래서 병실에 누워 있는 환자들과 나와 다를 바가 없더이다. 그 돈 많은 삼성 이건희 회장도 누워 있지 않은가.

　그래서 그 상황을 그대로 받아들이니 우선 내가 편해졌다네. 이런 일이 아니고는 어떻게 이런 경험을 할 수 있으며, 이런 일이 아니고는 어떻게 병실과 환자들에 대한 내 편견을 지울 수 있겠나 싶으니 이 또한 소중한 경험으로 받아들여졌다네.

결과가 나오려면 일주일이 걸린다던데 기다려 보네. 종양이 된다 해도 치료받으면 될 것이고, 항암 치료가 고통스럽다 해도 다 지나가는 경험의 장에 불과하다고 생각하면서 받아들이니 오히려 마음이 편해지네.

'다가오지도 않은 일을 미리 걱정하지 말자.' 이렇게 마음먹으니 가벼워지더이다. 그래서 집에 와서 밥 잘 먹고 잠도 잘 자고 했더니 걱정하던 집사람도 걱정이 덜어지고 덩달아 편해지더이다.

병에 대한 두려움……. 현재 이 상황을 저항하면 남아서 나를 힘들게 하고, 현재 이 상황을 받아들이면 흔적도 없이 사라진다네. 친구!

다 내 마음먹기 나름이네. 친구! 내가 만든 생각, 내가 만든 상념, 내가 만든 두려움에 굴하지 말고……. 생각을 만드는 주인, 상념을 만드는 주인, 두려움을 만드는 주인으로 현재 상황을 잘 극복하시기 바라네. 사랑해 친구~ ☺ ♥♥♥

: 반쪽의 진실

　나의 정체성은 모든 것을 있게 한 창조주이다. 그 안에 내가 만든 생각을 인식하는 내가 있다. 그리고 육체로서 보여지고 행동하는 내가 있다.
　삼라만상 만들어지는 모든 것들은 음양이 있듯이 내가 만든 생각 또한 항상 서로 대응되는 생각이 쌍으로 만들어진다. 그러나 나는 늘 생각의 한 면만 인식한다.
　그러니 나는 내 생각의 반쪽만 인식하면서 내 생각이 온전하다고 착각하며 살아왔다. 그러니 이런 생각으로 하는 나의 말이나, 이런 생각으로 쓴 나의 글이나, 이런 생각을 바탕으로 한 나의 행동 또한 반쪽의 진실일 수밖에 없다.
　개념으로는 알고 있다. 그러나 늘 망각하고 착각하면서 끊임없이 옳고 그름을 분별하고 시비하면서 나를 괴롭히고 남을 아프게 하면서 살아온 것 같다.
　멈추어 보니 드러났다. 나를 괴롭히고 남을 아프게 하고 난 연후에야 이를 깨닫게 되니 참으로 부끄럽고 민망하고 송구하다. 하지만 이런 고뇌의 시간을 통해 거듭날 수 있다면 이 또한 긍정의 이유가 있다고 생각된다.
　지금 쓰고 있는 이 글 또한 반쪽의 진실임을 자각하면서 나의 말, 나의 행동 또한 반쪽의 진실일 수밖에 없음을 망각하지 않고 깨어 있는 삶을 살아야 한다고 생각한다.

: 도반을 보내면서

어제 ○○이 상가(喪家)를 다녀왔다. 예쁘게 웃고 있는 영정을 보니 병석에 누워 초췌한 얼굴이 스쳐 지나가면서 잠시 마음이 찡했다. 조문하고 둘러보니 여기저기서 눈물을 흘리고 있었다.

젊은 나이에 피어 보지도 못하고 일찍 간 것이 안됐고, 어린 자식들을 두고 간 것이 안됐고, 병석에서 너무 힘들게 고생하다 간 것이 안됐고, 부모보다 먼저 간 것이 안됐고……

이런저런 안된 일들을 떠올리며 슬퍼하고 있었다. 그런데 이 모든 슬픔은 각자 자기 관점에서 본 슬픔이다. 정작 본인은 모든 것을 다 내려놓고 간 것이 분명해 보인다.

마지막 내려놓지 못하고 힘들게 붙들고 있던 모성마저도 다 내려놓고 완벽하게 정리하고 다른 여정을 선택한 ○○도반……. 떠나보내는 이 시간들이 축복의 장이라는 생각이 들었다. 이렇게 마음 정리가 되고 나니 한 티끌의 슬픔이 일어나지 않았다.

오늘 장지에 가면 남겨 두고 간 육신의 뒷수습을 할 것이다. 영혼이 떠난 우리 육신은 우리가 입고 있던 옷 한 벌과 다를 바 없다. 본래의 자리

자연, 즉 지수화풍58으로 돌려주면 되는 것이다.

우리에게 큰 일깨움을 주고 떠난 ○○도반! 육신은 사라졌어도 늘 함께 할 것이다.

---

58 지수화풍: 사람의 육신이나 일체 만물을 구성하는 네 가지 기본 요소로서, 사대(四大)라고도 한다. 불교에서는 우주 만물은 이 지·수·화·풍의 이합집산으로 생겨나기도 하고 없어지기도 한다고 한다. 사람의 육체도 죽으면 다시 지수화풍으로 흩어지게 된다고 한다. 그러므로 불교에서는 사람의 죽음을 사람의 육신이 지수화풍 사대로 흩어지는 것일 뿐 결코 슬퍼할 일이 아니라고 한다. 여기에서 생사해탈 사상이 등장한다. 지·수·화·풍에다가 공(空)을 보태어 오대(五大)라고도 하고, 다시 식(識)을 더 보태어 육대(六大)라고도 한다.(원불교대사전)

: 에고의 산물

젊을 때 자식들은 어떻게 컸는지 기억도 없다. 복인지 화인지 모르지만 출가한 딸과 같은 아파트 위아래층에서 같이 살다 보니 여섯 살 큰 외손자는 거의 우리 집에서 키우고, 세 살짜리 작은 외손자도 우리 집에서 살다시피 한다. 누리는 나는 복이요, 힘든 집사람은 화가 아닌가 싶다. 그러나 두 녀석이 갓난이 때부터 지금까지 커 온 것을 지켜보면서 자아가 형성되는 것이 극명하게 보인다.

갓난이 때는 젖만 물리고 나면 그냥 방긋 웃고 또 자고 욕심도 집착도 없는 천진불 그 자체다. 돌이 지나면서부터 자아가 형성되는 것 같다. 돌잔치 때 하는 '돌잡이' 돈, 명주실, 연필, 골프공 등을 놓고 골라잡기를 시키며 아이의 성향을 점치는 놀이를 한다. 이때부터 내 것이라는 소유의 자아가 형성되기 시작한다.

내 것을 주장하기 시작한다. 내 먹을 것, 내 장난감, 내 옷 등등. 그렇게 시간이 지나면서 내 소유의 범위가 점점 넓어져 간다. 그렇게 65년을 자아를 키워 온 나는 어떠한가? 내 재산, 내 가족, 내 친구, 내 직장, 내 명예 등 수없이 많은 내 것들을 만들어 놓고 붙잡고 있다. 이 모든 것들이 내 자아, 즉 에고의 산물인 것이다. 65년 동안 나와 한 몸으로 자리 잡은 에고의 산물이다. 이런 것들에 대한 집착을 다 내려놓고 갓 태어난 우리 외손자 같은 어린아이의 마음으로 돌아가고 싶다.

: 삶이 수행

나이가 들면 노화가 진행되는 것이 당연하다. 첫째는 근육이 빠지기 시작하고 근육이 약해지니 관절에 문제가 생기며 지방분해 능력이 떨어져 비만이 오기 시작한다.

그로 인해 모든 기능이 떨어지기 시작하고 아픈 곳이 속출한다. 이를 예방하기 위해 작년부터 헬스클럽에 등록하고, 운동을 시작했지만 재미를 못 느끼고 하는 둥 마는 둥 했다.

생각을 바꿔서 PT[59] 지도를 받기로 했다. 적지 않은 비용이 들지만 체계적으로 배울 수 있다. 내 자식보다 어린 29세의 젊은 코치에게 두 달째 하고 있다.

사무실 바로 아래층이 헬스장이라서 늘 스치고 지나가는 사람들이다. 외모상 특별하지도 않고 잘나 보이지도 않아서 무관심했다. 그러나 막상 내가 배워 보려고 하니 모두 나보다 선배들이다.

오랜 기간 각고의 노력을 기울여 몸매를 다듬은 사람들은 대단해 보인다. 나이는 어려도 코치는 나에게 가르침을 주는 스승이니 그리 예우해야 한다. 하나하나 배우고 익혀 나가고 내가 변화하는 것이 새롭고 즐겁다.

이곳에도 스승이 있어야 하고, 이곳에도 대가를 지불해야 하고, 이곳에

---

[59] PT: 퍼스널 트레이너란 운동을 개인적으로 코치해 주는 것을 직업으로 하는 사람을 의미한다. 퍼스널 트레이너 또는 퍼스널 트레이닝을 줄여서 PT라고 하고 헬스장 등에서 '피티'라는 용어를 쓰는데, 이는 한국에서만 많이 쓰이는 콩글리시의 일종이다.

도 시간과 열정을 투입해야 하며, 이곳에도 임계점을 넘는 고통을 감내할 때 내가 근육질의 몸매로 되어 가는 변화를 경험한다.

: 환상통

 평소 가깝게 지내던 후배가 불행한 일을 당했다. 심장 판막 수술을 하면서 잘못되어 혈전이 다리에 쌓이고 무릎 아래 괴사가 일어나 다리를 절단했다.

 누구보다도 건강하고 골프·등산 등 운동이라면 못하는 것이 없었던 건강한 사람이 다리를 절단했으니, 그 충격이 상상을 초월했으리라 짐작된다. 그런데 특이한 현상이 일어나고 있었다. 다리가 절단되어 무릎 아래는 없는데도 발가락이 아프고 발목이 아프다는 것이다.

 병원에서는 이런 현상을 '환상통'이라 한단다. 다리를 이미 절단하고 없는데도 있다고 착각하고 있지도 않은 발가락 발목이 아프다는 것이 말이 나 되는 소리인가? 다리가 없음을 두 눈으로 보고 손으로 직접 만져 보면서도 착각한다.

 정상적인 사람들은 상상도 할 수 없는 일이다. 어떻게 다리를 절단한 지가 몇 달이 지났는데 지금도 다리가 있다고 착각하고 있지도 않은 발가락이 아프단 말인가?

 사실 절망감이나 두려움도 눈앞에서 벌어지는 환상통과 다를 바 없다. 이뿐이겠는가? 우리가 힘들어 하는 모든 고통과 번뇌 또한 그러하다. 의식이 만든 시간과 공간 속에 사장되어 실체가 없는데도 실체가 있다고 착각하고 힘들어 하는 일이 비일비재하다. 아니 내가 힘들어 하는 모든 일이 그러하다.

나의 기억과 추측의 관점으로 본 세계는 실체가 아니다. 내 관점으로 본 홀로그램이자 전도몽상(顚倒夢想)인 것이다. 꿈속에서 꿈을 꾸는 자, 가짜가 가짜의 눈으로 본 허상의 세계다.

그래서 불교 금강경에서는 '일체유위법 여몽환포영'이라 했다. 실체가 있다고 생각하는 모든 것이 허상이고 환상인 것이니, 그런 줄 알고 꿈속의 일처럼 흘러보내면 되는 것이다.

그러니 삶 속에서는 고통이 존재한다는 것은 알고 보면, 우리가 환상통의 착각처럼 오류를 범하고 있는 것이다. 꿈에서 깨어나지 못한 자, 눈뜨지 못한 자의 오류…….

저항하지 않고 받아들이고, 붙잡지 않고 흘러보내며, 안심입명(安心立命)할 때, 본질에 한발 다가가는 길이 아닌가 생각해 본다.

: 정성을 다하는 것

　내가 살면서 나를 가장 행복하게 해 주는 것은 무엇인가 성취하거나 이루었을 때일 것이다. 크고 대단한 것을 성취해도 그렇지만 작은 것이라도 내가 정성을 다해서 이루거나 얻은 것은 귀하고 소중하다. 그럴 때 우리는 성취감에 흠뻑 젖어 행복감을 느낀다.

　과거 내가 차를 세차할 때 세차장에 맡기거나, 월 정기적으로 대금을 지급하고 아파트 세차원에게 맡길 때는 차는 그렇게 닦고 타고 다니는 것이라 생각했다. 셀프 세차장에서 차를 직접 세차하는 사람들은 젊은 사람들이나 경제력이 부족한 사람들이 비용을 절감하려고 셀프 세차를 하는 줄 알았다.

　나는 지난 4월 외제차를 사고부터 셀프 세차를 하고 있다. 보통 열흘에 한 번쯤 하는데 한 번 가면 한 시간 이상 소요된다. 정성을 들여 비누 거품으로 닦아주고 물기를 제거한 후 왁스를 먹인 뒤 정성을 다하여 마무리한다.

　이렇게 차를 닦고 있노라면 이 차가 나를 안전하게 태우고 다닌 데 대한 고마운 생각이 들기도 하고 생명력이 느껴진다. 정성을 다하여 닦아주고 나면 정말 기분이 좋아진다. 그 외에도 책상을 정리하는 등 사소한 일들도 정성을 들여서 하고 나면 성취감이 느껴지고 나를 행복하게 해 준다. 정성을 들인다는 것은 항상 긍정의 생각이 바탕에 있어야 한다.

　그리고 항상 게으르지 말아야 한다. 부지런함이 손끝 발끝에서 배어 나와야 한다. 정성을 다하는 마음과 함께…….

: 본전

　죽마고우(竹馬故友) 몇 명이 모이면 가끔 고스톱 화투를 친다. 화투판에 돈 계산은 틀리기 일쑤다. 항상 잃은 사람과 딴 사람의 계산이 어긋난다.

　고스톱 판에서 항상 본전이라는 것이 있다. 처음 시작할 때 자기가 내놓은 돈이 본전이다. 이 본전에서 불어나면 딴 것이고 줄어들면 잃은 것이다.

　돈을 잃고 나면 본전을 회복하기 위해 안간힘을 쓴다. 무리한 고(go)를 하다가 피박을 쓰기도 하고, 어중간한 화투패를 들고도 혹시나 하는 마음에 고를 했다가 대포를 맞기도 한다.

　돈을 좀 따고 나면 몸조심하느라 조심스러운 사람도 있고, 밑천이 있으니 크게 한 번 먹으려고 무리한 고를 하기도 한다. 그러다 실패하고 역전이 되면 때늦은 후회를 하기도 한다.

　판이 시작하면서부터 끝날 때까지 늘 본전이라는 잣대를 들이대고 잃었다 따기를 반복하면서 희비가 엇갈린다. 사실 알고 보면 본전이라는 것은 내 기억에 불과한 것이다.

　내 본전은 시작할 때 돈이 아니라 매 순간 내 손에 있는 돈이다. 내 본전은 돈이 들어오거나 나갈 때마다 매 순간 달라질 수밖에 없다. 매 순간 내 손에 있는 돈이 본전이라면 통상 쓰고 있는 본전의 의미가 없어진다.

　내 기억 속의 본전이라는 잣대를 지우면 돈을 따고 잃음도 없다. 돈을 따고 잃음의 느낌이 없다면 이런 게임의 재미가 반감될 것 같다. 물론 희비(喜悲)도 없겠지만…….

우리의 삶 또한 이와 비슷하게 보인다. 내가 만든 잣대로 비교하면서 시비분별이 일어난다. 내가 만든 잣대가 허상이라는 사실을 깨달으면 시비분별은 사라진다. 우리는 시간 속에 매몰된 허상을 실제로 착각하는 오류를 범하고 있다.

: 옛날 얘기

옛날 주벽이 심한 아버지와 네 명의 아들이 살았다. 그 아버지는 자식들 뒷바라지도 하지 못한 채 젊은 나이에 세상을 떠났다. 육신을 돌보지 않고 함부로 살았던 인과(因果)는 피해 갈 수 없었다.

큰아들은 철들면서 이런 아버지의 아들이라는 것이 너무 창피하고 싫어서 집을 나가 버렸다. 둘째아들은 그런 아버지를 싫어하면서도 언제부턴가 그 아버지와 똑같은 술주정뱅이가 되어 있었다. 어릴 때부터 자기도 모르게 보고 배운 것이다. 죽겠다고 자살을 시도하는 등 패륜아였다. 셋째아들은 이런 아버지의 모습은 절대 닮지 않겠다는……. 반면교사(反面教師)의 교훈으로 삼아 금주를 하면서 바르게 살았다. 그러면서도 그런 아버지를 용서할 수 없었다.

넷째아들은 이런 세 형들을 지켜보면서 이런 의문을 가졌다. 똑같은 아버지 밑에서 자란 형제들인데 어쩌면 저렇게 다를까? 첫째형, 절 보기 싫으면 중이 떠난다는데 그 마음 이해할 것 같고, 둘째형, 보고 배운 것이 그것인데 그럴 수 있을 것 같고, 셋째형, 이를 반면교사의 교훈으로 삼는 것이 참 지혜로웠다. 이런 의문과 함께 형들을 이해할 것 같으면서도 이해할 수 없었고, 돌아가신 아버지를 원망하다가도 그래도 나를 낳아주신 아버지인데 하면서 원망하는 마음을 거두어들이기도 했다.

나는 어떻게 사는 것이 가장 지혜롭게 사는 것일까? 넷째아들은 이런 의문을 품고 구도자의 길을 걸었다. 어느 날 넷째아들은 알게 되었다. 나는 내가 마음만 먹으면 첫째처럼 살 수도 있고, 둘째처럼 살 수도 있으며, 셋째처럼 살 수 있는 '일체유심조'를 펼칠 수 있는 세상에서 유일무이한 존귀한 존재라는 것을 깨닫게 된 것이다.

이런 깨달음을 얻게 된 것은 아버지로 인한 고통을 겪으면서 얻은 인욕의 힘이 수행의 동력이 되었고, 형제들의 다양한 삶을 보면서 자신의 정체성을 알게 되었던 것이다.

알고 보니 아버지의 술주정이 허물이 아니라 축복이었다. 형제들 각각의 삶이 자신의 소중한 길잡이였던 것이다. 세상에 태어나게 한 아버지의 감사함을 모르고 늘 원망하던 자신을 돌아보며 회한의 뜨거운 눈물을 흘렸다. 존재에 대한 감사함을 느끼는 순간이었다.

위 이야기는 사실 나의 이야기다. 4형제는 실제 형제가 아니고 나의 유년기, 청년기, 장년기, 노년기의 실제 삶을 그렇게 나열해 본 것이다. 내가 20대 때 나이 어린 8남매(3남 5녀)를 두고 알코올(alcohol) 중독으로 병원을 드나들다가 훌쩍 세상을 떠난 아버지, 그리고 그 후 10년을 같은 증상으로 살다 돌아가신 어머니를 둔 나의 얘기다.

부모님이 돌아가신 후 빚잔치하고 8남매 맏이로 동생들의 교육과 결혼을 책임져야 했던 나의 삶은 녹록하지 않았다. 여동생 다섯은 어렵게 결혼해서 유복하게 잘 산다.

그러나 남동생 둘은 내가 평생 짊어져야 할 업보 같은 존재였다. 세 살 아래 남동생은 사업 실패로 고생하다 병을 얻어 49세 나이로 일찍 세상을 떠났다. 지금 나이 쉰이 넘어도 결혼을 못 하고 홀로 살아가는 장애인 남동생*도 곁에서 챙겨주지 않으면 정상적인 삶을 영위할 수 없으니 내가 평생 돌보아야 할 숙명적인 것이라 생각한다.

한때는 내가 세상에서 가장 불행한 사람이라 생각한 적도 있었다. 그래서 삶을 포기할 생각을 하고 일을 저지르기도 했다. 그러나 지금은 그렇지 않다. 나 존재 자체만으로도 감사하다.

내가 살아오면서 고난이라 생각했던 것들은 오늘의 나를 있게 한 징검다리였다. 내가 짐이라고 생각했던 부모 형제들 모두는 오늘의 나를 있게 한 축복의 존재들이었다. 사랑으로 충만한 세상! 축복이다.

* 세월이 흘러 장애인 남동생은 뇌경색으로 쓰러져 신체 마비가 오고 언어 장애로 회생 불가 판정을 받고 요양병원에서 3년째 입원 중이다.

: 내려놓는다는 것

해외 투어를 가시지 못한 어르신들이 국내 투어를 하면 좋겠다는 의견이 있었다. 즉석에서 10여 분이 동의하고 투어 장소를 알아보고 준비에 들어갔다. 지리산 천은사 템플스테이 장소를 섭외해서 1박2일로 결정했다.

천은사 템플스테이 숙소는 최근에 다녀온 일도 있고 지도 법사 스님과도 소통이 원만해서 좋은 조건에 쉬었다가 올 수 있는 공간이다. 이곳은 천 년 고찰에 산수가 수려하고 주변 경관이 좋아 투어 장소로는 그만이다.

부산지역 단톡방에 공지해서 현재 20분 정도 신청을 했다. 30~40분 정도 예상을 했는데 의외로 신청이 저조했다. 대부분 어르신이고, 젊은 도반들 신청이 저조했다.

투어에 관심을 보이지 않는 도반들이 야속하게 느껴지고 섭섭했다. 내가 처신을 잘못하고 있는가? 내가 왜 이런 일에 앞장서야 하지……. 불편한 마음이 사라지지 않았다. 나와 가깝다고 생각하는 도반들마저 반응이 없어 더 서운했다. 심지어 다시는 이런 일에 앞장서지 않겠다는 생각도 했다.

불편한 마음으로 잠자리에 들었는데 문득 이런 생각이 들었다. '아! 이렇게 내 마음을 닫는구나…….' 이 서운함과 불편함은 어디에서 온 것일까? 흔히 말하는 자각 '다 내가 만든 한 생각이다.' 이것도 건성으로 자주 쓰면 약발이 떨어지는 것 같다.

오히려 큰 감정의 기복은 자각을 통해 잘 해결되는데 정작 작고 사소한 '불편함', '서운함' 이런 것에 걸려 있는 내 모습이 한심하다는 생각이 들었다. '불편함' '서운함' 이런 것들은 어디에서 온 것일까? 가만히 들여다보니 나의 기대감에서 오는 것이었다. 내가 만든 기대치에 미치지 못해서 그렇구나. 그럼, 이 기대치는 어디에서 온 것일까? 아! 내가 만들어 놓은 상(相)에서 왔구나.

이렇게 그 뿌리가 드러났다. 나는 상(相)이 별로 없다고 생각했는데 이런 사소한 감정의 뿌리를 거슬러 올라가 보니 수없이 많은 내 상(相)들의 잔재가 숨어 있었다. 내가 특정인이나 특정 집단에 무엇인가 했다는 '함에 대한 상(相)'…….

지금까지 살면서 물질적인 것을 베푸는 재(財) 보시나, 앎을 공유하는 법(法) 보시를 할 때 그에 상응하는 대가를 바라고 하지는 않았다. 불교 금강경에서 말하는 무주상(無住相) 보시를 염두에 두고 살았다.

그러나 이번 기회를 통해 작은 서운함도 나의 기대치에서 오고, 그 기대치 뿌리에는 나에게는 없다고 생각했던 상(相)의 잔재가 있었다. 지금까지 살아오면서 겪었던 수많은 사람과의 관계를 되돌려 보니 거의 대부분, 아니 전부가 이 틀을 벗어나지 않았다.

사람이 처음 만나면 관심을 보이고, 환심을 사려고 노력하고, 가까워지고, 기대치를 만들고, 기대치에 웃돌면 희희낙락(喜喜樂樂)하고, 기대치에 미치지 못하면 소원해진다. 거기에 더 에너지를 부여하면 미워하고 분노해서 결별하거나 더 극단적인 상황으로 치닫는다. 친형제 간이나 친인척마저도 예외일 수 없는 것 같다.

보통 고통에서 벗어나기 위해 내 생각이나 감정을 '내려놓는다.'라고 한다. 그런데 생각이나 감정을 내려놓아 봐야 기대치가 있는 한 또 올라오기 마련이다. '내가 만든 한 생각이다.'라는 자각으로 내려놓아도 또 올라

온다.

진정 내려놓아야 할 것은 내 생각이나 감정이 아니라 기대치의 뿌리인 내가 만들어 놓은 '나의 상(相)'이 아닌가 생각한다. 이번 나의 경우도 이런 상을 내려놓고 기대치를 거두어들이니 '불편함', '서운함'에서 자유로워질 수 있었다.

이런 자각의 기회를 준 모든 인연에 감사하고 천은사 투어를 위해 정성을 다하는 것으로 답례할까 한다.

: 게으름

　사람은 태어나면서부터 '자아'라는 개체를 만든다. 먼저 나의 몸이라는 육체가 외적 '자아'의 상징물이다. 그리고 의식이라는 내적 '자아'가 만들어진다. 이런 자아에 계속 에너지를 부여하면 독립된 인격체가 된다. 이런 자아를 '에고'라 하기도 하고 또한 이를 '나'라고 한다. '자아', '에고', '나'라는 여러 가지 이름으로 불린다. 우리 대부분의 사람이 이런 에고에 이끌려 살아가고 있다.

　달리 말하면 에고가 육신의 생·로·병·사를 이끌어가고, 내면으로 분별하고 집착하면서 욕구와 감정을 만들어 낸다. 그러면서 우리는 육체의 고통과 정신적 스트레스를 받으며 산다. 우리의 몸은 20대까지 성장을 한 후 30대부터 노화가 시작된다. 그러면서 정점의 젊은 시기보다 기능이 점점 떨어져 간다. 그러다 60대가 되면 병과 노화를 함께 겪게 된다. 달리 말하면 에고의 노예로 사는 삶이다.

　육신을 병들게 하고 노화로 이끄는 주범은 '게으름'이라 생각한다. '병'과 '노화' 그리고 '게으름'이 3요소가 톱니바퀴처럼 맞물려 돌아가면서 육체 에고의 종착역 죽음에 이르는 것을 보면 '게으름'이 에고의 무기가 아닌가 생각해 본다.

　이런 시스템을 멈추게 해서 병을 예방하고 노화를 늦추는 유일한 방법은 '게으름'을 '부지런함'으로 전환하는 것이다. 부지런하게 운동하고, 사색하고, 즐기며 누리는 삶이 에고의 종이 아닌 주인으로 사는 것이라 생각한다.

: 사무량심(四無量心)

자(慈)는 남에게 즐거움을 주려는 마음이고,
비(悲)는 남의 괴로움을 덜어 주려는 마음이다.
희(喜)는 남의 즐거움을 함께 기뻐하는 마음이고,
사(捨)는 남을 평등하게 대하려는 마음이다.
불교의 '사무량심(四無量心)'이다.

이는 부처님 가르침이다. 이 모두 남을 위하는 일이다. 그러나 다른 관점으로 보면 남을 즐겁게 하는 것은 곧 나를 즐겁게 하는 것이고, 남의 괴로움을 덜어 주는 것은 곧 나의 괴로움을 덜어 주는 것이며, 남의 즐거움을 함께 기뻐하는 것은 남의 즐거움이 곧 나의 즐거움이기 때문이다.

남을 평등하게 대하는 것은 나와 남이 둘이 아니기 때문이다. 그렇다. 우리가 보는 남은 나의 관점으로 본 남이다. 결국 또 다른 나의 모습일 뿐이다. 그래서 나와 남이 둘이 아니다. 그러니 사무량심을 행하는 것은 남을 이롭게 하는 보시행이지만 결국 나에게 베푸는 자기 사랑인 것이다.

: 긍정의 산물

보통 사람들이 살아온 과거의 삶을 되돌아보면 행복과 불행, 보람과 후회로 점철되어 있다. 그리고 현재도 미래도 그 연장선상에서 늘 희망과 두려움을 오가며 불안정한 삶을 살아간다. 그래서 부처님도 인간들이 사는 세상을 고해(苦海)라 했다.

이 세상은 한 사람 한 사람 각자의 독립된 삶이 '인연법'에 의해 엮어지면서 존속한다. 하지만 내 주변에 일어나는 모든 일은 그 주체가 바로 나다.

결국은 나에 의해서 창조되고 나에 의해서 롤러코스터(roller coaster)를 타듯 출렁이다가 나에 의해서 마무리되고 소멸한다. 그 과정에서 우리는 행복과 불행을 느끼고 시간이 지나면서 보람과 후회로 기억한다. 그것을 늘 반복해 왔고 지금도 그러하며 미래도 그러할 것이 불을 보듯 뻔하다.

나에 의해 창조된 내 주변의 모든 일은 존재 이유가 있다. 존재 이유는 '절대 긍정'의 이유다. 부정의 반대개념, 분별에서 오는 긍정이 아닌 완벽한 믿음에서 오는 절대 긍정인 것이다. 그래서 내 주변에 일어나는 모든 일은 '긍정의 산물'인 것이다.

나에 의해서 창조된 생각, 감정 등 모든 것들은 홀로 만들어지지 않는다. 서로 대응되는 것으로, 두 개가 창조되면서 하나는 오감(五感)에 인식되는 것으로 드러나고, 그 대응되는 것은 인식되지 않는 작용으로 남는다. 항상 쌍으로 만들어지고, 항상 쌍으로 존재하다가 항상 쌍으로 사라진다.

그래서 창조된 모든 것들은 순작용(順作用)과 역작용(逆作用)이 함께하는 것이다. 그러나 우리는 순작용(順作用)만 인식하고 역작용(逆作用)은 인식하지 못한다. 그림의 여백을 보지 못한 것과 같다. 반쪽의 진실이다.

순작용(順作用)과 역작용(逆作用)을 동시에 보고 받아들인다면 플러스(+)와 마이너스(-)를 상계하면 항상 제로[60]다. 여백과 그림이 하나가 되는 것이다. 제로 즉 하나인 자리, 홀로 존재할 수 있는 것은 창조주인 '진여본성' 즉 하느님뿐이다. 내 안의 진여본성이자 내 안의 하느님이다. 불가(佛家)에서는 이 자리에 머무는 것을 '열반'이라 한다.

나에게 일어나는 모든 일은 존재 이유가 분명하고, 나에게 일어나는 모든 일은 긍정의 산물이 분명하다. 나에게 어떤 경우도 부정은 없다. 문제는 이해와 믿음이다. 인식의 영역은 완벽한 이해가 필요하다. 개념으로서 이해가 아닌 체험을 통한 이해 말이다. 인식의 영역 밖은 체험을 통한 완벽한 믿음이 필요하다.

오늘도 내가 해야 할 일은 체험에서 얻은 믿음과 이해를 증장시키는 것이다. 하늘이 무너져도 흔들리지 않을 만큼……:

---

[60] 제로: 경제학에서는 이를 제로섬(zero-sum)이라 한다. 게임이나 경제 이론에서 여러 사람이 서로 영향을 받는 상황에서 모든 이득의 총합이 항상 제로 또는 그 상태를 말한다. 어원은 레스터 써로(Lester C. Thurow) 교수가 1981년에 쓴 책 『제로 섬 사회(The Zero-Sum Society: Distribution and the Possibilities for Economic Change)』에서 처음 사용하였다.

: 다선당(茶禪堂) 1

　다선당에 입주한 지 반년이 지났다. 요즈음 다선당 식구가 늘어 간다. 목요일 정기 모임에는 방이 가득하다. 팔단금 수련하고, 좌선 1시간 그리고 보이차 마시는 시간으로 마무리한다. 1주일에 한 번 모이는 모임이다.

　좌선을 특별하게 지도하지도 않고 자기 역량대로 해 오고 있다. 방법은 수없이 많으니 알아서 하도록 맡긴다. 눈을 감고 하는 사람, 눈을 뜨고 하는 사람, 벽에다 붉은 딱지를 붙여 놓고 거기에 몰입하는 사람 등 각양각색이다.

　처음 오신 분들은 어떻게 해야 할지 몰라서 전전긍긍(戰戰兢兢)하는 경우도 있다. 이런 경우 호흡과 생각이 일어나고 사라짐을 관(觀)하도록 간단한 요령을 일러 주기도 한다. 좌선할 때 우리가 인식할 수 있는 것은 호흡과 생각이 일어나고 사라짐이 대부분이다. 어떻게 하는 것이 좌선의 실효를 거둘 수 있을까?

　내 경험으로 보면 어떤 경우도 생각이 끊어진 상태를 그대로 유지할 수는 없다고 생각한다. 잠시는 가능할지 모르지만, 생각은 끊임없이 올라오게 돼 있다. 호흡과 생각의 흐름은 물의 속성과 유사하다. 물의 속성은 위에서 아래로 흐르는 것이다. 잘 흘러가도록 지켜보는 것이다.

　물이 빨리 흐르든지, 늦게 흐르든지, 물소리가 시끄럽든지, 조용하든지 그냥 지켜보는 강둑이 되어 보는 것이다. 이럴 때 나는 물의 흐름에 영향 받지 않는다. 주시자의 관점에 머물 수 있는 것이다. '참나'의 관점이다.

호흡의 들고남을 생각이 일어나고 사라짐을 통으로 느껴 보라. 생각에 버물리지[61] 말고 생각이 지나가는 도관이 되어 지켜보는 주시자의 관점이 돼 보라. '참나'의 관점이다.

---

61 버물리지: 여러 가지를 한데에 뒤섞게 하다. '버무리다'의 사동사.

: 지리산 수정사를 다녀와서

어제 일요일 지리산 수정사를 다녀왔다. 몸이 많이 아픈 죽마고우 친구와 어려운 나들이를 했다. 가니 못 가니 실랑이하다가 이번 장거리 나들이가 마지막일 줄도 모른다는 생각에 다소 무리가 가더라도 강행하기로 했다.

두 부부가 동승한 자동차는 지리산으로 향하고 있었다. 창밖의 싱그러운 녹음은 가슴을 들뜨게 하기에 충분했다. 남해고속도로를 빠져나와 섬진강변을 거슬러 올라가 지리산 형제봉 중턱에 자리한 수정사에 도착했다.

과거, 주말마다 차를 몰고 향하던 수행터였다. 주변의 수려한 산세와 아름다운 경관은 언제 봐도 그 모습이다. 가뭄으로 수량은 줄었지만, 계곡에는 여전히 맑은 물이 흐르고 있었다.

절 텃밭에서 직접 재배한 상추, 고추, 쑥갓 등의 무공해 야채와 정갈한 절 음식으로 맛있는 점심식사를 했다. 이곳이 아니고는 먹어볼 수 없는 특별한 음식들이다. 식후에 마시는 보이차 맛은 더 특별하다.

그렇게 한나절을 보내고 어둡기 전에 귀갓길에 올랐다. '친구가 병을 이겨내고 건강한 모습으로 다시 이곳을 찾는 기적이 일어나면 얼마나 좋을까?' 이런 생각을 해봤다.

'기적'이란 무엇일까? 흔히들 일어날 수 없는 일이 일어나는 것을 기적이라 한다. 그런데 일어날 수 없는 일은 일어나지 않는다. 달리 말하자면 일어날 수 있는 일이니까 일어난다. 이런 상황의 관점으로는 기적이라는 말이 논리에 맞지 않는다.

관점을 달리하여 생각의 관점으로 보면, 기적은 일어날 수 없다고 생각했던 일이 일어난 것이다. 불가능하다고 생각했던 것이 가능해진 것이다. 그렇다면 기적은 당초 생각의 오류라는 얘기가 된다. 일어날 수 있는 것을 일어날 수 없다고 착각한 것이다. 생각의 관점으로 보는 기적이란 말 또한 논리에 맞지 않는다.

내가 이룰 수 없다고 생각했던 무엇인가가 이루어져서 기적이라고 생각했던 것이 다시 금방 상황이 나빠지면 그 기적은 흔적도 없이 사라진다. 과연 이렇게 잠시 나타났다 사라지는, 항상성이 없는 그림자 같은 허상을 우리는 기적이라 해야 할까? 우리가 경이롭게 생각하고, 또 쓰고 사는 기적이라는 말이 이렇게 허점투성이라는 것이 참 아이러니하다. 진정한 기적은 무엇일까?

오늘도 새벽에 늘 다니던 승학산 포행 길에 올랐다. 승학산 자락에 이사 와서 산 지가 27년이 되었고, 매일은 아니지만 새벽 포행한 지는 어림잡아 15년은 된 듯하다.

얼른 보기에는 10년 전이나 지금이나 늘 같은 길인 것처럼 느껴지고, 나 자신도 10년 전이나 지금이나 늘 같은 나로 느껴진다. 그러나 또 다른 안목으로 보면 이 길이나 나 자신이나 한순간도 멈춘 바 없이 늘 변화하고 있었다는 사실이다.

그래서 매일 똑같은 길을 걸어도 처음 보고 처음 대하는 것처럼 경이롭고 신비롭게 느껴진다면 얼마나 황홀한 경험인가? 일상을 이런 느낌으로 산다면 저절로 날마다 좋은 날이 되고, 저절로 아름다운 세상이 될 것이다. 이것이 기적이 아니고 무엇이 기적이겠는가? 나는 날마다 진정한 기적을 경험하고 살고 있다.

: 중고차

요즈음 승용차는 필수품이다. 새 차를 구입하여 타고 다니다 보면 중고차가 된다. 아무리 관리를 잘 해도 중고차가 새 차가 되는 법은 없다. 그래서 적당히 타고 다니다 처분하고 새 차를 구입하는 것이 현명하다. 새 차뿐인가? 전용 비행기도 가능하다.

물론 구입할 돈이 준비된 사람들 얘기다. 준비되지 않은 자들은 중고차에 집착할 수도 있다. 새 차가 보장되어 있지 않기 때문이다. 우리 삶 중 육체적인 관점 또한 이와 유사하다. 적당히 쓰고 살다가 인연이 다해 병들고 아프면 이를 받아들이고 새 차를 기다리는 마음으로 죽음을 맞이하면 될 것이다.

죽음과 동시에 우리는 에너지체 몸을 얻는다. 그리고 윤회가 보장되고 새 몸을 얻는다. 영적 차원 상승은 물질계에서, 비행기를 얻는 것과 같이 대박이 나는 경우다. 윤회에서 벗어나는……. 이 또한 준비된 자들에게만 해당한다. 자기 정체성을 모르는 사람들, 사후 세계를 모르는 사람들, 현재 내 몸이 전부라고 믿는 사람들은 준비되지 않은 사람들이다.

: 쿠마라지바[62]

　1600년 전, 텐산산맥[63] 남쪽 쿠차왕국에서 왕자로 태어나 7세에 출가, 인도에 유학한 후 귀국하여 천불동에 머물면서 수행 정진하며 학승으로 쿠차국은 물론 중국(전진)에까지 이름을 날렸다.
　그 무렵 전진의 여광이 이끄는 군대에 의해 쿠차왕국이 지배되고 쿠마라지바도 포로가 된다. 그러나 포로가 된 쿠마라지바는 여광에게 부복하지 않아 말에 매달아 끌고 다니는 등 모진 고문과 학대를 받게 된다.
　여광은 쿠마라지바를 굴복시키기 위해 파계를 시도한다. 여인을 밀어 넣고 3일 안에 결혼하지 않으면 그 여인을 죽이겠다고 엄포를 놓는다. 자기 때문에 한 여인이 목숨을 잃을 지경에 이르자 쿠마라지바는 파계하고 결혼하게 된다. 그 무렵 쿠차왕국을 정벌한 여광은 금은보화를 약탈하고 쿠마라지바를 포함한 포로 3만을 데리고 회군한다.
　그러나 전진은 내란으로 인해 멸망하여 돌아갈 곳이 없자 양주에서 10년을 머물게 되고 여광도 이때 피살된다. 쿠마라지바는 이때 중국어를 완벽하게 익히게 되었다.

---

[62] 쿠마라지바(산스크리트어: कुमारजीव Kumārajīva): 구마라습[鳩摩羅什], 구마라십, 구마라집, 인도의 승려로 여러 곳을 편력하며 가르침을 받다 구자국(龜玆國: 현재 신장 쿠차)에서 주로 대승교 포교 활동을 벌였다.

[63] 텐산산맥 : 중국 서부 신장 위구르 자치구와 카자흐스탄, 키르기스스탄, 우즈베키스탄 등의 나라에 걸쳐 있는 산맥이다. 천산이라는 이름은 '하늘의 산'이라는 뜻으로, 주변 튀르크계 언어 명칭들도 같은 뜻이다. '텐'은 하늘 천(天)을 중국식 독음으로 발음한 것이다.

훗날 쿠마라지바가 당의 국사로 추대되고 산스크리트어로 된 불경을 중국어로 번역하는 작업에 전념하게 된다. 반야경, 법화경, 아미타경, 유마경 등 300여 권에 이르는 불경을 번역하는 작업을 하게 된다.

그는 수많은 불경을 번역하고 나서 "내가 번역한 불경은 한 구절도 오류가 없다." 그 증거로 내가 죽고 화장을 해도 내 혀는 타지 않을 것이라 했다. 훗날 쿠마라지바가 열반에 들고 화장했는데 혀가 타지 않았다고 한다.

중국, 한국, 일본, 베트남 등 동아시아 국가들은 지금도 1600년 전 쿠마라지바가 번역한 경전을 토대로 불교가 발전되어 오고 있으니 불교 신도가 쿠마라지바를 모르고 있다는 것은 부끄러운 일이 아닐 수 없다.

반야심경의 핵심인 '色卽是空空卽是色(색즉시공 공즉시색)'을 처음으로 썼다. 極樂(극락), 地獄(지옥)도 그분의 번역서에 처음 쓰인다. 쿠마라지바의 깨달음의 극치는 煩惱是道場(번뇌시도장)이다. 번뇌 속에 깨달음이 있다. 1600년의 시공을 넘어 깊이 공감되는 가르침이다. 위대한 성자 쿠마라지바에 합장한다.

: 차 한잔

瀹湯詩(약탕시)

松風檜雨到來初(송풍회우도래초)하니
急引銅甁離竹爐(급인동병이죽로)하고,
待得聲聞俱寂後(대득성문구적후)니
一甌春雪勝醍醐(일구춘설승제호)라.

솔바람 불어오더니 마침내 전나무 빗소리 요란하구나.
동병을 급히 당겨 죽로에서 내려놓고,
그 소리를 들어 차 다리기 알맞을 때를 기다렸다가
춘설차 한잔을 다려 마시니 제호인들 이를 당할쏜가.

남송 때 나대경의 '약탕시'라는 차를 달이는 시이다.

松風檜雨到來初(송풍회우도래초) 솔바람 불어오더니 마침내 전나무 빗소리 요란하구나.

이는 찻물을 끓이는 과정을 자연의 소리에 비유하여 절묘하게 표현한 구절이다. 물이 처음 끓기 시작할 때는 '쉬쉬'하며 솔바람 소리가 나다가 점점 시간이 지나면 '후드득후드득'하고 물이 팔팔 끓는다. 이 소리를 전

나무 잎에 비 떨어지는 소리에 비유해서 재미있게 표현한 것이다.

急引銅瓶離竹爐(급인동병이죽로) 동병을 급히 당겨 죽로에서 내려놓고,

동병은 물을 끓이기 위하여 동으로 만든 용기를 말하고, 죽로라 함은 쇠로 만든 화로를 맨손으로 잡을 때 뜨겁지 않도록 대나무로 엮은 발로 감싼 화로를 말하며 물을 식히기 위해서 화로에서 동병을 내려놓는 과정을 이렇게 표현한 것이다.

待得聲聞俱寂後(대득성문구적후) 그 소리를 들어 차 다리기 알맞을 때를 기다렸다가

녹차를 달일 때는 끓은 물이 약간 식을 때까지 기다렸다가 차를 달여야 차의 맛과 향이 좋다. 이 구절은 물 끓는 소리가 조용해지고 차 달이기 알맞은 온도로 식을 때까지 기다리는 과정을 잘 표현한 것으로 보인다.

一甌春雪勝醍醐(일구춘설승제호) 춘설차 한잔을 다려 마시니 제호인들 이를 당할쏜가.

일구(一 甌)는 요즈음 '한잔'을 이렇게 표현한 것이며 남송 때는 '잔'을 '구'로 표현했다. 춘설차는 곡우 전에 눈 속에서 처음 싹을 틔우는 첫물차를 말하며 우리나라의 경우 '우전차', '명전차'를 말한다. 제호는 고대 중국에서 최고의 음료로 알려진 발효유로서 요즈음 요구르트와 비슷한 음료이다. 차(茶) 한잔과 함께 옛 다시(茶詩) 한편 음미해 보는 것도 의미 있는 시간이 되리라 믿는다.

: 염불

'지장보살~, 나무아미타불~, 관세음보살~'
내가 염불하고 있다.
염불하다 보면 염불하고 있는 내가 사라진다.
다른 사람이 염불하고 있는 것처럼 느껴지고
나는 이를 지켜보고 있다는 느낌이 들 때가 있다.
주시자의 관점이 되는 것이다.

이럴 때 염불하고 있는 나는 누구일까?
내가 아니라면 누구일까?
지장보살 염불하다가 내가 사라지면 지장보살만 남는 것이고,
관세음보살 염불하다가 내가 사라지면 관세음보살만 남는 것이며,
아미타불 염불하다가 내가 사라지면 아미타불만 남는 것이다.

내가 곧 지장보살이요,
내가 곧 관세음보살이며,
내가 곧 아미타불인 것이다.

나무아미타불~

: 억새에 걸린 달

간밤 어두움도
떠오르는 한 빛에
흔적 없이 사라지고

억새에 걸린 달도
떠오르는 한 빛에
흔적 없이 녹아진다.

간밤
잠 못 이루게 한
번뇌도

한 빛에
녹아내린
달처럼

가슴에
사랑 한가득
담아 보니

눈 녹듯 사라진다.

나는 지금
사랑이다.

나는 지금
자유다.

: 가을비

비 오는 새벽
승학산 가로수
단풍 익어 젖어 가고

휘익휘익 바람 소리
후드득후드득 나뭇잎에
비 떨어지는 소리
저벅저벅 발자국 소리

앞도 비어 있고
뒤도 비어 있다.

저벅저벅 발자국 소리
발자국 소리 주인공
나는 누구인가?
'이 뭣꼬'…….

의심 덩어리가 걸어간다.
가을비 속으로…….

: 존재의 이유

나와 인연을 맺은 모든 것은
존재의 이유가 있다.

그 존재의 이유는
근원이 나에게 있다.

내가 만든 원인에 의한
결과물인 것이다.

그 바탕에는 사랑이 있다.

사랑은 존재의 이유를
이해하고 수용하면서
시작된다.

사랑은 존재의 이유가
필연임을 알아가면서
성숙한다.

사랑은 모든 존재 자체가
내 본질과 하나임을 깨달으면서
꽃피워진다.

사랑은 자유를 선물한다.
자유를……..

: 회광반조(回光返照)

"나는 누구다."
라고 말하는 사람보다는
"나는 누구인가?"
라는 의문을 가진 사람이
더 지혜로운 사람이라 생각한다.

"나는 누구다."
라고 규정하는 자는 자기를 한정 지워버리고,
의식이 밖으로 향하고 있다 보니 늘
시비 분별하게 되어 있으나

"나는 누구인가?"
라는 의문을 가진 사람은 의식이
내면으로 향하면서 진리의 자리에
한 걸음 한 걸음 다가갈 수 있기 때문이다.

심외무법(心外無法)
내 마음 밖에는 법이 없다.
모든 진리는 내 마음 안에 있다.

무슨 생각을 하든,

무슨 말을 하든,

무슨 행동을 하든,

항상 의식을 내면으로 향해
생각, 감정, 행동을 있게 한
근본 자리를 보는 것을 게을리하지 말아야 한다.

: 알아차림

念起卽覺(염기즉각)

覺之卽失(각지즉실)

생각이 일어나는 것을

알아차리면

알아차린 즉시 사라진다.

불교 경전

원각경(圓覺經)[64]에 나오는 석가모니

부처님 말씀이다.

이때 覺(각)이 '알아차림'이다.

일어나는 생각들은 만들어진 피조물이라는 알아차림,

이것을 쉼 없이 해보자.

그렇게 하는 것이 내려놓는 것이고,

내려놓으면 가벼워지고

---

64 원각경(圓覺經): 불교에서, 석가모니가 십이 보살(十二菩薩)과의 문답을 통하여 대원각(大圓覺)의 묘리(妙理)와 관행(觀行)을 밝힌 경전.

편해지게 되어 있다.

離苦得樂(이고득락)
고통에서 벗어나 즐거운 삶을 영위하는 것이다.

: 충만

풍요를 떠올리면
많은 조건이 떠오른다.

조건이 잘 갖추어진
사람들과 비교가 된다.

그리고 스스로 나를
작고 왜소하게 만든다.

그러나 지금 나에게 주어진
조건들을 그냥 '부족함이 없다.'는
정도 떠올려 본다.

오롯이 내 안에 생각이 머물면서
마음이 편안해진다.

찾고 구하면 내 의식은 밖으로 향한다.
만족하고 감사하면 내 의식은 내면으로 향한다.

번뇌는 밖에 있고,
지혜는 안에 있다.

지금 나에게 주어진 것들은
부족함이 없다.

지금 내 주변 인연들은 존재만으로도 감사하다.
넉넉하고 충만하니 온 세상이 아름답다.

: 예수님 오신 날

예수님 오신 날
새벽에 승학산 정상에 올랐다.

온 세상에 반목과 갈등이 사라지고
사랑으로 충만하기를
간절한 마음으로 기도했다.

여명이 밝아오면서
산야와 바다가 드러났다.

감천 앞바다가 손에 닿을 듯하고
김해평야가 한 움큼 손안에 들어온다.
백양산 금정산 봉우리들이 지척에 있다.

멀지 않은 곳에 동서로 긴 섬이 보인다.
봉우리도 선명하고 깜박이는 불빛도 보인다.
평소 잘 보이지도 않던 대마도가 지척에 있는 것처럼
가깝고 선명하게 보인다.

몇 년 전에도 이런 일이 있었는데……:
내 눈에만 이렇게 보이니 참 신기하다.
느낌이 나쁘지 않다.

: 어둠의 미학

새벽 산행은 어둠이 있어 좋다.
어둠 속에서는 나밖에 없다.
그래서 고요가 흐른다.

어둠 속에서는 물소리가 싱그럽고,
어둠 속에서는 별빛이 영롱하다.

더듬어 가는 어두운 길 달빛으로 족하다.
어둠이 있어 여명이 찬란하고
번뇌가 있어 보리[65]가 빛난다.

어둠 속에 잠든 세상
축복이다.

---

65 보리: 보리심[菩提心]. 산스크리트어 bodhi-citta의 음역. ① 깨달음을 구하려는 마음. 깨달음의 경지에 이르려는 마음. 깨달음의 지혜를 갖추려는 마음. 부처가 되려는 마음. ② 깨달은 마음 상태. 모든 분별과 집착이 끊어진 깨달음의 마음 상태.(한국고전용어사전)

: 한 해를 보내면서 1

 우리 삶의 패턴은 하루, 일주일, 한 달, 그리고 연 단위로 반복한다. 아침은 하루를 새롭게 시작하는 시발점이고, 월요일은 일주일을 새롭게 시작하는 시발점이다. 월초 또는 연초 또한 이와 다르지 않다.

 우리는 보다 나은 삶을 위해 변신을 시도한다. 하지만 시도한 대로 이루어진 것보다 이루어지지 않은 것이 더 많다. 한 해를 보내면서 아쉬움으로 뒤돌아보고, 내일 맞을 새해에 무엇인가 변신을 시도해 보지만 지금까지 해 오던 패턴을 크게 벗어나지 못할 것이다. '세 살 버릇이 여든까지 간다.'라는 속담이 있다. 타고난 성향은 잘 바뀌지 않는다는 말이다. 그래서 삶의 패턴을 바꾸기가 쉽지 않은 것이다.

 타고난 성향도 나에 의해서 만들어진 것이고, 삶에서 굳어진 패턴 또한 나에 의해서 만들어진 것이다. 그런데도 이런 성향, 패턴에 갇혀 살아가고 있기 때문이다. 성향이나 패턴을 만든 주인이 주인의 삶을 살지 못하고, 성향이나 패턴에 갇혀 노예의 삶을 사는 것이다. 주객이 전도된 삶을 사는 것이다.

 주인의 자리를 회복하는 삶을 영위하려면 나의 정체성을 깨달아 거듭나야 한다. 내 안의 신성(神性)을 만나야 한다. 새해에 우리가 해야 할 일은 바로 이것이다. '깨달음을 얻는 것'.

: 새해 인사

새해 복 많이 받으시기 바랍니다.
받은 복보다 더 많은 복을 지으셔서
항상 복의 샘이 넘치기를 바랍니다.

복을 받는 사람은 누구인가?
복을 짓는 사람은 누구인가?
나는 누구인가?

나에 대한 의문을 갖고
나를 알아가는 복이
복 중에도 최고의 복입니다.

새해 최고의 복을 누리시기 바랍니다.
사랑합니다.~♡♡♡

: 다선당 도반님들

'보시바라밀(布施波羅蜜)[66]과 자리이타(自利利他)[67]'.

다선당에 입주한 지 한 해가 지났다. 몇 사람 안 되지만 오고가고 또 남아 있고 여러 인연이 펼쳐졌다. 매주 목요일 밤은 다선당 정기 모임 일이다. 그리고 매주 화요일 낮에는 법문이 있다. 인연 따라 서울 도반도 만나고, 전주 도반도 만난다.

도반님들이 영적 깨달음을 얻기를 간절히 염원하고, 도반님들이 고통에서 벗어나기를 간절하게 염원할 때, 나는 도반님들과 나눌 양식을 영감으로 얻을 수 있었다.

누군가를 위하는 마음이 간절할 때 나는 그가 된다. 그럴 때 내 안의 신성(神性)이 작용하여 이가 드러나면서 영감으로 지혜를 얻는다. 이렇게 얻은 지혜를 그들과 나눈다.

물질계에서 주고받는 거래에서는 어느 한쪽이 이로우면 다른 한쪽이 해롭다. 어느 한쪽이 얻음의 즐거움을 맛보면, 다른 한쪽은 상실의 괴로움을 맛보게 된다. 나의 행복은 너의 불행, 즉 시소게임이다. 나도 이롭고 남도 이로운 '자리이타'는 없다. 왜냐하면 항상 주고받아야 하기 때문이다.

나는 남에게 주는 대가를 나로부터 받는다. 다른 사람들과 나누려는 마음으로 기인해 얻어지는 것이지만, 내 안의 신성으로부터 받은 영감은

---

[66] 보시바라밀(布施波羅蜜): 자기 소유물을 필요한 사람에게 베풀어 주는 것을 뜻한다.
[67] 자리이타(自利利他): 나를 이롭게 하는 일이 남에게도 이로운 일이란 것을 뜻한다.

내 몫이다. 이를 함께 나누다 보면 나도 이롭고 남도 이로운 자리이타행이 저절로 되는 것 같다. 저절로 되는 보시바라밀······.

 소중한 경험을 나눌 수 있는 도반님들! 이런 인연들이 참 감사하다. 사랑해요.~

: 경험의 장

　어둠 속을 더듬어 승학산에 오른다. 돌부리에 걸려 넘어질세라 조심조심 또 조심한다. 저절로 조고각하(照顧脚下)[68]가 된다.
　환한 대낮보다는 어둠이 불편하다. 그러나 어둠에는 문제가 없다. 어둠 속에서 앞을 못 보는 내 눈이 문제다. 밤과 낮이 있고 밝음과 어둠이 있는 것은 분명 그 이유가 있을 것이다. 어두울 때는 나다니지 말고 쉬라는…….
　세상에 만들어진 모든 것들은 긍정의 이유가 있다. 다만 이를 대하는 사람들 마음이 부정을 만들 뿐이다. 사람과의 관계도 이 법칙이 적용된다고 본다. 다른 사람의 허물을 들추어내고 그를 폄하(貶下)하는 것은 그 사람이 만든 부정성에서 기인한 경우가 많다. 무슨 언행이든 당사자에게는 긍정의 이유가 있는 것이다.
　남을 비판하고 허물을 들춰내는 이런 사람들은 정작 자기 허물을 보지 못한 경우가 많다. 한 부분을 보고 그것이 전부인 양 착각하는 그런 오류를 범하고도 이것이 오류인지 모른다.
　돌이켜 보면 나 자신도 이로부터 자유롭지 못하다. 그렇다고 세상을 모른 채 등지고 살 수는 없는 것이다. 세상에 존재하는 모든 것들을 나의

---

68 조고각하(照顧脚下): 발아래를 잘 살피라는 뜻이다. 선어록(禪語錄)인 '종문무고(宗門武庫)'와 '오가정종찬(五家正宗贊)'에 나온다. 동해안 절벽 위에 자리한 양양 낙산사 홍련암 길 초입과 해남 미황사 세심당 건물 섬돌 위 마루, 서울 길상사 진영각, 법정 스님 영정이 모셔진 마루에도 '조고각하'라는 글귀가 새겨져 있다고 한다.

영적 성장을 위한 공부의 소재로 삼아 보면 모두 존재 이유가 있다.

나의 영적 성장은 좋은 것을 따름도 성장이요, 나쁜 것을 거스름도 성장이며, 좋고 나쁨도 내 한 생각이라는 자각은 더 큰 성장이다. 그래서 세상 만법은 내 경험의 장이요, 스승 아닌 것이 없다고 생각하게 된다. 무엇이 문제인가?

나에 의해서 펼쳐진 온 세상 그 주인은 나다. '일체유심조(一切唯心造)'.

: 통

　겨울 혹한기에는 새벽 산행이 부담된다. 그래서 산행 기준을 정했다. 초미세먼지가 나쁜 날이나 체감온도가 영하 4도 이하로 떨어진 날은 산행을 쉬기로 했다.

　요즈음 며칠 이런 요인으로 아침 산행을 못 했다. 오늘은 체감온도가 딱 영하 4도라서 망설이다가 채비를 단단히 하고 산행에 나섰다. 어둠이 짙으니 발걸음은 둔해도 하늘의 별빛은 더 영롱하다. 얼굴을 스치는 냉기는 정신을 맑게 한다.

　이렇게 시작하는 하루하루라는 통 안에서 이런 일 저런 일이 얼키설키 얽혀 지나간다. 잘해도 지나가고, 못해도 지나간다. 어제도 그러했고, 오늘·내일도 그러할 것이다. 하루라는 통이 모여서 한 달이 지나가고, 한 달이라는 통이 모여 한 해가 지나간다. 한 해라는 통이 다 모인 것이 이번 생의 삶이다.

　나는 통이 되고 싶다. 통은 안에서 일어나는 일들에 영향 받지 않는다. 통은 모든 것이 지나가는 통로를 제공할 뿐이다. 온전히 내맡기고 주시자의 관점이 되는 것이다.

: 잃어버린 어둠

　새벽녘 어둠 속을 더듬어 산에 오르다 보면 발걸음에 집중하게 되고 마음은 고요 속에 머문다. 산은 깜깜하게 어둡지만, 저 아래 도심은 대낮처럼 밝다.
　세상에 창조된 모든 것들은 음양의 법칙이 적용된다. 우리 주변에서 이 법칙이 가장 가깝게 느껴지는 것은 매일 반복되는 밤과 낮, 즉 어둠과 밝음이다. 어둠은 우리에게 무엇을 주고, 밝음이 우리에게 주는 것은 무엇일까? 이런 의문이 든다. 사람이든 동물이든 식물이든 모든 생명체가 밤에 하는 작용과 낮에 하는 작용이 다르다. 낮은 동(動)적이고, 밤은 정(靜)적이다.
　동적인 밝은 낮에는 의식이 밖으로 향하고, 정적인 어두운 밤에는 의식이 안으로 향한다. 이 모든 작용 또한 음양의 법칙대로 돌아간다. 그래서 낮에는 동적인 육체적 활동이 왕성하고, 밤에는 수면과 함께 정적인 의식활동이 원만하게 이루어진다.
　그런데, 요즈음 주변 환경을 보면 어둠과 밝음의 균형이 깨져 버렸다. 그 원인은 과다한 전기 조명 때문이다. 24시간 대낮처럼 거리를 밝히는 도심 속에서는 어둠과 밝음의 조화가 깨진 지 오래다. 어둠이 사라진 것이다.
　동적인 밝음의 산물로 물질문명은 첨단을 달리지만, 정적인 정신세계는 암흑기를 맞고 있다. 우리나라 불교계에 선맥(禪脈)이 끊겼다고들 한다. 우리나라뿐만 아니라 동서양을 막론하고 근세기에 성자가 출현하지 않는 이유 중 하나로 어둠과 밝음의 부조화에 기인한 것으로 보면 어떨까? 우리는 지금이라도 잃어버린 어둠의 시간을 되찾을 때다. 지혜는 의식이 내면으로 향할 때 얻어진다.

: 멈춤

꽃의 마음이 되면 꽃을 꺾을 수 없다. 약초를 캐러 산에 갔다가 산도라지 뿌리에서 나온 하얀 진이 피처럼 느껴져서 더 캘 수가 없었다. 동물들도 그의 마음이 되어보면 함부로 대할 수 없다. 식물, 동물들도 이러할진대 하물며 사람과의 관계는 더 말할 나위가 없다.

어떠한 경우도 그의 마음이 되어 보면 판단이 조심스러워진다. 내가 있고 대상이 있을 때는 옳고 그름이 명백하지만, 나를 잠시 접어 두고 그가 되어 보면 상황이 달라진다. 역지사지(易地思之)하는 마음이다. 온전히 역지사지하는 마음이 되려면 그 순간은 자아가 사라져야 한다.

자아가 바탕이 된 역지사지하는 마음은 결국 판단에 이른다. 그래서 주관적인 판단을 멈추어야 한다. 그리고 그의 입장이 되어 보는 것이다. 판단을 멈출 때 남을 기쁘게 해주지는 못할망정 최소한 남을 지탄하거나 불편하게는 하지 않는다. 나의 긍정과 부정이 함께 사라지는 것이다.

'그럴 수도 있겠구나……'

시끄러운 것이 사라지고 고요 속에 머문다. 고요의 바탕에는 연민과 사랑이 존재한다. 중도실상(中道實相)[69]의 자리이다.

---

69 중도실상(中道實相): 불교에서 어디에도 치우치지 아니하는 중정(中正)의 도(道)가 우주 만유의 진실한 모습이라는 말이다.

: 나는 누구인가

나에게 묻는다.
나는 누구인가?
내가 이 물질계에 온 이유는 무엇인가?
지금까지 무엇을 위해서 살았는가?
여생(餘生)은 무엇을 위해 살 것인가?

나는 내가 누구인지 모른다.
내가 이 물질계에 온 이유도 모른다.
내 삶의 일관된 목표도 없었다.
그때그때 한시적인 목표를 세우고
조그만 성과를 거두면 만족하며 즐거워했고,
성과를 거두지 못하면 좌절하며 괴로워했다.
취하고 버리고,
즐거워하고 괴로워하고,
늘 양극을 오가며 살아왔다.

나는 나에게 선포한다.
나는 본래 신(神)이었다.
내가 물질계에 온 이유는 물질계를 경험하고,

'신(神)으로 귀환'하기 위함이다.
신(神)으로 귀환은 깨달음을 얻는 것이다.
내 삶 모두는 깨달음을 위한 경험의 장이다.
과거의 삶 모두가 그러했고, 미래의 삶 모두가 그러하다.
선(善)도 악(惡)도, 풍요도 궁핍도 모두 경험의 장일 뿐이다.

나는 깨달음을 위해 먹고,
깨달음을 위해 일하고,
깨달음을 위해 잠잔다.
오직 깨달음, 이것만이
내가 존재해야 할 이유다. 오로지

: 부처님 오신 날에 즈음하여

　내일(5월 12일)은 불기 2563년 부처님 오신 날이다. 내일 평소 인연이 있는 지리산 수정사에 가기로 했다. 봉축 법회가 끝나고 절에 남아 하룻밤 정진하기로 했다. 부처님이 환생하여 지금 우리 곁에 오신다면 지금 우리가 사는 모습을 어떻게 볼까? 그리고 우리에게 무엇을 전할까? 이런 의문이 들었다.

　유위법(有爲法)[70]의 세계는 시대의 흐름에 따라 바뀔지라도 시공을 초월한 진리의 세계 반야바라밀법은 2500년 전이나 지금이나 다를 바가 없을 것이다. 석가모니 부처님은 6년 고행을 통해 대각(大覺)을 이루신 분이고, 그리고 중생 구제를 위해 평생 설법을 하신 분이시다. 팔만대장경이 그 설법을 기록으로 전하는 것이다.

　석가모니 부처님은 진리(반야바라밀)를 불가취(不可取) 즉 취할 수도 없고, 불가설(不可說) 즉 설할 수도 없다고 했다. 반야바라밀은 본래 누구에게나 주어진 것이다. 주어진 것을 발견하고 증득하였을 뿐 따로 반야바라밀을 얻은 것이 없다는 뜻이다. 그래서 불가취(不可取)라 했다. 증득한 반야바라밀을 있는 그대로 전했을 뿐 따로 설한 바가 없다는 뜻이다. 그래서 불가설(不可說)이라 했다.

　부처님은 심외무법(心外無法)이라 했다. 우리 마음밖에는 법이 없다는

---

[70] 유위법(有爲法): 여러 인연으로 모이고 흩어지는 모든 현상.

뜻이다. 인식하는 모든 것들은 내 마음의 반영인 것이다. 그런데 우리는 왜 반야바라밀을 볼 수 없을까?

'반야바라밀, 불생불멸(不生不滅), 불구부정(不垢不淨), 부증불감(不增不減), 소소영영(昭昭靈靈), 성성적적(惺惺寂寂), 진공묘유(眞空妙有), 진여법성(眞如法性), 무생법성(無生法性)……'

이런 반야바라밀을 보지 못하는 것은 구름에 가려 해를 못 보는 것과 같다. 해를 가린 구름이 무엇인가? 아상(我相), 인상(人相), 중생상(衆生相), 수자상(壽者相) 사상(四相)이다. 구름인 사상(四相)을 여의면 반야가 드러나게 되어 있다. 사상(四相)을 여의려면 무아(無我)를 증득해야 한다.

나는 누구인가? 내 몸은 오온 '색(色)', '수(受)', '상(想)', '행(行)', '식(識)'으로 되어 있다. ① 색온(色蘊)은 몸이라는 무더기, 몸의 감각 무더기이다. ② 수온(受蘊)은 괴로움이나 즐거움 등 느낌의 무더기이다. ③ 상온(想蘊)은 생각·관념의 무더기이다. ④ 행온(行蘊)은 의지·충동·의욕의 무더기이다. ⑤ 식온(識蘊)은 식별하고 판단하는 인식의 무더기이다.

나는 고유한 자성이 없고, 오온이 인연 따라 화합된 것이다. 오온 또한 각 자체 고유성이 없으니 공(空)한 것이다. 오온이 공해서 나 또한 공(空)한 것이니 아공(我空)이라 한다. 아공(我空)인 내가 인식하는 일체유위법 또한 각각 고유한 자성이 없으니 법공(法空)이라 한다.

아공, 법공을 인식하는 인식 주체마저도 고유한 자성이 없으니 이를 구공(俱空)이라 한다. 아공(我空), 법공(法空), 구공(俱空)을 증득할 때 온전히 사상(四相)을 여의게 될 것이고, '아뇩다라삼먁삼보리', '정심정각(靜審正覺)'을 이룰 것이라고 부처님은 법을 전하지 않았을까 생각해 본다.

: 존재에 대한 감사함

어제 지리산 수정사에 정기 법회가 있어 다녀왔다. 한동안 매주 주말을 여기서 보내며 수행하던 절이다. 그때보다 규모는 커졌지만, 풍광은 여전히 좋다.

한때 열심히 다니던 신도들은 보이지 않고, 낯선 얼굴들이 많은 것을 보면 절집도 인연 따라 오가는 것은 세속과 다를 바가 없는 모양이다. 절에 오는 목적도 각양각색이지만 대부분 불자는 절에 와 무엇인가 구하기도 하고 바라는 것이 있고 이를 위해 기도한다. 그래서 법회 때 법사 스님 또한 복을 구하는 발원을 할 수밖에 없는 것 같다. 사업성취, 건강증진, 시험합격, 가정 화평 등.

우리들의 삶 전부가 좋은 것은 취하고 싶어 하고, 나쁜 것은 버리고 싶어 한다. 결국 구하고 바라는 것이 뜻대로 되지 않으면 화내고 괴로워한다. 탐진치 삼독(貪瞋痴三毒)이다.

이렇게 구하고 바라는 마음으로 절에 가면 항상 매달리고 허(虛)함을 면할 수 없다. 사람의 구하는 마음은 구조적으로 충족될 수 없다. 원하는 것이 이루어지면 또 다른 구함을 만들기 때문이다. 절에서 자신에 대한 감사함을 느껴 보면 어떨까? 나는 천지(天地)간에 헤아릴 수 없는 에너지 작용에 의해 생명을 유지하면서 현재 내가 존재하는 것이다.

나를 존재케 하는 수많은 에너지체를 형상화 인격화해서 형상으로 모셔놓은 것들이 불상이나 화엄신중들이다. 현재의 나를 존재케 하는 존재들에 대해 감사해야 한다. 감사한 마음으로 절에 가고, 감사한 마음으로 충만해서 돌아오면 내 일상도 늘 감사할 일이 생길 것이다.

: 수정사

수정사!
절에 오는 바람은 그냥 온다.
절에 오는 바람은 바라고 구하지 않는다.
절에 오는 바람은 오가도 흔적이 없다.

수정사!
흐르는 물은 늘 노래만 부른다.
흐르는 물은 늘 낮은 곳에 임한다.
흐르는 물은 어디에도 저항하지 않는다.

수정사!
부처님 바위는 늘 말이 없다.
부처님 바위는 바라만 보고 있다.
부처님 바위는 누구를 기다릴까?

이 글은 작년 이맘때, 수정사에 다녔던 어느 신도에게 보내주기 위해 썼던 글이다. 한때 수정사에서 신행 생활을 열심히 하시던 분인데 수정사와 인연이 다했던지 모습을 볼 수 없었다.
마침 전화번호가 있어서 안부를 묻고 만남으로 이어졌다. 점심 식사를 함께하고 긴 시간 얘기를 주고받았는데 마음이 무거웠다. 생각의 앙금이 무겁고 힘들게 보여서 작은 도움이라도 됐으면 하고 몇 자 적어서 보냈던 글이다. 바람처럼 가벼워지고, 물처럼 유연하고, 자유로운 그런 마음에 안주하기를 바라면서…….

절집에는 수많은 사람이 왔다가 인연이 다하면 멀어지는 것이 다반사다. 가볍게 오고 가고, 있는 듯 없는 듯 지내던 사람들은 떠날 때도 가볍게 떠난다. 그러나 절에 와서 바라고 구하는 것이 있는 사람들은 남다른 열정을 보인다. 복을 구하든, 깨달음을 구하든, 남다른 대우받기를 바라든, 이 모두 구하고 바라는 마음이다.

그러나 구하고 바라는 것이 기대에 어긋나면 결국 실망하게 되고 마음에 섭섭한 앙금을 남긴 채 절을 떠나는 경우가 허다하다. 구하고 바라는 마음 다 내려놓고 그냥 감사하는 마음으로 절에 다니다 보면 이런 섭섭한 마음 때문에 절을 떠나는 일은 없을 것이다.

이렇게 수려한 환경에 도량을 만들어 부처님 법을 만날 수 있게 해 주신 스님께 감사하고, 늘 반갑게 맞이해 주는 도반님들께 감사하고, 최상의 사찰 음식을 맛보게 해 주시는 보살님께 감사하고, 이 모든 인연과 더불어 내가 이렇게 존재하는 것만으로도 충만하고 감사하다. 이렇게 감사한 마음으로 사는 것이 오고 감에 자유롭고 편안할 것이다.

부처님 바위는 누구를 기다릴까?

깊이 참구하고 정진해서 근본과 하나 되는 대업을 성취하기 바란다.

: 덕담

서울 조카 결혼식에 갔다가 폐백을 받으면서 한 덕담이다. ○○아! 결혼 축하하고 잘살기 바란다. "잘살아라." 하니 어떻게 사는 것이 잘사는 것인지 막연하지? 내가 살아오면서 느낀 잘사는 법 두 가지만 당부할게.

첫째, 오늘 결혼한 네 처를 귀하게 대접해라. 네가 네 처를 귀하게 대접해 주면 너도 귀한 대접을 받게 되고, 네가 네 처를 함부로 대하면 너도 험한 대우를 받게 된단다.

귀하게 대접하라 해서 업고 다니라는 뜻이 아니다. 귀하게 대접하라 해서 특별한 대접을 하라는 얘기가 아니다. 함부로 대하지만 않으면 그 여백이 귀한 대접이 되는 것이란다. 예를 들면, 너는 처가를 폄하(貶下)하는 말을 삼가야 하고, 네 처는 시댁을 폄하하는 말을 삼가야 한다든지 이런 것들이 넘지 말아야 할 아킬레스건이란다. 이런 것들을 조심하고 배려하면서 살다 보면 내 삶이 편해진단다.

둘째, 네 처와 다른 가족 간에 갈등이 있을 때 너는 항상 네 처의 편을 들어주어야 한단다. 고부간의 갈등, 형제간의 갈등은 언제든지 있을 수 있다. 이럴 때 편을 들어주라 한다고 해서 다른 가족을 서운하게 하면서까지 네 처의 편에 서라는 얘기가 아니다.

내가 다른 가족의 편을 들어주지 않으면 아내는 묵시적으로 '남편은 내 편이구나!'라고 생각하며 고마워한단다. 이런 고마움은 평생 가슴에 담고 산단다. 반면에 그 반대의 경우가 되면 평생 서운함을 가슴에 담고 산단다. 항상 내 편이라 생각하고 살게 하고, 마음에 순위를 매길 때 항상 '영(0)' 순위에 두고 살면 노년이 편하단다. 이 모든 것은 결국 너(자신)를 위한 것이란다.

: 새벽

어둠이 있어
달은 달대로 밝고
별은 별대로 빛난다.

물소리 청량하고
바람 소리 싱그럽다.

구름은 바람 따라
남쪽으로 향하는데

북두(北斗)에 머문
내 마음은
이 무슨 도리인고…….

보는 나는 누구인가?
듣는 나는 누구인가?

: 스리랑카 여행에 즈음하여

2019년 11월 11일부터 10일간 의료지원 봉사활동 겸 성지순례 목적으로 스리랑카를 여행하기 위해 준비하고 있다. 스리랑카는 처음 가보지만 나에게는 특별한 인연이 있다.

2003년 간화선 수행을 처음 시작하고 돈오체험을 한 후, 이듬해 5월 또 다른 영적 체험을 한 일이 있다. 3일 밤낮 온몸이 진동하면서 몸이 환골탈태해서 건강한 몸으로 거듭나고 의식에 큰 변화를 체험한 일이 있다.

그때 비몽사몽간에 어린 동자(7, 8세로 보이는 미소년)가 내 손목을 이끌고 어디론가 안내했다. 그곳은 내가 한 번도 가본 적도 없고 전혀 생소한 스리랑카 어느 시골 장터로 안내되고 거기에는 어느 노인이 앉아 있었다. 하얀 바지저고리를 입고 있었고 간디 수상이 쓰던 안경처럼 까맣고 동그란 뿔테 안경을 쓰고 있었다.

내 양 팔뚝을 내밀라고 했다. 내 몸에 피를 다 뽑아내고 새로운 피를 수혈해야 한다고 했다. "그렇게 하지 않으면 큰일이 난다."라며 진지하게 말했다. 나는 약간 두려운 생각도 있었지만, 그냥 팔을 내밀었다. 엄청나게 큰 주사기를 내 팔뚝에 꽂더니 피를 뽑아내기 시작했다. 그리고 다른 팔뚝에 똑같은 주사기를 꽂고 새 피를 수혈했다. 이 작업을 마치고 나서 나는 거기에서 깨어났다. 꿈을 꾼 것 같은 비몽사몽간의 일이었다.

그리고 나서 온몸에 잔병이 없어지고 건강한 몸으로 변신했다. 수행하는 데 장애가 모두 사라지고 저절로 수행이 이어졌다. 그때부터 나를 지켜 주는 무엇인가가 있다는 확신이 들었다. 항상 위험으로부터 나를 지켜 주고 길잡이가 되어 주었다. 나를 지켜 주는 수호신이자 신장이었다. 그 인연이 이어져 오늘의 내가 존재하고 있다.

그래서 스리랑카는 나에게 은혜의 땅인지도 모른다. 그 후 세월이 15년이나 흐르고 나서 처음으로 스리랑카 여행하게 되니 감회가 남다르고 특별하다. 나에게는 의료지원 자원봉사나 성지순례도 의미가 있지만, 이번 여행에 임하는 마음은 수행의 연장이라 생각하고 있다.

일체에 조건 없이 허용, 포용, 수용한다. 부정은 없고, 절대 긍정이다. NO는 없다. NO, NO. 여행이다. 무아(無我)의 여행이 되기를 소망한다.

: 도반에게

자원봉사를 하면서
스리랑카 말을 모르니
수많은 사람을 만나도
미소 지을 뿐…….
파도가 일지 않습디다.

없음에는 없음이 없고,
공에는 공이 없다 합디다.
모름에 머물면 조용해집디다.
모름에 머물면 편해집디다.

삼 일간 몸은 힘들었지만,
마음이 일고 사라짐을
절실히 볼 수 있었습니다.

의미를 부여하면 한없이 커지다가도
이것은 다 한 생각에 불과하다고 하니,
아무것도 아닙디다.

자비가 어디 있고, 사랑이 어디 있는가?
내 한 생각에 물거품입디다.

얻은 것도 없고 잃은 것도 없습니다.
구경이나 잘하고 가겠습니다.

: 외손자 '건우'를 생각하며

어린아이 중 천재성을 갖고 태어난 아이들이 있다. 어릴 때부터 외국어에 능통한 경우도 있고, 수학적인 재능이 있어 초등학생이 고급 수학을 쉽게 푸는 경우도 있다. 이들을 일컬어 천재성이 있다고 한다. 이럴 경우는 어느 한 부분에 뛰어난 재능이 천재성을 띠는 것이다.

이러한 부분의 재능이 아닌, 인간의 본질에 대한 진리의 안목이 태어나면서부터 열린 천재성을 띤 아이들이 있다. 이런 아이들을 공자님은 생이지지(生而知之)라 했다. 부연하면 공자님께서는 나면서부터 아는 사람이 상급이고[생이지지(生而知之)], 배워서 아는 사람이 그다음이고[학이지지(學而知之)], 곤경에 처해서 배우는 사람은 그다음이며[곤이학지(困而學之)], 곤경에 처해도 배우지 않으면 하급이라 했다[곤이불학(困而不學)].

다른 관점으로 보면 영적 '차크라'가 열려서 태어난 것이다. 인도 요가에서는 인간에게는 '회음'부터 '백회'까지 7개의 영적 '차크라'가 있다고 본다. '물라다라(회음부)-스와디스타나-마니프라-아나하타-비슛디-아즈나-사하스라(백회)'

이 차크라가 열리지 않고는 영적 스승이 될 수 없다고 한다. 태어날 때부터 열리든지, 수행을 통해 열리든지 반드시 이 '차크라'가 열려야 영적 성장을 거쳐 성인의 반열에 이른다고 한다.

어릴 때 이런 천재성을 보이는 아이들은 교육에 각별해야 한다. 어른들의 고정관념으로 아이가 갖고 있는 사고의 유연성을 억압하거나 부정하는 것은 절대 금물이다. 무한하게 상상의 나래를 펼 수 있도록 도와주어야 한다.

아이 기를 죽이는 언행을 하지 말아야 한다. 해서는 안 되는 것도 무조건 "안 돼! 하지 마!"라고 말하지 말고, 안 되는 이유를 설명해 주어야 한다. 반드시 부정적인 단어는 입에 담지 않는 것이 좋다. 알아듣도록 설명해 주고 이해시켜야 한다.

결국 이런 아이를 둔 부모는 삶도 각별해야 한다. 언행을 조심하고 늘 기도하는 마음으로 살아야 한다. 불교의 계율인 5계(살생하지 말고, 도둑질 하지 말고, 거짓말하지 말고, 사음하지 말고, 술 마시지 말고) 정도는 지키려고 노력하며 살아야 한다. 부모가 이렇게 사는 것이 귀하고 귀한 인연으로 만난 아이에 대한 최소한의 예의다. 삶 자체가 축복이 될 것이다.

: 나는 통로에 불과하다

　나라고 생각하는 나의 몸은 무엇인가? 음식이 들어가면 소화기관을 거쳐 배설되는데, 이때 우리 몸은 음식물이 지나가는 통로다. 어디에든 통로가 막혀 정체되면 문제가 생긴다. 위에 정체가 생기면 소화불량, 장에 정체가 생기면 변비가 된다. 순조롭게 흘러가지 못하면 문제가 된다. 그래서 적정량을 투입하고 흐름에 맡겨야 한다. 어떠하든 우리 몸은 음식이 지나가는 통로에 불과하다.

　우리 삶 속에 없어서는 안 될 '돈'은 어떠한가? 어려서 처음 부모로부터 용돈을 받을 때부터 스스로 경제활동을 통해 돈을 벌어서 쓰고 살아온 동안 헤아리기 어려운 돈이 나를 거쳐 지나갔다.

　얼마간 저축해서 잠시 내 소유 돈이 있다 하더라도 이 또한 언젠가는 나를 떠날 것이다. 죽을 때는 단 한 푼도 가져갈 수 없으니 말이다. 그래서 나는 자의든 타의든 무소유가 될 수밖에 없다. 결국 나는 돈이 잠시 머물다 지나가는 통로에 불과하다.

　나에게서 일어나는 욕망, 감정 등 수많은 생각들은 어떠한가? 생각, 감정 등 이 또한 나에 의해 만들어졌다가 길든 짧든 내 의식 속에 머물다 사라진다. 욕망, 감정에 휘둘려 파도가 일고, 폭풍이 몰아치는가 하면 생각의 노예로 전전긍긍하게 된다. 이러한 삶의 연속이라 할지라도 어김없이 생(生), 주(住), 멸(滅) 법칙이 적용된다. 결국 나는 생각, 감정이 잠시 머물다 지나가는 통로에 불과하다.

나와 인연이 되었던 수많은 사람은 어떠한가? 지금까지 살아오면서 수많은 사람과 만나고 헤어짐을 반복하면서 살아왔다. 만남이 성숙해지면 영원히 함께할 것으로 착각하면서 살다가도 인연이 다하면 훌쩍 떠나갔다.

영원할 것 같은 내 자식, 내 배우자도 때가 되면 어김없이 떠나게 되어 있다. 관계에 집착하고 바라는 마음이 더할수록 괴로움만 더해지게 되어 있다. 이 또한 나는 인연이 잠시 머물다 지나가는 통로에 불과한 것이다.

유위법의 세계에서 나의 정체성은 무엇인가? 나는 모든 것이 지나가는 통로에 불과한 것이다. 무엇이든 붙잡거나 집착하면 문제가 되는 것이다. 그래서 불교 금강경에서도 응무소주 이생기심(應無所住以生其心), 즉 머무는 바 없이 마음을 내라고 했다.

그러니 나는 통로의 주인으로 모든 것이 지나가도록 허용하고, 포용하고, 수용하면 되는 것이다. 내 삶의 흐름을 그냥 알아차리고 지켜보면 되는 것이다. 나에게 일어나는 모든 작용은 불수자성수연성(不守自性 隨緣成)이다. 자성은 고정되어 있지 않고 인연 따라 나툰다[71].

자유의지, 창조성이 나의 본질이자 나의 정체성이다. 모든 작용이 나라는, 자성(自性)이라는 신(神)의 작용이다. 그래서 나는 오늘도 신(神)에게 기도하고, 신(神)에게 감사한다.

---

71 나툰다: 불교에서 화(化)해서 돌아가는 것을 말한다.

: 코로나

코로나바이러스 사태로 온 나라가 두려움과 공포에 휩싸여 있다. 한 개인이든 단체이든 국가이든 거기에서 일어나는 모든 일은 원인에 의한 결과로 나타나는 현상, 즉 카르마의 법칙이라고 본다.

처음 발생한 중국도 그러하고 우리나라 그리고 신천지교회, 대남병원, 전염병이 창궐한 지역 등 모두가 그 연장선상에 있다고 본다. 그러나 또 다른 관점으로 보면 신천지교회와 대남병원 사태가 더 큰 재앙을 막아 준 긍정적인 면도 있다는 생각이 든다.

전국이 동시에 대구·경북 지역과 같은 이런 현상을 맞이하게 된다면 엄청난 혼란과 피해를 경험하게 될 것이다. 그러나 이런 일부 지역 사태가 오히려 다른 지역에 대응할 시간을 벌어 주고 두려움에 대한 면역력을 길러 주는 긍정의 효과가 있다는 생각이 든다.

그래서 특정 지역 단체나 개인을 질타하는 마음보다 우리 모두의 일이라 생각하고 감염자들의 빠른 쾌유와 방역이 성공하기를 간절히 기도해야 할 것 같다. 온 국민의 이런 긍정적인 마음이 모이면 전염병도 어렵지 않게 극복하리라 믿는다.

: 생각

    우리는 매일 변(똥)을 본다. 우리가 음식을 섭취하면 일부는 영양소로 흡수되어 우리 몸을 구성하고, 에너지로 작용하여 생명의 원천이 된다. 흡수되지 않은 잔여물은 소장과 대장을 통해 밖으로 배출된다. 우리는 배출되는 그 순간부터 이것을 똥이라 한다.

    그리고 똥은 냄새나고 더러운 것이라 인식한다. 내 몸속에 있을 때는 이를 똥이라고 부르지 않는다. 내 몸속에 있는 똥을 더럽다고 생각하는 사람은 아무도 없다. 그냥 내 몸이라고 생각할 뿐이다.

    그러나 항문을 나오는 순간 더러운 똥이 된다. 배설 전이나 배설 후나 똑같은 똥인데……. 문밖과 안에 따라 이렇게 달라진다. 일단 배설되면 더러운 똥으로 천덕꾸러기가 된다.

    더러운 똥! 이것의 실체는 무엇인가? 내 몸을 지탱하기 위해 먹었던 음식의 일부다. 근본이 더러운 것이 아니니 푸대접할 것이 아니다. 내 몸에 필요한 영양소를 제공해 준 은혜로운 헌신의 잔해다. 우리는 이런 똥을 배설하지 못하면 생명을 유지할 수 없다. 그러니 똥은 홀대받아야 할 대상이 아니라 감사의 대상이다.

    우리에게는 이런 똥과 유사한 닮은꼴이 있다. '생각'이다.

: 무주심(無住心)

지난 금요일 홀로 연곡사에서 하룻밤을 보냈고, 토요일에는 수정사에서 하룻밤을 보내고 왔다. 함께하는 여행도 좋지만 혼자 떠나는 여행도 즐거웠다.

숲 향기도 좋고 바람 소리, 계곡 물소리, 새소리 등 모두 좋다. 자연이 주는 모든 것은 신선하고 경이롭다. 연곡사는 이런 자연의 정취를 느끼는 데 그저 그만이다.

2년 전 우리 다선당 식구들이 템플스테이[72]를 한 장소이기도 하다. 이번에도 7월에 여행 주간 특혜가 있다는 정보를 듣고 템플스테이를 하기로 계획하고 도반들의 의견을 물어 확정했다.

도반들과 통화하는 과정에서 어느 도반 하는 말이 홀로 산사에 머무는 나를 지칭해서 "세상에서 가장 복 많은 사람"이라고 한다. 그래서 "나도 그렇게 생각한다. 부러운 사람이 없다." 이렇게 얘기를 했더니 그 도반 말인즉 사실은 자기도 "자기가 세상에서 가장 복 많은 사람이다."라고 생각한다는 것이다.

그러나 이는 빈말이 아니다. 다른 사람들이 들으면 두 사람 얘기가 푼수같이 들릴지 모르지만, 그 도반의 삶은 참으로 그러하다고 생각한다. 주어진 것에 감사하고 매사 긍정적인 사고로 받아들인다. 절에 가도 부엌

---

[72] 템플스테이(temple stay): 사찰에 머물면서 사찰의 일상생활을 직접 겪으며 불교의 전통문화와 수행 정신을 체험하는 일.

일만 거들어 주고 흔적 없이 다녀온다. 독거노인, 목욕 봉사 등 봉사활동이 일상이다. 다른 사람을 부정하는 법이 없고 매사 긍정적이다.

2018년 인도여행을 함께 다녀올 때는 남편과 사별한 지 3개월밖에 되지 않았는데도 슬픔을 드러내지 않고 초연했다. 보통 사람들은 흉내 내기 어려운 내공의 소유자다.

금강경 경전 공부를 따로 하지 않았어도 주어진 현실을 있는 대로 받아들이고, 어디에도 머무는 바 없이 살아가는 무주심(無住心)을 실천하고 있으니 삶 자체가 금강경이다.

부산에 유일한 초등학교 동창생이자 죽마고우인 친구가 있었다. 안타깝게도 1987년 11월 세상을 떠났다. 그 친구의 부인이 지금 애기하고 있는 다선당 도반이다. 무주심(無住心)을 실천하고 사는 그 주인공이다.

다선당에서 부르기 좋은 이름으로 그분의 호를 무주심(無住心)으로 부르면 좋겠다는 생각을 해본다. '어디에도 머물지 않는 대자유를 누리고 사는 삶, 무주심(無住心)!' 그렇게 무주심(無住心) 보살이 되었다.

: 믿음

> 믿음은 도의 근원이고, 공덕의 어머니며, 일체의 선근(善根)[73]을 증장시킨다.
>
> 『화엄경』

도의 근원이고,

공덕의 어머니인 믿음은

과연 어떤 믿음일까?

능소(能所)가

하나 되지 못한,

주관과 객관이

---

[73] 선근(善根): 선한 결과[善果]를 받을 수 있는 원인을 가리키는 불교 용어이다. 인과설을 주장하는 불교교리에는, '선한 원인을 심으면 선한 과보를 받고, 악한 원인을 심으면 악한 과보를 받는다(善因善果 惡因惡果)'라는 말이 있는데 여기서 선인이 곧 선근에 해당한다. 구체적으로 선근은 무탐(無貪)·무진(無瞋)·무치(無癡)의 3선근(三善根)을 줄여서 부른 말인데, 이것은 탐욕, 분노, 무지의 삼독(三毒)을 없앤다는 뜻으로 팔정도, 육바라밀과 같은 불교 수행의 기초가 된다. 선근에 의해 얻는 과보는 줄여서 보(報)라고 부르는데『범망경(梵網經)』에는 사람 간의 선근 인연에 의해 다음과 같은 보를 얻는다고 설해져 있다. '1천겁의 (선을 심으면) 한 나라에 태어나고, 2천겁에 하루 동안 길을 동행하며, 3천겁에 하룻밤을 한 집에서 지낸다. 4천겁에 한 민족으로 태어나고, 5천겁에 한 동네에 태어나며, 6천겁에 하룻밤을 같이 잔다. 7천겁은 부부가 되고, 8천겁은 부모와 자식이 되며, 9천겁은 형제자매가 된다. 1만겁은 스승과 제자가 된다고 한다'라고 하였다. 한국의 민간속설 가운데 '옷깃만 스쳐도 인연이다.'라고 한 것도 이처럼 선근과 과보에 대한 믿음에 기인한다.(출처: 한국민족문화대백과)

하나 되지 못한,
그런 우리들의 믿음은
항상 대상이 있는 믿음이다.

이런 믿음은
대상이 변하면
믿음도 변하고,
대상이 사라지면
믿음도 사라진다.

하느님을 믿어도 그렇고,
부처님을 믿어도 그렇다.
하느님, 부처님을 대상으로
보고 믿으면 어긋난다.
우상숭배가 된다.

도의 근원인 믿음은
변하고 사라지는 대상이 있는
믿음이 아닐 것이다.

변하지 않고,
사라지지 않는 믿음은
대상이 없는 믿음이어야 한다.

능소(能所)가 없는

주관, 객관이 없는

무생무멸(無生無滅),

무상무명(無相無名)인

나의 본성에 대한 믿음이

도의 근원이 되고

공덕의 어머니가 되는

참다운 믿음이라 생각한다.

결국 나의 자성(自性)에 대한

깨우침이 없이는 올바른 믿음을

가질 수 없다는 생각이다.

그래서 우리는 오늘도 길(道)위에 있다.

: 내가 나에게 하는 '절'

거울을 보고 절을 하다 보면 절은 내가 나에게 하는 것이다. 거울에 비치는 내 모습을 보고 절하고, 거울 속의 나는 또 나를 향해 절을 한다.

나는 누구인가? 거울에 비치는 모습은 색신(色身)으로 내 모습이지만, 내 마음 안에는 육도(六道)[74]·사성(四聖)[75]이 다 있다고 한다.

내 마음속의 법신, 보신, 삼신 일불인 아미타불을 염(念)하고 부르면서 절하면 나는 아미타불이 된다. 내 마음속의 관세음보살을 염(念)하고 부르면서 절하면 나는 관세음보살이 된다.

거울에 비치는 아미타불, 관세음보살에게 절하면 거울에 비치는 부처님도 나에게 절하니 내가 바로 아미타불이고, 관세음보살이다.

온 세상이 나를 비치는 거울이요, 온 세상이 내 마음의 반영이니, 두두물물(頭頭物物)[76]이 부처 아닌 것이 없다고 한다. 그래서 이런 나에게 감사

---

[74] 육도(六道): 불교에서 중생이 깨달음을 증득하지 못하고 윤회할 때 자신이 지은 업(業)에 따라 태어나는 세계를 6가지로 나눈 것이다. 지옥도(地獄道)·아귀도(餓鬼道)·축생도(畜生道)·아수라도(阿修羅道)·인간도(人間道)·천상도(天上道)를 말한다.

[75] 사성(四聖): 십법계는 지옥, 아귀, 축생, 수라, 인간, 천상, 성문, 연각, 보살, 불 열 가지로 중생의 미혹과 깨달음의 정도에 따라 분류한 것이다. 중생의 심리적 상태를 가리킨다고 할 수 있다. 십법계 중 앞의 여섯 계는 삼악도(三惡道)와 삼선도(三善道)로 나뉘며 모두 미혹의 세계로서 범부의 세계이다. 뒤의 네 계는 깨달음의 정도에 차이가 있지만 모두 깨달음을 얻는 세계로서 성인의 세계이다. 성문은 석가의 음성을 들은 사람이라는 뜻으로, 자기만의 수양에 힘쓰며 아라한(阿羅漢: Arhan)이 되는 것을 목적으로 하므로 부처는 될 수 없다고 한다. 연각은 불타의 가르침에 의하지 않고 스승도 없이 스스로 깨달아, 고독을 즐기며 설법도 하지 않는 불교의 성자이고, 보살은 널리 다른 사람을 구제하며 부처가 되는 것을 목적으로 한다.

[76] 두두물물(頭頭物物): 모두, 전부.

의 절을 한다.

"감사합니다. 감사합니다. 감사합니다."

: 다선당(茶禪堂) 2

다선당(茶禪堂)을 만든 이유는 내가 편안하고 행복해지고 싶어서였다. 차도 마시고 참선도 하면서 '나'를 알아가는 공간이다.

'다선일미(茶禪一味)'라 했다. '차'와 '선'은 같은 맛이란다. 그래서 현판을 다선당(茶禪堂)이라 했다.

선(禪)이란 한자를 파자해 보자. 示(볼시)+單(홑단)=禪(참선 선)이다. 單(홑단)의 의미는 '오로지 하나'라는 뜻이다. 우주에 오로지 하나인 것은 '하나님'이요 '부처님'뿐이다. 이름이 그러할 뿐 오로지 하나인 그것이 있다.

그래서 선(禪)은 오로지 하나인 것, 그것을 보는 행위인 것이다. 이곳 다선당(茶禪堂)이 그것을 보는 곳이다. 내 안의 하느님을 보는 것이요, 내 안의 부처님을 보는 곳이다. 내 안의 그분이 창조주인 것이다.

우리는 내 안의 창조주를 '성품'이라 하기도 하고, '참나'라고도 한다. 이것이 나의 정체성이다. 그런 성품, 참나를 만나는 것을 견성(見性)이라 한다.

우리 모두 부단히 노력해서 견성성불(見性成佛)[77]하자.

---

[77] 견성성불(見性成佛): 불교에서, 본성을 보면 부처가 된다는 말로, 본 마음을 깨치면 바로 깨달음의 경지에 이를 수 있다는 뜻이다. 교외별전, 불립문자, 직지인심과 함께 선종(禪宗)의 4대 종지(宗旨) 중 하나이다.

: 두려움과 죽음

우리 삶 속에서 극복하기 어려운 것이 두려움이다. 모든 두려움의 뿌리는 항상 죽음과 이어져 있다. 굶어 죽을지 모르니 궁핍을 두려워하고, 병들어 죽을지 모르니 병을 두려워하고, 사고로 죽을지 모르니 위험한 일을 두려워한다. 모든 두려움의 뿌리는 항상 죽음과 연결된다.

우리 삶 속에서 겪고 있는 모든 두려움의 정점에 있는 죽음의 실체는 무엇인가? 우리는 '죽음'이라는 단어에 이미 깊은 슬픔과 두려움이라는 집단 상념에 빠져 있다. 그래서 죽음은 슬프고 두려운 것이라는 고정관념을 갖게 된다.

그러나 죽음은 삶의 연장선상에 있다. 죽음은 삶의 한 부분일 뿐이다. 삶 따로 죽음 따로 있는 것이 아니다. 그래서 죽음에도 삶의 법칙이 그대로 적용된다.

지금까지 살아온 내 삶을 되돌아보면 나에게 일어났던 모든 일은 나의 선택이었다. 나에게 일어났던 모든 일은 존재 이유가 있었다. 나에게 일어났던 모든 일은 긍정의 산물이었다. 영적 성장을 위한 경험의 장(場)을 펼친 것이다. 현재 나를 존재하게 한 일련의 과정이다. 지금의 나는 시비 분별하는 생각만 멈추면 완벽하다.

무생무멸(無生無滅), 즉 삶도 없고 죽음도 없는 무한한 존재이다. 무명무상(無名無相), 즉 이름도 없고 모양도 없다. 적지원명(寂知圓明), 즉 텅 비어 고요하지만 지혜가 있고, 둥글고 크게 원융하며 밝다. 소소영영(昭昭靈

靈), 즉 밝고 밝게 비추고 신령스럽다.

나의 정체성은 불성(佛性)이요, 보리 그 자체인 것이다. 과거사 나의 선택은 생각 이전의 작용, 불성의 작용에 의해 선택된 것이다. 그래서 현재 분별 식심으로 후회하는 것은 오류를 범하는 것이다.

이러한 믿음과 확신이 각(覺)으로 다가왔을 때, 나는 과거로부터 자유로워질 수 있었고, 과거 일로 후회하거나 나를 자학하는 일이 없어졌다. 서양의 유명한 영성가 '바이런 케이티[78]'는 "자신의 과거를 후회하는 것은 자기를 폭행하는 것과 같다."라고 했다. 깊이 공감되는 얘기다.

나의 이런 선택은 과거에도 그러했지만, 현재도 그러하고 미래도 그렇게 될 것이니 과거, 현재, 미래, 삼세에 걸쳐 적용될 분명한 법칙이다. 나의 죽음도 내 삶의 한 부분이요, 내 삶의 연장선상에 있으니 당연히 내가 선택한다는 이 법칙이 적용될 것이다. 그러니 나의 죽음에 대해 전혀 두려워할 것이 없다. 언제든지 죽음이 다가오면 신의 선택을 받아들일 것이다.

나의 문제를 해결하고 주변을 돌아보니, 세상 모든 사람이 나와 똑같은 여정을 가고 있다. 그들도 나와 똑같이 자신의 선택에 따라 여정을 가고 있다. 지구상에 지금까지 살았던 모든 인간은 다 죽었다. 그들의 죽음 모두 각자 자신이 선택한 것이었다. 지구상에 일어난 모든 죽음은 잘못된 죽음이 없다. 비통하고 억울하고 슬픈 죽음들은 당사자가 아닌 남아 있는 사람들의 분별 식심에서 기인된 것이다.

---

[78] 바이런 케이티: 세계적인 영적 스승이다. '생각에 대한 믿음'이 모든 스트레스와 고통의 원인이라는 것을 발견했다. 그리고 모든 생각에서 해방되어 완전한 자유와 평화에 이르는 단순하면서도 경이로운 방법인 '생각 작업(The Work)'을 창안했다. '생각 작업'은 네 가지 질문과 뒤바꾸기로 이루어져 있으며, 간단한 질문으로 생각의 족쇄에서 풀려나 평화로운 마음을 경험하게 한다.

죽음은 나의 선택에 의해 일어나는 삶의 한 부분이자 영적 도약의 기회로 보아야 할 것이다. 그래서 두려워해야 할 이유가 전혀 없는 것이다.

: 긍정의 산물

내 삶은 생각 이전의 작용,
신의 작용에 의해
선택된 것이다.

그래서 내 삶에 부정이란
있을 수 없는 것이다.
내 삶의 모든 것은
긍정의 산물이다.

그래서 나의 과거는
아무런 문제가 없다.
후회는 금물이다.

매래 또한 이 법칙을
벗어날 수 없는 것이며,
죽음 또한 그러할 것이니
무엇이 문제가 되겠는가?

이런 믿음과 확신이

증장되고 확연해지는 것이
내 삶의 영순위 목표다.

: 깨달음

새벽에 잠이 깨면 제일 먼저
머릿속을 점령한 것은
깨달음이다.

어둠 속에 새벽 산행할 때도
머릿속을 꽉 채우고 있는 것은
오로지 깨달음이다.

일상에서도 나를
가슴 뛰게 하는 것은
깨달음이 영순위다.

내 입에서 나오는
대부분의 얘기 소재는
깨달음에 관한 말들이다.

집사람과의 대화도 그렇고
도반들과의 대화는 더욱 그렇고
대화의 소재는 대부분 깨달음이다.

처음 본 사람도
깨달음에 관심을 보이면
형제보다 더 가깝게 느껴지고
토해내는 듯 법문을 이어간다.

이런 모습이 나의 정체성이었다.

: 마음의 구조와 작용

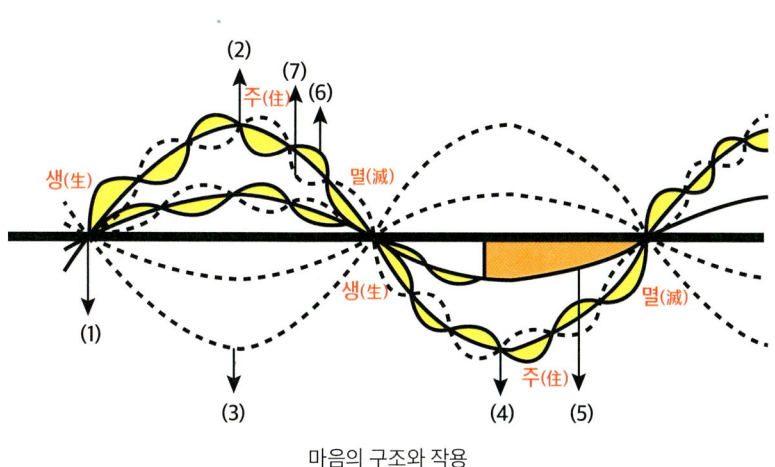

마음의 구조와 작용

(1) 체(體)-법신

(2) 상(相)-화신

(3) 용(用)-보신

(4) 상(相)

(5) 수행자선

(6) 생각선(+)-상(相)

(7) 생각선(-)-용(用)

(1) 체(體)-법신(여래)

중도실상, 불생불멸, 공(空) 자리는 본래 형상이 없고, 우리가 인식할 수 있는 대상이 아니다. 반야심경에서는 불생불멸, 불구부정, 부증불감, 육불공상(六不空相)으로 이를 설명하고 있는 절대 진리의 세계이다.

그래서 문자로 표기하거나 그림으로 나타낼 수 없는 것이다. 그러나 이해를 돕기 위한 방편으로 위 그림에서는 중앙에 검은색 선(제로, 0)으로 표기하고 상단은 플러스(+)로 하단 부분은 마이너스(-)로 표기했다.

상(相)이 있는 모든 창조물은 생(生), 주(住), 멸(滅) 작용이 이곳에서 일어난다.

(2) 상(相)-화신

(2)상(相)의 그래프는 (3)의 원인, 즉 인(因)에 의한 결과물로 나타난 연(緣)이다. 자업자득(自業自得), 자작자수(自作自受), 불수자성수연성(不守自性隨緣成)의 결과로 나타난 상대적 진리의 세계다.

유위법의 세계에서 창조된 모든 것(相)들은 인연(因緣)의 화합물이다. 각자의 자성(自性)이 없고, 이름이 그러할 뿐이다.

『금강경』에서는 즉비시명이라 했다. 즉비(卽非)는 '아니다.'이고, 시명(是名)은 '이름이 그러할 뿐이다.'라는 의미이다. 반야 바라밀마저도 그러하다. 즉비(卽非) 반야 바라밀은 '반야 바라밀은 반야 바라밀이 아니'고, 시명(是名) 반야 바라밀은 '이름이 반야바라밀일 뿐'이다.

(3) 용(用)-보신

(2)상(相)에 대응되는 인(因)이다. 우주법계에 창조되는 모든 것(相)들은 홀로 존재할 수 없고 쌍으로 만들어지고, 쌍으로 소멸한다. 원인에 의한 결과로 이루어진다.

『육조단경』제10 부촉유통분 36대법(對法)에 보면, 36대법 중 다섯 대법은 하늘과 땅, 해와 달, 어둠과 밝음, 음과 양, 물과 불이며 그 외에도 31가지 예시를 들었으나 이는 상징적인 것이며 만법이 이런 대법(對法)으로 존재한다. 어둠이 스스로 어둡지 아니하나, 밝음 때문에 어두운 것이다. 어둠이 스스로 어둡지 아니하나 밝음이 변화함으로써 어둡고, 어둠으로써 밝음이 나타난다. 오고 감이 서로 인연한 것이며 36대법도 또한 이와 같다.

금강경 사구게 중 다음 구절이 있다. '凡所有相 皆是虛妄(범소유상 개시허망), 若見諸相非相 卽見如來(약견제상비상 즉견여래)' 상이 있는 것은 모두 허망하다. 제상(2, 相)·비상(3, 用)을 보면 여래(1, 體)를 볼 것이다. 제상(諸相)·비상(非相)은 서로 대법(對法)의 관계에 있으므로 양변을 여의면 여래를 보게 된다는 것이다. 플러스(+)와 마이너스(-)를 서로 상계하면 제로(0)가 되는 이치다.

(4) 상(相)

(2)상(相)이 플러스(+)상의 경우라면, (4)상(相)의 경우는 그 반대로 마이너스(-)상이다. 어떤 인연으로 플러스(+)의 경험을 했다면 반드시 그 반대

마이너스(-)의 경험을 하게 돼 있다. 이것은 생사윤회일 수도 있고, 업(業)의 윤회일 수도 있다. 이렇게 양변을 경험하고 이것으로부터 자유로워진다. (4)마이너스(-) 상(相)은 (2)플러스(+) 상(相)의 반대 경험이다.

(5) 수행자선

선업과 공덕을 짓고 자각이 깊어진 수행자는 상대적 진리 그래프 기울기가 완만해지고, 절대적 진리 기울기(제로)에 가까워진다. 자각이 깊어져 생각이 멈추면 있는 그대로 보게 되고 지혜가 드러난다. 생각이 멈추면 일상이 불성의 작용으로 드러나고 일상이 그대로 실상의 세계와 하나가 된다. 있는 그대로 받아들여 부동(不動)의 마음이 되면 생로병사가 그대로 불생불멸이다.

참고로 범부의 8가지 의식이 변하여 대원경지(大圓鏡智)·평등성지(平等性智)·묘관찰지(妙觀察智)·성소작지(成所作智)의 4지(四智)가 된다고 한다.

첫째, 성소작지는 눈·귀·코·혀·피부 등의 5관으로 느끼는, 전5식(前五識)이 변하여 이루는 지혜이다. 즉, 5관으로 행하는 일을 올바로 이루도록 하는 지혜이기 때문에 성소작지라고 한 것이다.

둘째, 묘관찰지는 제6식인 의식(意識)이 변하여 이루어지는 지혜이다. 이 지혜는 모든 법의 실상을 묘하게 관찰하여 설법을 베풀고 중생의 의혹을 끊는 데 사용하는 지혜라고 한다.

셋째, 평등성지는 인간의 자의식(自意識)에 해당하는 제7식이 변하여 얻는 지혜이다. 제7식은 원래 나와 남에 대한 구별이 밑바탕에 깔려 있는 의식이므로 여러 가지 차별을 낳게 된다. 그러나 일체가 한결같고 평등함을 관하여 자타에 대한 차별적인 견해를 대자비심(大慈悲心)으로 바꾸기 때문에 중생 교화를 위한 평등한 지혜가 발현된다는 것이다.

넷째, 대원경지는 인간 의식의 심연에 있는 제8식이 무명(無明)을 모두 제거하게 될 때 나타나는 지혜이다. 이것은 한 점의 티끌도 없는 거울에 삼라만상이 그대로 비쳐 모자람 없이 나타나는 것과 같이 원만하고 분명한 지혜이므로 크고 둥근 거울과 같은 지혜라고 한 것이다.

이를 도표화하면 다음과 같다.

전오식(전오식(前五識), 안식, 이식, 비식, 설식, 신식)	➡	성소작지(전오식인 이, 비, 설, 신이 자각된 상태)
의식(제육식, 第六識), 느낌, 정서 (경험하고 있는 나))	➡	묘관찰지(법의 실상을 묘하게 관찰, 제6식까지 자각된 상태)
생각식(제7식: 말나식(末那識), 생각, 계산, 분별)	➡	평등성지(모든 생각 분별이 멈춘, 말나식까지 자각된 상태)
저장식(제8식: 아뢰야식(阿賴耶識), 기억, 경험의 종자들)	➡	대원경지(모든 무명이 제거된, 제8식이 자각된 상태)
찰나식(자각, 경험하고 있는 나를 지켜보는 또 다른 나)		

(6) 생각-상(相)

분별 식심으로 늘 옳고, 그름을 좋고, 나쁨을 분별하는 망견(忘見)이다. (7)의 인(因)에 따른 결과물의 연(緣)이다. 한 생각이 일어나고 사라짐도 체

(體)·상(相)·용(用)의 법칙이 적용되고 인(因)에 따른 연(緣)의 법칙이 적용된다.

(7) 용(用)

(6)상(相)에 대응되는 인(因)이다. 한 생각이 일어나고 사라지는 생(生)·주(住)·멸(滅) 법칙이 생사윤회나 다를 바가 없고, 우주가 성주괴공하는 이치와 다를 바가 없다. 모두 체(體)·상(相)·용(用)의 법칙이 적용될 뿐이다.

10월 어느 날 새벽, 죽음에 대한 깊은 통찰이 있었다. 그리고 죽음에 대한 모든 문제가 사라졌다. 모든 것을 내맡기니 한없이 편하다. 이때 떠오른 생각들을 정리한 것이 위 내용이고 또한 아랫글이다.

태어남은 내가 선택하고 내가 경험한 것이다. 삶도 내가 선택하고 내가 경험한 것이다. 그러니 죽음 또한 나에 의해 선택되고 내가 경험하게 될 것이다.

생(生)·주(住)·멸(滅) 모두가 나에 의해서 선택되고 내가 경험하는 것이다. 내 안의 불생불멸의 신(神), 참나의 작용인 것이다. 그러니 내 삶에서 경험하는 생(生)·로(老)·병(病)·사(死)가 그대로 불생불멸인 것이다.

신의 선택은 부정이 있을 수 없다. 신의 선택은 모두 긍정의 산물이다. 선택된 모든 것은 존재 이유가 있다. 그래서 내 삶에서 일어난 모든 것들은 털끝만치도 잘못된 것이 있을 수 없다. 그러니 무엇을 시비하겠는가?

그냥 받아들이면 된다. 그냥…….

나만 그러한 것이 아니고 세상 사람들 모두가 그러하니 지금 이곳이 바로 시비가 사라진 정토일세…….

: 각성(覺醒)

내 삶 속에서
지금의 나를 있게 한
가장 큰 각성(覺醒)은

내 과거의 삶 중에서
가장 불행하고,
가장 힘들었던 시간이
나에게는 가장 큰 축복이었다는
사실을 깨닫게 된 것이었다.

그리고 내가 가장 원망하던
사람에 대한 분노가
연민과 감사함으로
바뀐 것이었다.

지금은
불행도 축복도 없다.
원망도 감사도 없다.
그냥 과거로부터 자유로울 뿐이다.

: 부자와 가난한 자

지금부터 50년 전 고등학교를 막 졸업하고 서울에서 머물 때 아주 친하게 지내던 동기생 친구 자취집에서 함께 산 일이 있었다. 그때 고등학교 1학년인 친구 여동생과 함께 자취하면서 어려운 시절을 보냈다. 아주 똑똑하고 당찬 여동생이었다. 오빠가 남동생 같고, 여동생이 누나 같았다.

그 후 각자의 길을 가면서 친구와 관계도 소원해지고 그 여동생 소식도 모르고 지냈다. 어제 친구 모친상을 당했다는 소식을 접하고 조화를 보내고 통화를 하게 됐다. 친구와 통화를 하면서 그 여동생이 큰 부자가 됐다고 얘기했다. 그리고 그 여동생과 통화를 하면서 자기 오빠가 궁핍하게 산다고 얘기했다. 그리고 나와 친구를 비교하면서 심란했다. 그 동생의 얘기를 들으면서 나는 "그렇지 않다. 관점을 달리 보면 그렇지 않다."라고 설명을 했지만, 전화상으로 이해될 일이 아니다. 50년 전 자취방에서 함께 살던 남매가 동생은 부자가 되고, 오빠는 가난한 자가 돼 있다.

부자와 가난한 자는 어떻게 다를까? 부자는 가난한 자의 행복을 제대로 못 본다. 반면에 가난한 자는 부자의 불행을 잘 못 본다. 대부분의 사람들이 고정된 물질적 관점으로 행복·불행을 판단하기 때문이다.

부자는 가난한 자를 보면서 교만해지기 쉽고, 가난한 자는 부자들 앞에서 작아지고 비굴해지기 쉽다. 그러나 부자가 자기보다 더 큰 부자를 만나면 가난한 자가 되고, 가난한 자가 자기보다 더 가난한 자를 만나면 부자가 된다. 이렇게 되면 대상에 따라서 정반대 현상이 일어난다. 부자가 가난한 자가 되고 가난한 자가 부자가 된다.

부자와 가난한 자가 따로 있는 것이 아니다. 부자와 가난한 자는 같다. 상대적인 개념에 불과하다. 이 개념으로부터 자유로운 자, 그 사람이 진정한 부자이다. 자기에게 주어진 것을 감사하게 생각하는 사람, 그리고 작은 것이라도 나누면서 사는 그런 사람이 진정한 부자다.

존귀한 자신의 정체성을 알고 존재에 대한 감사함을 아는 사람, 그래서 부자 앞에서도 당당하고, 가난한 자 앞에서는 오히려 겸손한 사랑이 충만한 그런 사람이 진정한 부자다.

새해는 부자 되세요!

: 복(福)과 화(禍)

해가 바뀌면 흔하게 하는 인사가 "새해 복 많이 받으세요."라는 인사다. 뜨는 해를 보면서 소망을 빌기도 하고, 불교도들은 절에 가서 복을 구하는 기도를 하기도 한다.

주된 관심 사항이 복(福)이다. 이 모든 것이 복을 구하고 화를 면하기 위한 수단이다. 기도를 열심히 하면 원하는 대로 이루어진다고 믿는 사람도 있다.

그러나 현실은 이루어진 것도 있고, 이루어지지 않는 것도 있다. 이 모두 인연법에 기인한 현상이다. 현실은 법신불이 펼친 진리의 세계다.

기도에 의지하고 사는 사람들은 원하는 대로 이루어지면 기도가 성취된 것으로 생각하면서 좋아하고, 원하는 대로 이루어지지 않으면 기도가 성취되지 않았다고 실망한다.

이는 취사심, 분별심일 뿐이다. 원하는 대로 이루어진 것도 기도 성취고, 원하는 대로 이루어지지 않은 것도 기도 성취다. 현실은 법신불이 펼친 진리의 세계이기 때문이다. 그래서 우리는 법신불이 펼친 현실을 있는 그대로 받아들이면 된다. 성취되는 것도, 성취되지 않은 것도 모두 긍정의 이유가 있기 때문이다.

우리가 취사심(取捨心)을 내는 복(福)과 화(禍)는 우리의 생각이다. 즉 망견(妄見)에 불과하다. 전도몽상(顚倒夢想)인 경우가 허다하다. 돈이 약이 되는 사람도 있고, 돈이 독이 되는 사람도 있다. 그래서 복이 복이 아니고, 화가 화가 아니다. 복은 항상 화와 함께하고, 화는 항상 복과 함께한다. 동전의 양면과 같다.

열심히 기도하고 수행하면서 그 결과는 온전히 받아들이고 주어진 것에 감사하면서 내맡김의 삶을 살다 보면 마음이 고요하고 편안해진다. 그러면 되는 것이다.

: 칠순에 즈음하여

죽음은 육체의 사라짐이다. 우리의 삶의 한 부분이다. 생(生)·주(住)·멸(滅) 현상, 생(生)·로(老)·병(病)·사(死)가 지극히 자연스러운 진리의 세계다.

이 지구상에 존재했던 헤아릴 수 없이 많은 인간은 어김없이 이 과정을 겪었다. 그 모든 사람의 죽음에는 아무런 문제가 없다. 불에 타서 죽든, 물에 빠져 죽든, 젊어서 죽든, 늙어서 죽든, 병들어 죽든, 편하게 죽든……. 죽음의 당사자에게는 아무런 문제가 없다. 남아 있는 사람들이 죽음에 의미를 부여해서 좋은 죽음, 나쁜 죽음, 억울한 죽음으로 분별할 뿐이다.

죽음은 육체의 경험을 통한 영적 진화 과정이다. 개체의식에서 전체의식으로 진화하는 의식 확장의 과정이다. 그래서 나의 죽음에도 문제가 될 수 있는 것은 없다. 어떤 죽음이든 자연스러운 현상이니 그냥 받아들이면 되는 것이다.

이런 통찰을 통해서 죽음에 대한 관점이 바뀌고 나니 두려움이 사라지고 삶이 편안해졌다. 지금까지 내가 살아온 70년 동안 나와 인연을 맺었던 모든 것들은 그냥 스치고 지나가는 인연이었다. 영적 성장을 위한 경험의 장이었다.

지금 함께하고 있는 인연들도 스치고 지나가는 한 과정에 불과하다. 함께 살았던 부모 형제도 그러했고, 지금 함께 사는 배우자도 자식도 인연이 다하면 헤어질 사람들이다.

스쳐 지나가는 인연이 언제 다할지 모르니 하루하루 최선을 다해 후회 없는 삶을 살아야 할 것 같다. 스쳐 지나가는 이런 인연에 집착하게 되면 괴롭게 된다. 언제든지 인연이 다하면 편하게 받아들일 준비가 되어 있어야 한다.

 만남, 헤어짐, 죽음, 이 모든 것들이 인연의 법칙에 의해 일어나는 자연스러운 현상이다. 내가 지금까지 살아온 전부가 이러하니 과거가 잘못된 삶이 있을 수 없다. 미래의 삶도 그렇고, 죽음 또한 그러할 것이니 그냥 내맡기고 살면 된다.

: 응무소주이생기심[79]

과거가 사라지고
미래가 사라질 때
현재가 오롯이 드러난다.

유일한 실재인 현재도
항상 하는 것이 없고
번개처럼 지나간다.

그래서
머무는 바 없이
마음을 내라 하나보다.

응무소주 이생기심(應無所住以生起心)

---

[79] 응무소주이생기심(應無所住而生其心): 머무는 바 없이 그 마음을 내라, 곧 응당 텅 빈 마음이 되었다가 경계 따라 그 마음을 작용하라는 뜻이다. 천만 경계를 응용하되 집착함이 없이 그 마음을 작용하라, 어느 것에도 마음이 머물지 않게 하여 그 마음을 일으키라는 말이다. 무주심(無住心)·비심(非心)이라고도 한다. 『금강경』의 이 구절을 듣고 육조대사가 깨달았다고 하여 선가(禪家)에서 널리 알려져 있다.(원불교대사전)

: 삶은 아름답다

어둠 속을 더듬어
승학산에 오른다.

산 아래 밝음이
아스라하다.

어둠도 아름답고
밝음도 아름답다.
삶 자체가 아름다움이다.

내 삶 속에서
아름답지 않은 것들은
아름다움이 잠시
다른 옷을 입은 것뿐이다.

내 삶은
아름다움의 통 그 자체다.
모든 것이 통 안의 일이다.
아름답지 않음은 착각이다.

: 내가 이 세상에 온 이유

나는 왜 이 세상에 왔을까?
나는 무엇을 이루기 위해서
이 세상에 온 것이 아니다.

나는 경험하기 위해서 이 세상에 왔을 뿐이다.
성공을 경험하고, 실패를 경험했을 뿐이다.
행복을 경험하고, 불행을 경험했을 뿐이다.
풍요를 경험하고, 궁핍을 경험했을 뿐이다.
선(善)을 경험하고, 악(惡)을 경험했을 뿐이다.
태어남을 경험하고, 늙음과 병을 경험했을 뿐이다.
그리고 죽음을 경험할 것이다.

그리고 그런 인연들로부터 자유로워질 것이다.
삶과 죽음을 경험의 관점으로 보면 무엇을 구하고
바라는 것은 별 의미가 없어진다.
나에게 펼쳐진 모든 것들은 소중한 경험의 장(場)일 뿐이다.
그래서 감사히 받아들이면 된다.

세상 모든 사람은 또한 나와 다르지 않다.

모두 다 그러하다.

그것은 그 뿌리가 하나이기 때문이다.

: 수정사 봄소식

물그림자에
길게 비치는
물속의 세상

하늘
그리고 해
하늘을 품은 나무

바람 불어
물결 출렁이니
사라지는 세상

물속의 세상이나
꿈속의 세상이나
눈에 비친 세상이나

인연 따라 생겨나고
인연 따라 사라지는
허망한 세상일세…….

물속의 마른 가지에
봄소식을 전해 오니
긴 겨울이 가는가 보다.

: 삶은 경험의 장

삶은 경험의 장(場)

배움에는 길이 있어도
경험에는 길이 없다.
길 없는 곳에 신비가 있다.

배움에는 틀이 있어도
경험에는 틀이 없다.
틀 없는 곳에 자유가 있다.

내 삶은 경험의 장이다.
길도 틀도 없는 경험의 장
본래부터 텅 빈 그곳…….

텅 빈 그곳에는
신비의 창조가 있고
걸림 없는 자유가 있다.

: 감사함 2

우연히 과거에 나와 인연이 있던 분의 사망 소식을 접하게 됐다. 지금부터 15년 전 그분이 사업에 실패하고 파산하면서 나에게 상당한 물질적 손해를 입혔고, 지금도 그 피해가 이어지고 있다. 그때부터 관계가 단절되어 소식을 모르고 살았다. 그런데 3년 전에 이미 그분이 세상을 떠났다는 소식을 접하게 됐다.

그때는 내가 피해를 보았지만, 그 전에는 긴 세월 인연을 맺어 오면서 어려울 때 도움을 받았던 것도 사실이다. 그러나 내가 받은 도움은 기억하지 못하고 내가 피해를 본 사실에만 집착하면서 원망하는 마음만 있었다. 돌이켜 생각해 보니 이기적이었던 나 자신이 부끄럽다. 감사할 일도 많았는데……. 힘들고 어려울 때 손을 내밀지 못한 것이 아쉽다.

우리가 세상을 살면서 사람들과의 관계에서 감사한 일들은 간과하거나 망각하기 쉽지만 내가 조금이라도 피해를 본 일들에 대해서는 두고두고 곱씹으면서 원망하는 마음을 일으키기 일쑤다. 원망하는 마음들은 결국 내 영혼을 피폐하게 하고 내 몸을 병들게 하는 스트레스의 주범이 된다. 나에게 피해라는 것들도 알고 보면 그 원인이 모두 나에게 있으니 상대를 원망해서는 안 되는 것들이다. 자업자득(自業自得)에 대한 믿음이 부족해서다.

사람과의 관계는 모두 자기의 선택에 의해 이루어진다. 자기의 선택이라 함은 각자 자기를 위해서 하는 것이다. 관계를 통해 일어나는 모든 것들은 이해득실을 떠나서 내 삶의 경험이 되는 훌륭한 자산이 되는 것이다. 우리는 이런 삶의 경험을 통해서 의식을 확장해 간다. 그래서 나에게 일어나는 모든 일은 '긍정의 산물'이라 한다.

각자 그런 선택을 통해서 얻음과 잃음이 병존한다. 물질일 수도 있고, 비물질일 수도 있다. 얻음과 잃음을 모두 헤아리기는 어렵지만 삶을 경험의 장으로 본다면 최소한 잃음보다는 얻음이 더 많다.

나와 인연된 모든 사람과의 관계는 긍정의 이유가 있다. 나와 인연된 모든 사람과의 관계에서 일어나는 일들을 깊이 통찰해 보면 잃음보다 얻음이 더 많게 돼 있다. 그래서 나와 인연되었던 모든 사람에게는 조건 없이 감사해야 한다.

그분의 사망 소식을 듣고 얻은 이런 깨우침만으로도 그분이 나에게 입힌 피해를 상쇄하고 남는지도 모른다. 늦게나마 그분에게 감사한 마음을 전하면서 고인의 명복을 빈다.

: 아픈 도반의 쾌유를 바라면서

과거는 없다. 기억이 있을 뿐이다.
미래는 없다. 추측이 있을 뿐이다.
죽음도 없다. 육체의 탈바꿈일 뿐이다.

내가 사는 것은 오십 년을 사는 것도 아니고,
백 년을 사는 것도 아니다. 오로지 지금,
이 순간 찰나를 사는 것이다.
실재하는 것은 지금뿐이다.

지금, 이 순간에 집중해 보라.
통증은 있을지 몰라도 번뇌는 없다.
그냥 내가 존재하고 있음만 오롯하다.

지금, 이 순간 깨어 있는 존재감!
그곳에 경배하고, 그곳을 사랑하며,
그곳에 감사하라. 부활이 있을 것이다.

: 휴(休)

살면서 걱정해야 할 일은 없다. 살면서 후회해야 할 일은 없다. 살면서 두려워해야 할 일도 없다. 내 삶은 신의 선택이 펼친 경험의 장이다. 다만 내가 좋고 나쁨을 분별할 뿐이다.

내가 걱정하고, 내가 후회하고, 내가 두려워하는 것은 내 생각과 신의 선택 간의 간극을 좁혀가는 과정이다. 이런 과정을 통해서 종국에는 '수용'으로 하나가 된다. 수용이 되지 않는 경우는 '망각'으로 사라지면서 하나가 된다. 걱정, 후회, 두려움은 실체가 없는 것들이다. 잠시 일어나서 작용하다가 사라지는 것들이다.

나에게 일어나는 모든 것들은 존재 이유가 있다. 분별 망상도 신의 선택이자 분명 긍정의 산물이다. 이를 통해서 영적 성장을 이루어 가고 있기 때문이다. 그래서 분별 망상도 부정해서는 안 된다.

나에게서 일어나는 모든 것들은 자업자득(自業自得)의 산물이다. 분명 절대 긍정과 존재 이유가 있는 사랑스러운 내 자식 같은 존재들이다. 그래서 받아들여야 한다.

받아들여 하나가 된 그 자리에는 항상 감사함만 있다. 그 자리가 편하게 쉬는 자리다. 휴(休)…….

: 운동이 답이다

우리는 태어나면서부터 생명의 시계는 제로(영)를 향해 거꾸로 가기 시작한다. 그리고 그 위에 생로병사(生老病死)가 있다. 성장기에 몸집이 커지고 기운이 왕성해질 때도 어김없이 생명의 시계는 역주행하면서 남은 시간을 축내고 있다.

이런 생로병사의 주체는 '에고(자아)'다. 내 몸은 에고의 상징물이며 내 생각, 감정 등 감수작용(感受作用) 모두가 에고의 작용이다.

금강경에서 말하는 4상(四相), 아상(我相), 인상(人相), 중생상(衆生相), 수자상(壽者相)이 모두 에고의 작용으로 보아야 할 것이다. 이런 에고에서 벗어나는 것이 상(相)을 여의는 것이고, 상을 여읜 그런 사람들을 부처라 한다.

에고의 속성은 무지(無知)와 아집(我集)이다. 대표적인 무지(無知)는 내 몸을 나라고 생각하고, 내 생각 감정을 나라고 생각하는 것이다.

아집(我集)은 내 생각이 옳다고 집착하는 것이다. 이런 속성들이 수많은 고통을 초래하는 단초(端初)가 된다.

유위법의 세계에서 만들어진 모든 것들은 소멸하게 돼 있다. 우리의 육신 또한 생주멸(生住滅)의 법칙을 벗어날 수 없다. 육신이 태어나고 소멸하는 과정이 바로 생로병사다. 이 생로병사를 이끌어가는 것이 에고의 작용이다.

늙다가 보면 몸의 기능이 쇠퇴해져서 병들기 쉽고, 병들다 보면 통증을 수반한 노화가 급속히 진행된다. 육신이 늙고 병들어 죽음에 이르는 과정을 살펴보면 그 촉매 역할을 하는 것이 게으름이라고 생각한다. 게으름은 우리 몸을 움직이기 싫어하는 습이다. 이 게으름 또한 에고의 속성 중의 하나다.

  게으름의 반대작용 부지런함으로 몸을 다스려 운동하고 건강관리를 잘하면 병과 노화를 예방하거나 늦출 수 있다. 사는 동안 병고의 고통으로부터 어느 정도 자유로울 수 있다.

  내 몸에 대한 관심과 사랑은 에고의 속성인 게으름을 지양하고 부지런히 운동하는 것이다.

: 말의 오류

지난 주말에 가족과 함께 1박2일 섬 여행을 떠났다. 집사람(청정광)과 딸, 사위, 머슴아 외손자 둘 이렇게 갔다. 가조도에서 1박을 하고, 다음날 남해에서 바지락을 캐는 갯벌 체험을 하기로 했다.

아침에 늦잠을 자고 일어난 작은 손자(7살, 초등학교 1년)가 외할머니(청정광)를 보고 라면을 끓여 달라고 했다. 할머니는 다정스러운 목소리로 이렇게 물었다.

"라면을 꼬들꼬들하게 끓여 줄까? 아니면 푹 퍼지게 끓여 줄까?"

그러자 손자는 이렇게 답했다.

"꼬들꼬들한 것도 싫고, 푹 퍼진 것도 싫어요."

할머니는 잠시 할 말을 잃고 있었다. 7살 초등학교 1학년 손자에게 뒤통수를 맞은 듯……. 손자의 말은 흠잡을 데가 없다. 할머니 질문에 오류가 있는 것이다.

우리가 흔히 하는 말 중에는 양변의 극단을 오가는 이런 오류가 있다는 사실을 까맣게 모르고 사는 경우가 종종 있다. 어린 손자에게도 더러는 배워야 한다.

: 다선당(茶禪堂) 3

다선당(茶禪堂)은
나를 보는 곳이어야 하고,
나를 만나는 곳이어야 한다.

육신(색(色))의 내가 아닌
육신의 나를 있게 한 나,

수(受), 상(相), 행(行), 식(識)의
내가 아닌 이 모든 것을 있게 한 나,

이런 참나를 만나는
곳이어야 한다.

그래서 의식은 항상
내면으로 향해야 하고,

대화의 소재 또한
그러하기를 소원한다.

: 업(業)

다음은 늘 남편을 원망하는 어느 보살님께 보낸 카톡 글이다.

보살님 얘기를 듣고 있으면 마음이 참 무겁다. 얼마나 막막하고 힘들까? 그러나 우리가 감성적인 느낌보다는 현실을 직시하고 실체에 접근하기 위한 노력을 하지 않을 수 없다.

사업에 실패하고 빚더미 위에 앉아 있는 현실에도 정작 이 일을 저지른 남편은 오히려 담담한 것 같다. 현재의 고통스러운 상황에서 두 분 중 누가 더 고통을 크게 느끼고 있다고 생각할까?

제가 보기에는 보살님이 더 괴로워하고 있는 것 같다. 보살님 입장에서는 참 기가 막힐 일이다.

부부라는 것은 개체적인 관점으로 보아도 피할 수 없는 공동운명체라고 생각한다. 마음공부의 관점으로 보면 배우자는 나의 또 다른 모습이다. 나와 배우자가 둘이 아닌 하나(一心)라는 얘기이다. 그래서 업(카르마)의 작용도 함께 겪어야 한다.

사업이 망하고 빚더미에 올라앉은 현실도 분명 원인에 의한 결과물로 업의 산물이다. 그렇다면 이 상황은 누구의 업 때문일까? 현재 고통이 더 큰 사람의 업 작용이다.

나의 업으로 인하여 남편의 사업이 망해서 빚을 지고, 나의 업으로 인하여 남편이 함께 고통을 겪고 있다면 나는 어떻게 해야 할까?

그래도 남편을 원망하겠나요? 참회하는 마음으로 남편을 향해서 매일 3배를 해보세요. 21일 동안만…….

: 깨달음

　내 삶 속에서 항상 나를 구속하고 괴롭히는 것들은 내가 만든 문제 속에 빠져서 허우적거리는 현상들이다. 수많은 문제를 만들어 왔고 지금도 진행 중이다. 그리고 그 문제를 해결하기 위해 전전긍긍해 왔다.
　그런 문제들이 해결되는 경우도 있고, 나의 의지대로 해결되지 않을 때도 있다. 해결된 경우를 '성공했다.' 하면서 행복해하고, 해결되지 않은 경우를 '실패했다.'라며 좌절한다.
　끊임없이 문제를 만들고 성공과 실패를 반복하면서 행복과 불행의 롤러코스트를 타고 있는 것이 우리의 삶이다. 그것이 생로병사(生老病死)의 문제들이다.
　깨달음은 생로병사 문제를 푸는 열쇠를 찾아 해결하는 것이 아니다. 본래 문제가 없었음을 자각하는 것이다. 나의 정체성은 본래 완전한 존재라는 자각이다. 이럴 때 모든 문제가 사라진다. 우리는 이것을 깨달음이라 한다.

: 불생불멸의 신(神)

과거 내 삶은 완전했다. 과거 내 삶은 털끝만치도 잘못된 것이 없었다. 그 모든 것들은 신(神)의 선택이었고, 신(神)의 작용이었기 때문이다. 지금도 항상 함께하고 있는 것은 전지전능한 불생불멸의 신(神)이다. 이 순간도 그 작용이 이어지고 있고 미래 또한 그렇게 펼쳐질 것이다.

죽음은 육체가 사라지는 것일 뿐 실체가 없다. 육체의 사라짐이 또한 신의 선택에 따라 이어질 것이니 정작 내가 해야 할 일은 없다. 그래서 죽음을 알아야 할 필요도 없고, 죽음을 따로 준비할 필요도 없다. 그냥 신(神)에게 내맡기면 되는 것이다.

생사 문제를 온전히 내맡기는 삶 속에는 내가 해야 할 일이 별로 없는 것 같다. 나라고 고집할 것들도 없는 것 같다. 저절로 되는 삶이다.

나만 그러한 것이 아니고 모든 사람이 다 그러하다. 다만 무지와 분별심에 가려 모를 뿐이다. 이렇게 흘러가는 것을 지켜보면서 이렇게 존재하고 있음에 감사한다. 항상 함께하고 있는 신(神)에게 경배한다.

: 울다가 웃다가

다음은 본질에 대한 자각 체험을 한 보살에게 보낸 글이다.

꿈에 그리던
고향 소식을 접하고
어떻게 울지 않겠어요?

잃어버린 자식을 찾아
헤매다가 딱 마주쳤는데
어떻게 울지 않겠어요?

오매불망 평생을 찾아
헤매던 자식이 알고 보니
늘 내 등에 업혀 있었다니

참 기가 막히고 웃음이
나올 수밖에요.
울다가 웃다가…….

함께할 수 있어
축복입니다.
보살님!

: 산 자와 죽은 자

두 사람이
차를 타고 가다가
교통사고가 났다.

차가 절벽 아래로
굴러떨어진 것이다.

한 사람은 죽고
한 사람은 살았다.

세월이 흐르고 흘러
산 사람은 안정을 찾고
행복한 일상을 누렸다.

아!
그때 죽었으면 어찌할 뻔했나?
죽지 않아서 천만다행이구나.

죽은 사람은
죽음의 세계에 머물면서
새로운 경험을 하고 있었다.

육신이 없어서
허공을 자유자재
날아다니고,
무엇이든 생각대로
펼쳐지니 부족함이 없구나.

아!
그때 죽지 않았으면 어찌할 뻔했나?
그때 죽어서 천만다행이구나.

결국 산 자나 죽은 자나
똑같은 얘기를 하고 있다.
천만다행이라고……

: ○○거사님께

> 상적지광진여상(常寂智光眞如相)
> 사량식현제법상(思量識現諸法相)
> 비하유분불문사향(鼻下有糞不問麝香)
>
> 항상 고요하고 지혜·광명으로 충만한 진여상이 나의 본질이자 정체성이다.
> 다만 모든 것들을 생각으로 헤아려 보는 습 때문에 본질을 볼 수 없는 것이다.
> 이는 코 아래 변분을 발라두면 사향도 맡을 수 없는 이치와 같다.

○○거사님!

금강경을 수지[80], 독송, 서사, 위타인[81] 해설한 공덕은 삼천대천세계에 가득한 칠보를 보시한 공덕보다 더 크다고 했습니다. 달리 말하면 이 둘은 비교의 대상이 아니라는 얘기와 같습니다.

왜 그럴까요? 금강경 수행은 꿈을 깨는 일이고, 보시행은 아무리 커도 꿈속의 일이기 때문입니다. 그래서 금강경 수행은 진여상이 드러나는 공부라는 얘기와 같다고 생각합니다.

거사님이 금강경 수행 중 체험했던 것은 생각으로 헤아려 나타나는 사량식현이 아니라고 봅니다. 금강경 수행을 통해서 사량식(思量識)이 잠시 멈추면서 진여상이 드러날 때 나타난 부수적인 현상으로 보입니다.

---

[80] 수지: 스승으로부터 배우고 익히는 것.
[81] 위타인: 다른 사람을 위하여.

진여상은 내가 느끼든 느끼지 못하든 항상 나와 함께하고 있습니다. 찾고자 하고 알고자 하는 구하는 마음, 사량식이 멈추면 언제든지 드러납니다.

참으로 안타까운 것은 보여 주어도 모르고, 참다운 스승이 없으면 일러 주어도 믿지 않습니다. 잘못된 공부의 상(相)을 머리에 이고 있기 때문에 끝없이 헤매고 다닙니다.

짧은 시간이지만 ○○거사님을 보면서 느낀 것은 공부에 대한 열정을 꾸준히 이어온 정진력이 남다르고, 많은 사람의 아픔을 나의 아픔처럼 여기면서 금류을 보시하는 것을 보면서 남다르게 생각했습니다. 많은 사람에게 보급했지만 처음 있는 일입니다. 남다른 이 모든 것들은 거사님이 경험한 체험에 뿌리를 두고 있다고 생각합니다.

보시바라밀을 비롯한 육바라밀행은 체험한 사람들에게 저절로 저절로 경험되어지는 현상으로 보입니다. 그 체험을 있게 했던 그것이 전부입니다.

딱!!! 내가 나를 인정하면 됩니다. 내가 나를 확신하면 됩니다. 그리고 신령스러운 이 존재에 모든 것을 맡겨 보세요. 무아(無我)가 되면서 신(神)의 삶이 펼쳐집니다. 함께할 수 있어 감사합니다.

: 무아(無我)

불교의 핵심은 괴로움, 고(苦)에서 벗어나는 것이다. 그러나 '나'라는 자아(自我)가 있는 한 괴로움에서 벗어나는 것은 불가능하다고 보아야 할 것이다. 그래서 '무아를 증득해야 한다.'라고 가르치고 있다.

금강경에서는 그 방법으로 '4상(相)을 여의어야 한다.'라는 가르침을 펼치고 있다. 4상(相)은 아상(我相), 인상(人相), 중생상(衆生相), 수자상(壽者相)을 말한다. 그러나 여기에서 핵심은 아상(我相)이다.

막상 아상을 여의고 무아를 증득해야 한다는 개념은 이해가 갈지 모르지만, 어떤 방법으로 무아를 증득해야 할 것인지 명확한 대안을 찾기는 어렵다.

무아가 어떤 의식 상태인지도 모른다. 내가 사라지고 우주와 하나가 되는가? 이런 특이한 현상적 경험을 기대하기도 한다. 한 번도 그런 의식 상태를 경험해 보지 못한 사람들에게는 갈 길이 막막하고 요원하기만 하다. 또한 무아의 상태가 되어도 알아차리지 못한다.

정작 무아가 따로 있는 것이 아니고 항상 나와 함께하고 있으면서 인연 따라 모양을 다르게 드러내고 있는데 '나'라는 생각에 가려 볼 수 없고, 인식할 수 없는 것이다.

무아(無我)라는 이름으로 불리고 인식되면 무아(無我)라는 또 다른 상(相)을 만들기 쉽다. 이런 상을 만들면 무아와는 멀어진다. '나'라고 생각하는 자아(自我)의 속성은 아집(我集), 즉 나에 대한 집착이다. 이 집착에서 모든 괴로움이 나온다. 따라서 집착에서 벗어나는 것이 괴로움에서 벗어나는 것이고, 무아를 증득하는 것이다.

집착에서 벗어나 무아를 증득하기 위해서는? 나에게 일어나는 모든 일은 원인에 의한 결과로 인식해야 한다. 나에게 일어나는 모든 일은 자업자득이다. 그래서 나에게 일어나는 모든 일은 받아들여야 한다. 이렇게 받아들이고 내맡기는 삶을 살 때 집착에서 벗어나 무아의 상태가 되고 괴로움이 소멸되는 열반의 삶을 영위하게 될 것으로 확신한다.

제5장

염불선 체험

: 염불선 체험

 2011년 5월 초 우연히 초등학교 동창생 친구로부터 지리산 자락의 조그만 암자에 장좌불와 하는 스님이 계신다는 얘기를 듣고 궁금해서 찾아갔다.
 하동군 화개면 부춘리 63번지 형제봉 아래, 한눈에 보아도 예사롭지 않은 좋은 터에 자리 잡은 '수정암'이라는 암자였다. 스님께 처음 인사를 드리고 친견했지만 편안하게 대해 주셨고, 차도 한잔 얻어 마시며 1시간가량 시간을 보내고 일어섰다.
 스님도 수행이 깊으신 것으로 보이고 암자의 터가 참 좋은 곳이라는 생각을 하면서 기회가 되고 여건이 허락된다면 꼭 한 번 다시 와서 정진도 하고, 잠도 자보고 싶다고 생각하며 돌아왔다.
 5월 종합소득세 신고 기간이라 바쁘고 시간을 뺄 수 없었지만, 수정암 생각이 머릿속을 떠나지 않았다. 5월 말 종합소득세 신고를 마치자마자 6월 2일 약 5일 정도 절에서 머무를 준비를 하고 수정암을 찾았다. 스님에게 며칠 정진할 수 있도록 선방으로 쓰던 널찍한 방을 숙소 겸 정진방으로 사용하도록 허락을 받고 짐을 풀었다.
 산사의 밤은 생각했던 것보다 훨씬 더 나를 들뜨게 했다. 맑은 계곡물 흐르는 소리, 밤늦도록 울어대는 소쩍새 소리는 그대로 법음이었고, 나와 둘이 아니었다. 나는 간화선 수행을 해 왔는데 청화스님 문중은 본래 '염불선'을 하고 있다는 사실을 알게 되었다. 나는 본래 염불은 해보지도 않았고, 염불에 대해서는 문외한이었다.

이곳에서는 불사가 진행 중이라서 기도하고 있었으며, 다음날 새벽 기도에 동참하게 되었다. 기도는 천수경과 나무아미타불 정근(精勤)[82]을 약 2시간가량 하는 기도였다.

나는 본래 염불을 하면 목이 콱 막혀 소리가 나지 않아서 염불은 하지 못하는 것으로 생각하고 염불은 해보려고 생각도 해보지 않았다. 그러나 며칠 쉬어 가려면 따라 하지 않을 수 없어서 어색하고 답답한 목소리로 겨우겨우 따라 했다. 염불을 어떻게 하는지를 몰라서 나의 염불 소리를 놓치지 않으려고 집중해서 1시간가량 따라 하다 보니 갑자기 목이 탁 트이면서 목소리가 맑게 나오고 온몸에 따뜻한 기운이 도는 것을 느꼈다. 참 신기한 일이었다.

낮에는 좌선하고 시간을 보내다가 저녁 기도에 동참하게 되었다. 염불을 따라 하다 보니 요령도 조금 생기고 스님의 염불 소리에 맞추어 염불의 리듬을 잘 맞출 수 있었다. 약 1시간이 지날 무렵 온몸을 휘감고 가는 뜨거운 기운을 느끼게 되고, 조금 지나니까 손끝부터 격렬한 진동이 오기도 하고, 눈물이 쏟아지기도 하며, 이마를 휘감는 뜨거운 기운에 약간의 현기증마저 느끼는 체험을 하였다.

무엇인가 예사롭지 않다는 느낌이 들어서 스님에게 여쭤 보았더니, 이곳의 기운이 강해서 에너지의 파장으로 오는 현상이며 나쁘지 않은 현상이라면서 걱정할 일은 아니라고 하셨다.

---

[82] 정근(精勤): 염불이라고 보면 된다. 보통 예불에서 발원문에 이어서 정근 의식이 이어진다. 정근은 불보살님의 명호를 부르면서 기도 정진하는 수행이다. 염불 기도는 간화선 수행, 절을 올리는 용맹정진 못지않게 중요한 수행법으로 전해오고 있다. 정근은 법석이 열린 법당의 주불이 어느 분인가에 따라 달라진다.

이곳은 밤에 잠을 적게 자도 별로 피곤한 줄을 모르겠고, 음식을 적게 먹어도 허기진 줄을 모르겠다. 정말 터의 기운이 특별한 곳이라 느껴졌다. 셋째 날 새벽 3시에 잠이 깨었다. 지난밤 12시가 넘어서 잠이 들고 그 사이 꿈을 꾸었는데, 꿈의 내용이 예사롭지 않다는 생각이 들었다. 내용인즉, 내가 아들을 얻는 꿈이고, 꿈속의 그 장소는 불교 각 종파 대표들이 모인 장소인데 그곳에서 머리에 관을 쓴 소년이 부자의 연을 맺는 징표로 산(山)복숭아 한 줌을 나에게 올리면서 아들의 예를 갖추는 것이었다.

법당에 가서 잠시 좌선을 한 후 4시부터 기도가 시작되고, 천수경 염불을 시작으로 나무아미타불 정근을 이어 갔다. 스님과 함께하는 염불은 1시간 30분 후 끝났으나 이미 나는 알 수 없는 기운에 젖어 있었고, 스님의 허락을 받아 염불을 계속할 수 있었다. 이미 나는 내 의지와는 관계없이 다른 에너지에 의해 염불이 되어 가고 있었다.

염불을 하고 있다는 것보다는 나 아닌 다른 누가 염불하는 것을 듣고 있다는 표현이 적절할 것 같았다. 주시자의 관점으로 분리 현상이 일어났다. 어느 순간 캄캄한 암흑의 바다가 앞을 가로막는 느낌이 왔다.

이때 옆지기 환영이 나타나서 애원했다. "더 이상 가지 마세요." "더 가면 돌아올 수 없어요." 아들, 딸 환영도 연달아 나타나서 애원했다. 이를 모두 뿌리치고 '죽어도 좋다!'라며 나아갔다. 금강경 사구게를 염불하면서, '약이색견아, 이음성구아, 시인행사도, 불능견여래.' 반야용선을 타고 칠흑같이 어두운 바다를 건너는 느낌이었다.

내 입에서는 알 수 없는 얘기가 흘러나왔다. '태초의 자리에 도달하면 다시는 반야심경을 독송하지 않을 것이다.' 어느 순간 전생이 이미지로 나타나기 시작했다. 치열한 구도자의 여정이 있기도 했고, 수많은 대중 앞에서 설법을 하면서 부처로 추앙받기도 했고, 과보를 받아 벙어리로 살면서 고통받던 생도 있었다. 수많은 생을 수행자로 살았던 것 같다.

내생(來生)[83]이 동영상을 보는 것처럼 생생하게 보였다. 대웅전보다 더 큰 선원, 그리고 많은 수행자가 오가는 모습이 생생하게 보였다. 과거, 현재, 미래를 넘나드는 체험을 했다. 7시간 30분 동안 끼니도 거른 채 물 한 모금도 먹지 않고, 고성염불을 이어왔는데도 조금도 피곤하거나 배고프지 않았다. 내 힘으로 한 것이 아니고 다른 에너지를 끌어 쓴 것 같았다.

이후 염불과 좌선을 이어 가며 5일간의 시간을 보내고, 돌아와서 아무리 생각해도 어리둥절했다. 염불도 어차피 깨달음에 이르는 검증된 수행법임에 틀림없다는 사실도 알게 되고, 참선과 염불을 같이 하면 훨씬 더 수승한[84] 공부 방법이 될 것이라는 생각이 들었다. 그 후 2달 동안 한 주일도 빠짐없이 지리산 자락의 수정암으로 염불 수행을 위해서 내려오고 조금씩 체험하며 나름대로 열심히 정진했지만, 그 후로는 괄목할 만한 성과는 없었다.

7월 30일 일주일 동안 휴가를 내고 8년 전 화두참구를 할 때처럼 온몸을 던져서 염불로 임계점을 넘어보자는 결연한 각오를 다졌다.

첫째 날, 염불을 시작했다. 7일간의 긴 여정이라 급하게 서두를 일도 아니고 법당과 선방, 계곡의 임시 수행처를 오가며 염불했다. '아뿔싸! 수마가 방해하는구나!' 첫날부터 졸음이 쏟아지는데 감당할 수 없었다. 8년 전 화두 공부할 때도 첫날 수마에 시달려 본 경험이 있어서 크게 개의치 않고 첫날을 보냈다.

---

[83] 내생(來生): 불교에서, 삼생(三生)의 하나. 죽은 뒤의 생애를 이른다.
[84] 수승한: 불교에서, 세상에 희유하리만큼 아주 뛰어난

둘째 날, 염불을 해보지만 집중이 되지 않고 자꾸 시계에만 눈이 가며 지루하기 짝이 없었다. 무릎에 통증이 심해서 20분도 앉아 있기 힘들었다. 2시간, 3시간도 어렵지 않게 좌선했는데 알 수 없는 일이다. 예사롭지 않은 일이고 염불에 집중할 수 없었다.

셋째 날, 이틀 동안 염불을 억지로 하고 나니까 목이 아팠다. 더 이상 염불을 할 수 없는 지경이 되어서 염불을 멈출 수밖에 없었다. 칭명염불(稱名念佛)[85]을 중단하고 관념염불로 전환해서 매진했는데, 이제는 두통이 심해서 견딜 수 없었다. 목과 무릎이 아프고, 두통까지 사면초가였다. 공부를 방해하는 마장이라는 것이 분명하지만 육체적으로 견디기가 너무 힘들었다. 하지만 중단할 수 없었다.

넷째 날, 아침 공양 후 공부를 해야겠다는 강박 관념을 내려놓고 좌선하고 있는데, 이상한 기운이 돌며 몸에 진동이 오기 시작했다. 7년 전 내 몸을 수행하기 좋은 몸으로 치유해 주었던 내 안의 기운이 발동하기 시작했다. 그때와 똑같은 형태로 진동이 시작되었다. 그냥 맡겨 두기로 했다.

몸이 안 좋은 부위를 손으로 두드리고 스스로 진동하는 등 백회혈에서 용천혈까지 몸 구석구석을 치유했다. 오전 내내 머리끝부터 발끝까지 2회에 걸쳐서 치유하고 점심 공양 후 한 번 더 이러한 과정을 거쳐 몸을 만들어 갔다. 온몸이 완전하게 치유되고 정진하는데, 아무런 장애가 없었

---

[85] 칭명염불(稱名念佛): 염불의 종류에는 칭명염불(稱名念佛)과 관상염불(觀像念佛), 그리고 실상염불(實相念佛) 세 가지가 있다. 칭명염불은 입으로 소리를 내어 부처님 이름을 부르고 외우는 것이고, 관상염불은 앉아서 부처님의 형상(불상이나 불화)을 바라보다가 눈을 감고 계속해서 떠올리는 것이며, 실상염불은 형상불이 아닌 진리 자체로써의 부처님을 체득하는 것이다. 이 가운데에 가장 많이 실천되는 염불이 칭명염불이다. 이는 큰 소리로 혹은 작은 소리, 더러는 속으로 쉬지 않고 부처님 이름을 부르는 것이다. 여러 염불 가운데 처음에는 고성으로 염불하는 것이 효과적이라 한다.

다. 이제부터 시작이다. 오후부터 밤까지 치열하게 정진하였다. 1주일 안에 일을 한번 내야 하겠다는 각오로 거의 철야 정진하였다.

다섯째 날, 오전에도 치열하게 정진하고, 점심 공양을 하였다. 점심 공양 후 시간은 지나가고 7일의 한정된 시간은 다가오고 있는데, 공부가 진척될 기미는 보이지 않고 마음이 무거웠다.

8년 전 내가 화두 공부할 때의 경험에 비추어 공부의 상태를 짐작하고 있는 내가 지금 오류를 범하고 있는 것인가 하는 의구심이 생겼다. 염불도 화두참구하는 듯이 하면 될 것이라는 믿음이 잘못된 것인가? 오후 4시쯤 울력을 하고 땀을 좀 흘리고 나니 오히려 몸이 가벼웠다.

여섯째 날, 자정쯤 잠시 눈을 붙이고 새벽 1시 30분쯤 잠이 깨서 누워 있는데, 문득 한 생각이 스쳐 지나갔다. '지금 무엇을 하는 거야.' 칭명염불로 끝을 보려고 해놓고, 다른 길로 가고 있다는 생각에 깜짝 놀라 털고 일어나 냉수를 뒤집어쓰고 법당으로 향했다.

"나무아미타불! 나무아미타불! 나무아미타불………" 간절한 마음으로 염불이 이어졌다. 법당에는 3,000배 절 수행을 하는 등 도반 여럿이 있었다. 20여 분쯤 흐를 때부터 이상한 기운이 느껴지기 시작했다. 염불하면서 눈을 감으면 다른 의식의 세계가 펼쳐졌다.

티베트나 중앙아시아 지역 고산지대로 보이는 풀 한 포기 없고, 척박한 산야와 파란 하늘이 펼쳐진 길을 걷고 있었다. 이때부터 긴 여행이 시작되었다. 어느 순간부터인가 내 곁에는 스님 모습을 한 영적 가이드가 나투시어 동행하고 계셨다. 내 곁에 꼭 붙어서 나를 이끌어 주셨다. 위험한 경계에서는 나를 보호해 주고, 내가 슬픔에 젖어 서럽게 울고 있을 때는 안쓰러운 표정으로 지켜봐 주시고 위로해 주었다.

깜깜한 암흑에 갇혔을 때는 온몸을 꼼짝할 수 없었고, 정신마저 화석처럼 굳어 버려서 어떤 생각도 일으킬 수 없는 속수무책의 상태였다. 그때 한 줄기 빛처럼 '아미타불' 염(念)이 미세하게 작동되면서 몸과 정신이 풀려나기 시작하면서 다시 염불을 이어 갈 수 있었다. 내 옆을 지켜 주시던 그분도 크게 놀란 듯했다.

눈을 떠보면 법당에는 다른 도반들이 염불과 절 수행을 하고 있었다. 염불하는 내가 있고, 이를 지켜보는 또 다른 내가 있고, 다른 의식의 세계에서 구도 여행을 하는 또 다른 나가 있다.

온 하늘이 황금색 광명으로 다가올 때는 이것이 아미타불인가 하고 속을 뻔할 때도 영적 가이드[86]는 가짜 빛에 속지 말라고 일러 주셨다. 그 후로도 끊임없이 여쭙고 답하고 하며 긴 여행을 했다. 어느 순간 허공을 모두 메울 만큼 어마어마하게 큰 황금색 부처님이 나타나고, 나는 그 안으로 들어갔다. 그 안에서 휘황찬란한 부처님 형상의 광명을 친견하고 너무 눈이 부셔서 보지 못하고 눈을 감아 버렸다. 그때 온몸이 전기에 감전된 것처럼 전율이 느껴져서 눈을 떠보니 그 광명과 내가 합일되어 있었으며 그 광명의 마지막 부분은 내 단전으로 들어가고 있었다. 그렇게 구도 여행이 끝났다. 마지막까지 곁을 지켜주신 스님께 이 은혜를 어떻게 갚아야 할지 여쭈었더니 "꽃 공양을 올리라!" 하셨다.

그리고 나에게 어떤 능력이 생기는지, 어떤 신통이 생기는지 궁금해서 여쭈어보았다. 그랬더니 "신통이 생긴다!"라고 대답해 주셨다. 이때가 염불을 시작한 지 세 시간쯤 지났을 때였다. 다음날 나에게는 어떤 능력도

---

[86] 영적 가이드: 스님을 말함.

생기지 않았고, 어떤 신통도 생기지 않았다. 조금은 실망스러웠다. 반면에 신통을 바라는 내 망상이 부끄럽기도 했다.

수행을 끝내고 일주일 만에 집으로 돌아왔다. 아침 식사 시간에 숟가락을 들고 국을 한 모금 입에 넣는 순간 "아!" 하고 탄성이 저절로 나왔다. 숟가락을 잡은 손가락, 국을 떠서 들어 올리는 팔, 맛보고 씹어 삼키는 입, 이를 소화 시키고 있는 이 현상, 60여 년 동안 한 번도 멈추지 않고 뛰고 있는 심장, 60여 년 동안 쉼 없이 들고 나는 이 호흡……. '신통이 내 밖에 따로 있는 것이 아니고, 내 몸 작용 모두가 신통(神通)이구나! 나에게서 일어나는 모든 것이 신(神)의 작용이구나…….' 이런 깨달음이 왔다.

: 생일 선물

음력 십이월 초여드레가 집사람 생일이다. 매년 생일이면 무엇을 선물할까 고심하게 되고 그때그때 적당한 물건을 골라서 집사람에게 선물해 왔다.

2007년 음력 12월 8일

'이번에는 무엇을 선물할까?' 하고 고심하다가 세상에서 아무도 받을 수 없는 선물을 해보자는 생각을 하게 되고 이때 문득 이러한 생각이 떠올랐다.

내년 생일까지 1년 동안 매일 집사람 어깨를 주물러 주는 것이 이번 생일 선물로 어떨까 생각하게 되었고, 이를 제안을 하자 집사람도 이를 흔쾌히 받아들여서 올해의 생일 선물은 1년간 어깨를 주물러 주는 것으로 하고 시작했다.

처음 시작할 때 약속을 끝까지 지킬 수 있을까 반신반의했지만, 하루 30분에서 40분가량 어깨를 주무르고 툭툭 두들기기도 하고 부드럽게 마무리해서 온몸이 편안해지도록 마음을 모아서 정성껏 해 나갔다.

어깨를 주무를 때 다른 생각을 하면서 주무르면 신기하게도 집사람은 내가 다른 생각을 하고 있다는 것을 대번에 알아차리고 나 또한 손끝의 촉감으로 집사람의 기분을 느낄 수 있는 것을 보면 우리는 피부의 촉감으로도 충분히 교감할 수 있다는 체험을 하게 되었다.

한 주일 두 주일이 지나고 한 달 두 달이 지나도록 힘들거나 귀찮은 생각은 들지 않았으며 하루하루 즐거운 마음으로 이어 나갔다. 물론 집을 비우거나 밤늦게 귀가할 때는 다음날 보충하는 방법으로 약속을 지키기 위해서 늘 노력했다.

시간이 지나면서 집사람이 매일매일 감사해하고 행복해하는 모습을 지켜보면서 내가 선택한 조그만 생일 선물이 이렇게 큰 감동을 주리라고는 예상치 못했다. 내 마음 또한 시간이 흐를수록 손끝에는 더욱더 정성이 모이고 손끝에 느끼는 촉감이 날이 갈수록 즐겁게 느껴지는 것이 이는 집사람을 위해서라기보다는 나 자신도 같이 즐기고 있다는 사실을 알게 되었다.

이 세상에 부부만큼 계산이 분명한 관계는 없다고 생각한다. 되로 주면 말로 받는 관계, 즉 미움이나 증오도 되로 주면 말로 받게 되지만 사랑하는 마음이나 연민의 마음도 되로 주면 말로 받게 되며 이를 주고받다 보면 헤아릴 수 없이 커져서 둘은 주고받을 것도 없고 하나가 되는 것이라고 생각한다.

두 달이 지나면서 나는 집사람에게 당초 약속한 계획을 수정하자고 제안했다. 매일 이러한 시간을 보내는 것이 누구 한 사람만 좋은 것이 아니고 우리 부부 둘 다 좋은 것이라면 1년만 할 것이 아니라 할 수 있는 힘이 남아 있는 한 죽을 때까지 계속하자고 했다.

나는 2007년 여름 평소 즐기던 술을 끊으면서 술을 마시면서 쓰던 비용을 차(茶)를 구입하거나 책을 구입하는 데 쓰게 되었다. 단주(斷酒)를 하다 보니 일찍 귀가하게 되면서 여유 시간을 집사람과 이러한 시간을 보내거나 차(茶)를 마시거나 책을 읽는 데 보내고 있다.

내가 차를 마시기 시작한 지는 어느덧 15년이 지났지만 지금도 집사람은 내가 차를 우리어 주지 않으면 차를 가까이하지 않는다. 저녁에 마시는 발효차도 그렇고 아침에 마시는 말차는 차선[87]으로 휘저어서 맛과 향을 내는 것이라서 더욱더 내가 저어 주어야 한다.

그래서 아침마다 말차를 저어 주는 것도 무언의 약속으로 되어 있어 매일 매일 저어 주고 있다. 말차를 차선으로 휘젓는 것도 마음을 모아서 정성을 들이지 않고 차를 저으면 차의 향과 맛이 정성을 들여 저을 때보다 현저하게 못하다는 것을 체험할 수 있다.

마음을 모아 정성을 들여서 저으면 말차가 부드러운 생크림처럼 입자가 잘고 부드럽게 저어지고 맛과 향이 진하면서 감칠맛이 나는데, 내가 다른 생각을 하거나 내 몸의 기운이 떨어질 때 말차를 저으면 부드럽게 저어지지도 않고 맛과 향이 못하다는 것을 집사람은 누구보다 잘 알아차린다.

어깨를 주무르는 일이나 차를 달이는 일이나 세상 모든 일이 마음을 모아 정성을 다하면 서로에게 가슴 뭉클한 감동을 주지만 마음이 떠나고 사랑이 없는 삶은 황량하기 그지없을 것이다.

---

[87] 차선: 다선(茶筅). 가루로 된 차를 탈 때 물에 잘 풀리도록 젓는 기구. 조리와 비슷하게 생겼다.

2009년 1월 3일(음력으로 12월 8일)

작년에 약속한 일주년이 지났지만, 약속대로 매일 저녁 어깨를 주무르고 아침이면 말차를 저어 준다. 이제는 우리 부부에게 언제부터 시작했다거나 언제까지 해야 한다는 시한에 의미를 두지 않고 생활의 한 부분으로 자리 잡아 가고 있다.

어깨를 주무르는 일도 말차를 저어 주는 일도 매일 반복되는 일이다. 마음을 모아서 정성껏 할 때는 부부간에 잔잔한 감동과 행복을 준다. 하지만 부부간에 아끼고 사랑하는 간절함이 없으면 이러한 생활은 지속될 수 없을 뿐만 아니라 우리의 삶도 부부라는 도덕적인 의무감의 틀을 벗어나지 못한 생활이 될 것이다.

나의 이러한 생활을 보고 주변 사람들은 보통 사람들이 할 수 없는 대단한 일을 하는 것으로 생각한다. 그런데 사실 나는 내가 좋아서 내가 즐거워서 하는 일이지, 힘든 일을 참으면서 일방적인 헌신을 하는 것은 아니다.

물론 지금까지 살아오면서 집사람에게 준 것보다 받은 것이 더 많고 지금도 주는 것보다 늘 받는 것이 더 많다고 생각하기 때문에 빚 갚는다는 생각도 없지 않지만……

* * *

윗글은 2009년 1월 내 비망록에 써서 혼자 간직하던 글이다. 3년이 지나고 4년째 되는 지금은 어떻게 하고 있는지 궁금할 것이다. 말차는 몸을 냉(冷)하게 한다고 하므로 장복은 해롭다고 해서 중단하였고, 어깨를 주무르는 일은 지금도 하고 있다. 바보처럼……. 바보가 되고 싶은 분은 따라 해봐도 좋다. 즐거운 바보가 될 것이다.

: 용오름

　며칠 전 TV를 보니 동해 먼바다에서 용오름 현상이 일어난 뉴스 화면을 보았다. 용오름은 바다에서 이상기류를 타고 물방울이 모여 물기둥 모양을 하고 하늘로 치솟는 현상이다. 이 물방울들은 구름이 되고 빗물이 되어 지상에 뿌려질 것이다.

　이때부터 물의 여행은 시작된다. 땅속에 스며들고 수백 년 동안 암반을 통과해서 심층부에 뜨겁게 머물다가 귀한 온천수로 대접받는 물도 있고, 깊은 계곡 바위틈의 석간수로 거듭나서 청정수로 대접받아 사람들의 사랑을 듬뿍 받는 물도 있다. 빗방울이 땅에 떨어지면서부터 많은 이름으로 불린다.

　흘러가면서 물은 또 다른 변신을 한다. 개천을 흐를 때는 시냇물, 강을 만나면 강물, 진흙땅을 만나면 흙탕물, 수로를 통해 논에 가면 농업용수, 공장으로 가면 공업용수로 수없이 변신한다.

　귀한 온천물도 목욕탕을 거쳐 오면 땟물로 변하고, 청정한 석간수도 사람의 목구멍에 들어가면 배설물로 변해서 하수처리장이나 분뇨처리장 신세를 면치 못한다. 최고와 최하를 넘나드는 힘든 여정이다. 이렇게 많은 이름으로 불리는 물들이 큰 강을 타고 흘러 대양의 초입에 도달해 먼바다를 본다.

　자기에게 붙여진 이름들은 이미 사라지고 없다. 그때야 자기는 물일 뿐이라는 사실을 알게 된다. 많은 물방울이 앞다투어 용오름에 오른다. 누가 일러 준다. "물, 너도 저렇게 네가 원해서 용오름을 타고 왔노라고." 물의 여정이 우리의 삶과 같다.

: 태풍 '산바'

태풍 '산바'가 지나가고 있다. 나는 창밖에 거세게 몰아치는 바람 소리를 듣기도 하고 가당찮게 쏟아지는 빗줄기를 보면서 잠시도 머물지 않고 지나가는 태풍을 느껴 본다.

'창조된 모든 것은 긍정의 산물'이라는 진실을 다시 한번 되새겨 본다. 지구의 필요로 태풍이 생기게 되고, 이렇게 기운을 키워서 비바람을 몰고 가다가 동해 먼바다에 이르면 소멸할 것이다. 사람들에게 많은 피해를 입게 하지만, 자연생태계로 보면 분명 긍정의 산물이다.

우리의 한 생각 또한 창조되고 소멸하는 태풍과 다를 바 없는 것이 또한 긍정의 산물임에 틀림없다는 확신을 갖게 한다. 한 생각이 일어나면 자각을 통해 이는 내가 만든 생각이고 나는 생각의 주인이라는 인식에 든다. 그리고 이 생각은 내가 필요로 해서 창조한 긍정의 산물임을 의심할 여지가 없다.

불편한 생각은 불편함을 인정하고 느끼며, 분노의 생각은 분노를 인정하고 느끼며, 즐거운 생각도 즐거움을 인정하고 느끼지만, 이 모든 생각들은 긍정의 산물로 창조된 개체라는 사실을 수용하면 나는 이 생각들로부터 크게 끄달리지 않고 금방 그 실체를 인정하고 자유로워짐을 느끼게 해 준다.

나는 이런 나를 지켜본다. 한 걸음 뒤에서 보는 느낌, 한 뼘 위에서 보는 느낌, 이 육신을 이끌고 생각을 일으키고 없애는 나를 알아차림이라는 순수의식으로 비추어 본다.

  나는 이렇게 정해진 여정대로 흘러왔고, 지금도 이렇게 흘러가고 있으며, 내일도 이렇게 흘러갈 것이니, 나에게 태클 걸지 않고 나만 보겠다. 다른 사람들도 각자 자기 여정대로 그렇게 흘러가고 있을 것이니 시비하지 않겠다. 눈에 거슬려도…….

: 감사함 3

    감사함은 나의 존재에 대한 감사함부터 시작한다. 이 생애 육신을 받아 태어나 존재케 해 준 부모님에 대한 감사함은 무조건적 감사함이다.
    항상 옆을 지켜준 집사람도 감사하고, 잘 자라서 시집가서 예쁜 손주를 안겨준 딸도 감사하고, 하는 짓은 흡족하지는 않지만 건강한 모습으로 열심히 살려고 노력하는 아들도 감사하다.
    어렵게 시집보내도 잘살고 있는 다섯 여동생도 감사하고, 장가도 못 가고 모든 것을 챙겨 주어야 하고 속만 썩이는 40대 중반 남동생도 나의 좋은 공부거리를 줘서 감사하다.
    제 처자식 남겨 놓고 홀쩍 먼저 저세상으로 떠난 동생이 야속하더니만 그래도 조카들 잘 키워 준 제수가 감사하고, 의젓한 대학생이 되어 제 몫을 다하는 조카를 보면 참 감사하다.
    지금의 나를 있게 해 준 지난 60여 년 동안 나의 모든 인연에 감사하다. 아름다운 세상 삼라만상을 이렇게 또렷하게 볼 수 있어서 감사하다. 아름다운 이 세상이 이렇게 존재함에 감사하다. 물소리, 바람 소리, 멀리 들리는 차 경적 소리……. 이 모든 소리를 들을 수 있어 감사하다.
    새벽 숲 맑은 기운을 느낄 수 있어 감사하고, 불편함 없이 새벽 등산을 할 수 있는 건강한 육신이 주어짐에 감사하다. 눈을 뜨면 밝음에 감사하고, 눈을 감으면 어둠에 감사하다. 밝음도 어둠도 다 내 모습이기 때문이다.
    잠이 잘 오면 잘 자서 감사하고, 잠이 오지 않으면 공부할 수 있어 감사하고, 허리 아픈 통증도 쉬라는 신호로 받아들이니 아픔도 감사할 뿐이다. 만들어진 한 생각, 한 생각 내가 필요해서 체험하기 위해 일으킨 긍정의 산물이라 생각하니, 수용하지 않을 수 없으며, 수용이 어려운 버거운 생각들은 좋은 자각의 공부거리라 생각하면 그냥 감사할 뿐이다.

　아무리 생각해 봐도 감사하지 않을 일을 찾아보기가 어렵다. 문득문득 구름이 앞을 가려 어지러워져도 감사함과 자유를 향한 귀소본능의 자각은 멈추지 않을 것이다. 감사해요.

: 새해 소망

2012년 12월 31일, 세 가족이 부부 동반해서 부여로 1박 2일 일정으로 여행을 떠났다. 임진년 마지막 날 남덕유산 설경을 구경하고 부여 낙화암에서 해넘이를 맞이했다. 고란사를 둘러보고 저녁 식사를 마친 후 숙소에 머물렀다. 아침에 일어나니 온 세상이 눈 속에 묻혔다. 이렇게 계사년 새해를 맞이했다.

작년 임진년 새해 첫날이 떠올랐다. 내가 다니던 지리산 암자에서 철야 정진을 하고 지리산 형제봉에서 일출을 맞이했다. 그때 나는 올해 환갑을 맞이하면서 인생의 한 주기를 마감하고, 새로운 주기를 시작하니 새로운 기분이 들었다. 그동안 나름대로 수행해 왔지만 향후 10년을 나의 삶에 있어서 깨달음을 향한 수행을 1순위로 해야 하겠다는 원(願)을 세웠다.

이런 원을 세운 덕분에 작년 6월 또 다른 수행 단체와 인연을 맺게 되고 10월에 특별한 체험을 했다. 그리고 11월에는 일본투어에서 스승님을 친견하게 되고 자각을 통해서 많은 변화를 체험했다. 10년을 목표로 한 첫 원년에 나는 전혀 예상치 못하게 자각 수행을 만나게 되고, 스승님을 친견하게 되었으며, 많은 도반을 만나게 되는 행운을 얻었다.

계사년 첫날 올해는 무엇을 소원하는가? 나에게 물어본다. 작년에 이미 10년의 원을 세웠으니 달리 세워야 할 원이 없다. 좀 더 부지런하게 그대로 진행될 뿐이다.

내가 해야 할 일은 지금, 이 순간 나의 생각을 보고, 생각의 주인이 나임을 아는 자각만이 유일하다. 나의 모든 인연에 감사할 뿐이다.

: 홀로 하는 여행

나의 내면으로 여행입니다.
아무도 같이 할 수 없는
나 혼자만의 여행입니다.

눈을 감아 봅니다.
눈에 보이는 것은
칠흑 같은 어두움뿐입니다.

귀 기울여 봅니다.
적적(寂寂)의 묘음(妙音)만 있습니다.
나 홀로의 여행입니다.

이미 중력을 잃었습니다.
구름 위에 앉아 있는 것처럼…….

한 점의 빛으로 시작한
빛의 향연입니다.
영롱한 빛만 있을 뿐입니다.

시간이 애매합니다.

명징하고 편안합니다.

이 또한 내가 펼친 세계임을 자각합니다.

: 수행

수행은 하나의 원을 그리는 여정이다. 이생에서 시작해서 그리는 작은 원의 여정도 있고, 태초 의식에서 시작해서 윤회의 끝으로 향하는 그런 큰 여정의 원도 있다.

처음은 누구나 수행해야 한다는 강박관념에 사로잡혀 산다. 하지 않으면 퇴보할 것 같고, 하지 않으면 불안하고 그렇다. 몸을 혹사하는 것도 마다하지 않는다. 그런 와중에 특이한 체험을 하게 되면, 큰 보람을 느끼기도 하고 다른 사람에게는 없는 나만의 능력이라 생각하며 교만해지기도 한다.

그러나 이런 체험은 영원한 것이 아니다. 여기에 머무르면 조그만 능력자로 전락하고 만다. 깨달음이나 의식의 성장과는 거리가 먼 것이다. 공부하는 과정에서 잠시 왔다가 사라지는 현상 그 이상도 그 이하도 아니다.

호기심이 생겨도 잠시 갖고 놀다가 그냥 흘러보내면 된다. 불가에서는 이를 마장이라 한다. 색, 수, 상, 행, 식, 각각 10음마씩 50음마이다. 원의 정점에 이를 때 가장 마장이 심하다. 정점을 돌아 제자리로 돌아오면 알게 된다. 수행이 더 필요 없음을······.

더 이상 해야 할 수행이 없으니 그냥 누리고 살면 된다. 자유이다. 존재에 대한 감사이다.

: 아름다운 인연

지금부터 22년 전 교통사고가 나서 사망사고 가해자로 조사를 받고 있었다. 음주한 것으로 예상되는 오토바이를 탄 사람이 내 차에 스친 후 중심을 잃고 넘어지면서 사망사고가 났다. 죽은 자는 말이 없고 가해자로 몰려 힘든 시간을 보낼 때 우연히 만난 스님으로부터 불교의 인과법을 배우고 그 힘든 시간에서 벗어날 수 있었다. 그리고 그 스님으로부터 어느 사찰에 보관된 당오도자필(唐吳道者筆)이라는 관세음보살 목판의 탁본 1부를 받았다.

이 목판은 1,300년 전 당나라 때 오도자(吳道者)가 각수천립(角手千立)이라, 한 각 뜨고 천배하고, 또 한 각 뜨고 천배를 하는 고행을 통해서 만들어진 실제 사람 크기의 관세음보살상이다. 어떤 불화에서도 찾아보기 힘든 아름다운 자태의 관세음보살 모습이었다. 귀하게 모셔야 하겠다는 생각으로 그 당시 순금 금분 10돈을 사서 탁본의 음각 부분을 덧칠하는 방법으로 마무리하고 집에 모셨다.

점안하지 않았기 때문에 아름다운 불화 정도로 생각하고 편하게 모셨다. 초나 향을 피우지는 않았지만, 들며 나며 합장 반배하고, 더러는 백팔배 절을 하며 집안의 안녕을 빌기도 하고, 새벽 참선을 하는 공간으로 이용하기도 했다.

새로 이사할 집에 깨끗하게 모시기 위해 화랑에서 새로 표구하고 새 유리로 말끔하게 단장을 했다. 그런데 어느 날 다른 생각이 들었다. 많은 사람이 볼 수 있는 사찰이나 나보다 더 귀하게 대접하고 필요로 하는 사람이 있으면 기꺼이 보시해야 하겠다는 생각이 들었다.

모셔진 관세음보살님이 아닌 내 마음 안에 관세음보살님의 천수천안이 있음을 알게 되었으니, 이제는 나만으로도 넉넉하다. 그래서 나는 22년 동안 수호신처럼 생각하고 모시던 관세음보살님을, 병석에 누워 있는 92세 노모를 지극히 모시는 효심이 지극하고 불심이 깊은 어느 도반께 보내 드리기로 했다.

그리고 마침내 오늘, 그분에게 가셨다. 한편으로는 감사하기도 하고, 다른 한편으로는 서운함도 남는다. 그 빈자리에는 아름다운 동양화를 한 점 걸었다.

그때 보냈던 '당오도자필'이 또 다른 인연으로 다시 돌아와서 지금 내 수행처 '다선당(茶禪堂)'에 모셔져 있다.

: 꿈

　내가 군 복무를 마친 지 37년이 지났다. 하지만 가끔 꿈속에서 군에 입대하라는 영장을 받고 안절부절못하는 꿈을 꾸기도 한다. 그런데 이는 나만 그런 것이 아니고 현역으로 군 복무를 했던 사람들은 종종 이런 꿈을 꾼다는 얘기를 들었다.
　며칠 전 밤에 꾼 꿈은 이미 10년 전에 자격증 시험에 합격하여 현재 이를 바탕으로 개업을 해서 잘 누리고 살고 있는데, 이 자격증 시험을 또 치러야 한다는 꿈을 꾸었다. 시험 치를 날짜는 임박했는데 공부가 하나도 안 돼서 안절부절못하다가 꿈에서 깨어났다. 시험과 관련된 이 꿈도 가끔 꾼다.
　왜 이런 꿈을 꿀까? 분명 내가 창조한 것이고 필요해서 창조한 것일 텐데……. 나에게 이 꿈이 주는 메시지는 무엇일까? 잠을 잘 때 꾸는 이런 꿈들은 과거 나에게 지속적 반복적으로 강렬하게 작용했던 감정 또는 집착의 잔해가 시공을 초월해서 현재의 꿈이라는 형태로 나타난 것이다.
　그런데 가끔은 이런 꿈을 꾸면서 내가 꿈을 꾸고 있다는 사실을 인식하는 자각몽을 꿀 때가 있는데, 이때는 꿈이 진실이 아닌 허상이라는 사실을 알면서 꿈에서 힘들어하지 않고 금방 벗어난다.
　이런 것들이 우리가 밤에 꾸는 꿈이다. 우리의 일상도 사실 밤에 꾸는 꿈과 같이 집착하면서 무엇인가 간절하게 구하고자 하는 것들이 있다. 이런 것들이 밤에 꾸는 꿈과 다를 바가 없는 낮에 꾸는 꿈들이다. 그래서 부처님도 일체유위법이 여몽환포영이라 했다.

낮에 꾸는 꿈 중에서 가장 나에게 비중이 큰 꿈은 무엇인가? 나의 일상에서 비중이 크다고 생각하는, 즉 크게 집착하는 사건들은 아마도 과거 전생에 원했던 강렬한 집착의 잔해들일 것이다.

현재 나에게 삶의 영순위가 무엇인가 생각해 본다. 새벽에 눈을 뜰 때나 저녁에 잠자리에 들 때 항상 머릿속에 맴도는 것은 자각, 의식 성장, 수행 등 깨달음을 구하기 위한 것들이다. 아마 '전생 이생을 걸쳐 공부해야겠다는 설정이 가장 강해서 이런 낮 꿈을 꾸고 있구나!'라는 생각이 든다.

: 외손주

요즈음 주말이면 귀여운 외손주 녀석이 다녀간다. 이제 갓 두 돌이 지난 외손주 녀석이 방긋방긋 웃으면서 집에 들어설 때는 세상에서 가장 귀한 보물처럼 여겨진다.

놀이터에라도 데리고 나가면 뒤를 따라다니기가 진땀이 나고, 수영장에 데리고 가서는 까르르 웃는 모습이 예뻐서 할아버지가 손자 앞에서 재롱을 떨기도 한다.

이제는 제 의사표시를 분명하게 한다. 먹고 싶은 것만 먹으려 하고, 가고 싶은 곳만 가려고 한다. 제 의사가 안 받아들여지면 떼를 쓰기도 한다. 온 동네가 시끄러울 정도로 고함을 지르며 울기도 하고, 데굴데굴 구르기도 하며 땅바닥에 주저앉기도 한다.

요즈음 부쩍 더 떼가 늘면서 제 어미가 힘들어한다. 눈에 넣어도 아프지 않을 것처럼 예쁘던 외손주도 제 어미 힘들게 하고 있다고 생각하니 걱정스러운 마음이 생긴다.

어린애가 떼쓰는 이유는 관심을 받고자 하는데, 관심을 주지 않거나 자기의 요구 사항을 들어주지 않을 때 나타내는 감정의 표출이다. 이틀을 이렇게 외손주와 씨름하면서 보내고, 어젯밤 보낼 때는 외할아버지·외할머니와 헤어지기 싫어서 또 떼를 쓰며 울고불고 야단인 녀석을 억지로 데리고 갔다.

그러나 애들은 금방금방 변하니 걱정이 없다. 손주들은 오면 반갑고 가면 더 반갑다더니 그 말이 맞는 것 같기도 하다.

: 멈춤

세속의 눈이 감길 때,
나의 잣대를 거두어들일 때,
온 세상의 모습은 다 나의 모습이었다.

세상에 허물은 나의 허물밖에 없다.
남의 허물은 존재하지 않았다.
내 눈에 비치는 남의 허물은
다 내 생각의 반영이었다.
그러니 다 나의 허물이었다.

말문을 닫고
글쓰기를 중단하고
진중하게 나만 보면서 살겠다.

세속의 눈이 감길 때까지
나의 잣대를 거두어들일 때까지
게으름 없이 나만 보는데, 온 힘을 다하겠다.
그날이 올 때까지…….

: 사랑하는 도반님께

긴 세월 가족을 등지고 산사에서 치열하게 정진하는 도반님!

오늘도 새벽부터 밤늦게까지 '나무아미타불~, 나무아미타불~' 염불과 주력 참선으로 매진하고 있을 그 모습이 눈에 선합니다.

이생에서 반드시 성불해야겠다. 목숨을 걸고 꼭 성불해야겠다. 이 육신은 죽으면 한 줌의 재만 남는 것, 잘 먹이고 편히 쉬게 해주면 뭐 하나 온몸을 던져서 법을 구해야 한다. 위법망구(爲法望軀)[88]를 지표로 삼으면서…….

사랑하는 도반님!

깨달음이 무엇일까요? 깨달음은 깨달음의 환상에서 벗어나는 것입니다. 깨달으면 삼명육통, 신통을 얻는다는 환상에서……. 깨달으면 특별한 경지가 올 것이라는 환상에서 벗어나야 합니다. 이런 생각들을 내려놓지 않고는 영원히 다가갈 수 없습니다.

성불이 무엇일까요? 성불해야겠다는 생각을 내려놓지 않고는 성불할 수 없는 것입니다. 성불은 생각으로 하는 것이 아니고 되어지고 드러나는 것입니다.

법을 구하는 것이 무엇일까요? 법을 구하겠다는 생각을 내려놓지 않고는 구할 수 없는 것입니다. 그래서 법은 구하는 것이 아니고 드러나는 것

---

[88] 위법망구(爲法望軀): '법(法)을 위하여 몸을 잊는다.'는 뜻이다. 위법망형(爲法忘形)이라고도 한다.

입니다.

구하는 생각을 내려놓지 않고 하는 수행은 땅을 파서 하늘을 보려는 것과 똑같습니다. 평생 땅을 파도 하늘은 없습니다. 땅을 파는 것을 멈추고 허리 펴고 위를 보세요. 구하는 생각을 멈추고 구하고 있는 나를 보면 내가 이미 하늘임을 알게 될 것입니다.

: 모든 것은 하나

　내가 만든 생각, 만들어진 생각은 가짜다. 그 생각을 있게 한 나만이 진실이다. 이전에 나도 흔히 쓰던 문구이고 그렇게 생각했다. 왜 생각을 있게 한 나는 진짜고, 만들어진 생각은 가짜라 할까? 모든 것을 있게 한 나는 영원하므로 진짜라 하고, 만들어진 것은 언젠가는 없어진다는 논리로 가짜라 한다. 누가 가짜라고 하고, 누가 진짜라고 하는가? 내가 그리한다. 진짜도 가짜도 내 생각에 불과하다.

　나에게 일어나는 생각의 실체를 살펴보자. 모든 물질과 생각은 홀로 생기지 않는다. 그 물질이나 생각의 반대되는 성품을 바탕으로 생긴다. 괴로움의 성품을 바탕에 깔고 즐거움이 생기고, 좋음의 성품을 바탕에 깔고 나쁨이 생기며, 악함의 성품을 바탕에 깔고 선함이 생긴다.

　모든 물질 또한 그렇다. 음성의 성품을 바탕에 깔고 양성이 생기고, 작음의 성품을 바탕에 깔고 큼이 생기며, 무(無)적인 존재의 성품을 바탕에 깔고 유(有)적인 존재가 생긴다.

　이렇게 만들어지는 생각들이나 물질들은 홀로 만들어져 홀로 존재할 수 없고, 대응되는 성품을 바탕으로 쌍으로 만들어지고 쌍으로 존재하다가 쌍으로 함께 사라진다.

　그러나 우리는 바탕에 숨어 있는 성품은 인식하지 못한다. 이 모든 것을 만든 주체가 나라는 자각이 없을 때, 만들어진 한 면만 보고 옳고 그름을 크고 작음을 분별한다.

만들어진 생각과 그에 대응하는 성품과, 만들어진 물질과 그에 대응하는 성품과 이 모든 것들을 있게 한 바로 나가 항상 함께한다.

모든 대응하는 성품은 만들어진 것의 존재 가치를 완전하게 해 주고 완전한 균형의 법칙을 낳는다. 완전한 균형은 절대 평등·자유 그 자체이다.

그래서 이를 있게 한 바탕 의식의 나(법신, 성부), 만들어진 생각들 물질들(화신, 성자), 만들어진 것들에 대응되는 성품들(보신, 성신) 이는 모두 별개의 것이 아니고 하나이다. 여기에는 가짜도 진짜도 없다. 다 나의 소중한 한 부분이자 전체이다. 법신, 보신, 화신, 삼신일불(三身一佛)이다. 성부, 성신, 성자 '트리니티'이다. 삼위일체(三位一體)이다.

자각은 내 안의 바탕과 생멸법(生滅法), 즉 삼위일체를 보는 것이다. 내 안의 생멸법은 내가 원해서 만들어지고 내가 원한 만큼 누리다가 내 의지에 따라 없어지는 것이다.

그래서 나에게 일어나는 모든 일은 수용되어야 하고, 그래서 나에게 일어나는 모든 일은 긍정의 산물이 된다. 그래서 나에게 부정이 존재할 수 없고, 구속이 존재할 수 없는……. 나는 자유 그 자체이다. 어리석은 자는 자신이 일으킨 생각을 보고, 지혜로운 자는 생각을 일으키는 나를 본다.

: 오늘은 좋은 날

나에 대한 이해가 깊어지니
다른 사람들을 이해할 수 있는
폭이 넓어졌다.

나를 불편하고 힘들게 한 사람들을 용서하니
이는 곧 나를 용서하고
나를 사랑하는 것이었다.

나에 대한 이해가 깊어지고,
다른 사람들을 용서하니
나는 물결이 잠자듯이 편안해졌다.

일상삼매, 일행삼매가 바로 여기 있다.

도반님들! 계사년 끝 달 마무리 잘 하세요.

: 수용

요즈음 연말연시에 TV를 보면 한 해를 정리하는 각종 프로그램을 방영하는데, 그중 올해 10대 뉴스를 재조명하는 프로가 있다. 그중 검찰총장의 혼외 자식 논란이 빠지지 않고 등장하였다.

거론되고 있는 그 어린애가 친자식인데도 본인의 권위와 명예에 눈이 멀어 아들이 아니라고 거짓말을 했다고 하더라도 제정신이 들면 자식에게 미안할 것이고 자식으로 받아들일 것이다.

부모와 자식 관계, 이는 끊고 싶다고 끊어지는 것이 아니다. 자식은 열 손가락 깨물어서 아프지 않은 손가락이 없듯이 잘난 자식도 못난 자식도 다 내 자식이기에 다 받아들여지는 것이다.

그런데 우리의 생각과 자식의 속성이 참 비슷하다는 생각이 든다. 우리는 하루에도 수를 헤아리기 어려울 만큼 많은 생각들을 일으키는데, 그중 대부분은 생각으로 시작해서 생각으로 사라지고 일부는 내 자유의지로 생각이 굳어져 말과 행동으로 표출된다.

이렇게 만들어진 생각과 말과 행동으로 인해 나를 편안하고 행복하게 해 주는 경우는 좋은 생각, 말, 행동으로, 또 나를 불편하고 짜증나게 하는 경우는 나쁜 생각, 말, 행동으로 분별해서 자찬하기도 하고 자책하기도 하면서 휘둘린다.

이때 나의 생각이나 말이나 행동은 나의 창조물이다. 내가 낳은 자식들과 다를 바가 없다. 사형수의 아들을 둔 어머니가 자식의 옥바라지를 하듯 자식을 낳은 부모는 자식을 잘 키우든 못 키우든 최소한 내 자식이라는 사실은 인정하고 받아들인다.

나의 생각, 말, 행동은 내가 필요해서 창조한 것이다. 좋은 생각이든 나쁜 생각이든 내가 낳은 자식과 같은 나의 창조물이므로 인정하고 받아들여져야 한다. 그래서 허용되고, 포용되고, 수용되어야 한다.

2014년 새해에는 나의 생각, 말, 행동, 모두 긍정의 산물로 받아들여 대자유를 누리고자 한다.

: 한 해를 보내면서 2

한 해를 보내고, 새해를 맞이하면서 다시 한번 나를 돌아본다. 이곳 수행단체에 등업(等 UP)한 지 1주년을 넘기면서 내 의식의 현주소는 어디인가 자문해 본다.

공부를 해보겠다고 여기저기 좇다가 이곳에 왔다. 지난 1년 내가 했던 공부 중 많은 부분이 과거에 얻은 앎이나 체험을 되새김질하는 공부를 했다는 생각이 든다.

풀을 먹고 사는 소는 위가 4개인데 그 중 첫 번째 위 곰양[89]에 거친 풀을 먹어 임시 보관하다가 되새김질한 후 다시 두 번째 위로 넘겨서 소화시켜 피와 살이 된다.

이곳 수행단체에 오기 전에 나름대로 했던 수행을 통해서 얻은 체험이나 앎은 소의 첫 번째 위에 저장되어 있는 거친 풀처럼 온전히 나의 것이 되지 못한 상태였다.

이곳에 와서 과거에 얻은 체험이나 앎이 재조명되고 소의 되새김질처럼 자각과 통찰을 통해서 온전히 나의 것으로 체화되어 가고 있다는 생각이 든다. 불완전한 앎, 의미를 모르는 체험 이는 무용지물이었다. 되새김질, 이는 복잡하고 어려운 것이 아니었다.

이 모든 것이 나에 의해서 만들어지고 내가 누리다가 나에 의해서 소멸

---

[89] 곰양: 양 또는 혹위라 부른다. 소와 같은 되새김질하는 동물은 위가 네 개가 있는데, 제1위 양, 제2위 벌집, 제3위 천엽, 제4위를 막창 또는 홍창이라 한다.

되는 이 모든 것의 주체는 나라는 지극히 단순한 논리에 대한 명료한 자각이 있었다. 갑오년 새해도 게으르지 않도록 노력하겠다. 함께하는 도반님이 감사하다.

: 술에 대한 단상

나에게 술은 무엇일까? 해가 바뀌면서 술이 나의 삶에 있어서 어떻게 시작되고, 어떤 영향을 미쳐왔는지 기억을 더듬어 본다.

초등학교 때 집에서 담근 농주를 몰래 마시고 어지럽던 기억, 할아버지 따라 주막에 갔다가 할아버지 친구들이 귀엽다고 먹인 소주에 취해 어지럽던 기억, 중학교 시절 통학 열차를 탈 때 홍익회에서 판매하는 훔친 소주를 마시고 인사불성이 된 기억 등 이런 것들이 어린 시절 술에 대한 나의 기억이다.

그 후 고등학교 3학년 말부터 마시기 시작한 술……. 군대 생활에 이어 직장 생활할 때까지 손꼽히는 주당으로 각종 진기록을 남기면서 어지간히도 많이 마셔 댔다. 술로 인해 수없이 많은 위기를 넘기도 하고 실수도 하였지만, 항상 술자리에서는 그 중심에 내가 있었다. 술을 좋아하고 보통 사람보다는 많은 양의 술을 마시기 때문이다.

2007년 건강에도 좋지 않고 수행에 방해가 된다는 생각에서 술과 육식을 끊고 불교 계율을 철저히 지키며 수행했다. 2012년 6월 이곳 수행 단체에 가입하면서 술을 다시 입에 대기 시작할 때까지 5년 동안 단주하였다.

다시 술을 이으면서 가능하면 과음을 하지 않으려고 노력을 하지만 가끔 분위기에 취해 과음하게 될 때도 있다. 체중이 늘고 혈압이 올라가서 다시 혈압약을 먹는다. 과거 단주로 인해 원만하지 못하던 대인관계는 다소 좋아진 것은 사실이지만 건강에 부정적인 면이 있는 것은 사실이다.

술을 마실 때 특히 과음할 때 나는 자각이 있었는가? 없었다.

나에게 술은 무엇인가? 다시 단주해야만 하고, 절대 마시면 안 되는 대상인가? 소량의 음주만 허용하는 절제된 음주 습관으로 갈 것인가? 술과 나에 대한 새로운 관계를 정립해 본다. 하루에 한 번 이상 '술이 나에게 어떠한 영향을 미치는가.' 깊이 생각해 보고 술로 인해 나빠질 수 있는 건강은 운동 등 다른 대체 수단으로 철저히 보완한다고 나에게 약속해 본다.

: 스트레스

삶에 있어서 누구나 겪고 사는 일이 고(苦)이다. 그래서 석가모니 부처님도 우리의 삶을 고해(苦海) 고통의 바다라 했으니 요즈음 하는 말로 스트레스이다. 특히 현대인들의 가장 큰 숙제가 이 스트레스라는 고통에서 어떻게 벗어날 것인가에 대한 문제일 것이다. 우리는 스트레스의 원인을 모두 외부에 있다고 믿는다.

네가 나를 무시하니까 내가 자존심 상해서 스트레스를 받고, 네가 나에게 금전적 손실을 입히니까 스트레스를 받고, 내 자식이 남의 자식보다 공부 못하니까 스트레스를 받고, 나는 다른 사람들보다 키도 작고 얼굴이 못생겨서 스트레스를 받고, 다른 사람들은 건강한데 나는 몸이 건강하지 못해 스트레스를 받는 등 이렇게 수없이 많은 요인으로 인해 스트레스를 받는다.

그런데 이런 요인을 누가 인식하는가? 내가 인식하는 것이다. 내가 인식하지 못하면 세상 모든 것은 없는 것이다. '유식불공(唯識不空), 법상불유(法相不有)' 스트레스는 이런 요인들을 내가 인식할 때 오는 것이다. 그렇다면 스트레스는 결국 내가 만든 것이다. 내가 만든 스트레스는 나만이 없어지게 할 수 있다. 그러나 우리는 끊임없이 스트레스를 만들고 이에 시달린다.

스트레스의 가장 큰 원인은 열등의식에서 온다. 열등의식은 어디에서 올까? 다른 사람과의 비교에서 온다. 왜 다른 사람들과 비교할까? 내가 누구인지 모르기 때문이다. 즉 나의 정체성을 모르기 때문이다.

나의 정체성이 무엇일까? 나는 전 인류 중에서 유일한 존재이다. 그래서 나는 유일하게 존귀한 존재이다. 나는 무슨 생각이든 창조할 수 있는 전능한 존재이다. 천상천하유아독존, 일체유심조이다. 그래서 나는 다른 사람과 비교 대상이 아니다.

: 올림픽 금메달보다 더 아름다운 김연아의 자기 사랑

김연아가 펼치는 얼음판 위의 피겨스케이팅(figure skating)을 보고 있으면 보는 이로 하여금 잠시 숨을 멈추게 하고 생각을 멈추게 한다.

팽이가 아주 빠르게 돌면 그 자리에서 정지한 것처럼 보이듯이 그 현란한 회전 점프와 스핀 동작을 하면서도 배경음악과 하나가 되어 고요하다 못해 정적이 흐르는 정중동(靜中動) 그 자체이다.

전용 연습장 하나 없는 척박한 우리나라에서 이렇게 세계적인 선수가 탄생했다는 것을 익히 언론에서 수없이 어필했다. 그녀는 이미 그랜드슬램(grand slam)을 달성한 피겨의 전설이 되었다.

어제, 오늘 밤잠을 설치면서 올림픽 2연패를 기대하면서 다시는 볼 수 없는 김연아의 은퇴 경기를 지켜봤다. 자타가 인정한 타의 추종을 불허하는 최고의 연기를 펼쳤다.

그러나 결과는 텃세와 심판들의 불공정한 점수 배정으로 금메달을 내주고 은메달에 머물게 됐다. 오늘 아침 외신과 언론에서 불공정한 심판에 대해 크게 어필하고 있다.

전광판에 김연아의 점수가 예상 밖으로 러시아 선수보다 낮게 나온 것을 지켜본 김연아의 얼굴은 잠시 납득할 수 없다는 표정이 스치고 지나가더니 이내 평정심을 되찾고 관중을 향해 환한 미소로 답했다.

시상대에서는 밝은 모습으로 금메달에 대한 미련은 없다. 다만 최선을 다 했고 실수 없이 마쳤으니 감사하고 행복하다는 인터뷰를 하고 있었다.

김연아의 관점은 금메달에도 있지 않았고 편파 판정을 한 심판에 대한 불만도 없었으며 금메달을 딴 선수에 대한 시기심도 없었다. 오로지 자신이 최선을 다하고 실수 없이 마친 것에 대해 감사하고 만족하고 있었다.

금메달보다 더 값진 성숙한 의식을 세계 모든 피겨팬들에게 보여 주는 아름다운 순간이었다. 금메달보다 더 빛난 김연아!

: 나의 본질

바람 소리는 왜 들릴까?
바람에 저항하는 것이 있기 때문이다.
저항하는 것이 없으면 아무리 센 바람에도 소리가 없다.

나의 본질은 바람이다.
본질에 저항하는 것이 없으면 번뇌의 바람 소리는 없다.
본질에 저항하는 것은 내가 만든 부정성이다.

내가 만든 부정성을 멈추면 바람 소리는 본래 없는 것이다.
항상 내가 만든 부정성이 문제가 된다.
내가 만든 나의 부정성!

나는 바람이자 바람이 지나가는 통로일 뿐이다.
아무런 저항 없이 바람이 지나가도록 통로를
허용하면 나는 아무런 문제가 없다.

: 불교수행과 자등명(自燈明)[90]

1. 불교와 첫 인연

저는 십 대 후반부터 많은 좌절과 괴로움을 겪으면서 살았습니다. 어느 것 하나도 제대로 되는 것이 없이 하는 것마다 실패의 연속이었고, 주변 환경을 받아들이기 너무 힘들어 젊은 날 극단적인 선택을 한 적도 있었습니다. 20대 중반에 부친이 세상을 떠나면서 위로는 조부님과 모친을, 아래로는 일곱 동생을 부양해야 하는 가장이 되었습니다. 1980년대에는 공직 생활을 하면서 다섯 여동생을 출가시켜야 했고, 세 살 아래 남동생은 결혼시켜 놓았지만 자기 앞가림을 못하고 주변을 힘들게 하면서 살다가 병을 얻어 처(제수)와 두 아들을 남겨 두고 저세상으로 떠났습니다. 내 형편도 어려웠지만 거액의 빚만 남기고 떠나간 동생의 뒷일을 정리하고 남은 가족이 살아갈 수 있도록 돌보지 않을 수 없었습니다.

나보다 14살 아래 남동생은 장애인으로 자력으로는 생활할 수 없어서 늘 보살펴 주어야 했고 32년을 그렇게 살다가 3년 전에 뇌경색으로 쓰러져 회생 불가 판정을 받고 지금은 요양병원에 누워 있습니다.

제가 불교와 처음 인연을 맺게 된 사건이 있었습니다. 1991년 공직에 있을 때 퇴근길에 교통사고(사망사고)가 났습니다. 오토바이가 1차선으로 가

---

[90] 이 글은 2024년 5월 18일 국립경상대학교 교수불자회 및 청담연구소에서 주관하여 「불교수행과 자등명(自燈明)」이라는 주제로 경상대학교 명상방에서 강연한 내용을 옮긴 것이다.

고 있는 내 차를 스치면서 중심을 잃고 중앙선을 넘어 반대편 차와 정면 충돌해 현장에서 사망하는 사고가 났습니다. 피해자가 현장에서 사망하게 되어 꼼짝 못 하고 내가 가해자가 되어 경찰 조사를 받고 구속 위기에 처했습니다.

생계 수단인 공직에서 물러날 수도 있고, 피해 보상을 하다 보면 가족이 위기에 처할 수 있다는 생각에 밤잠을 이룰 수 없었습니다. 내 삶을 돌이켜 보아도 크게 잘못 살아온 것 같지는 않은데, 어떻게 나에게 이런 감당하기 어려운 시련이 왔단 말인가? 도무지 이해할 수 없어 밤을 뜬눈으로 지새워야 했습니다.

이 무렵 어떤 스님을 만나게 되고 그 스님으로부터 지금 이 상황의 원인이 이생에 있을 수도 있고, 아니면 그 원인이 전생에 있을 수도 있다는 인과법(因果法) 얘기를 듣고 나니 마음이 가라앉았습니다. 전생 일은 알 수 없으니 받아들일 수밖에 없었습니다. 그렇게 해서 마음을 가다듬고 그 사고를 잘 수습해서 위기를 넘기면서 불교와 처음 인연을 맺게 된 것입니다.

2. 살아남기 위한 몸부림이 수행이었다

1992년 막내 여동생을 결혼시키고 나서 주변 정리를 했습니다. 지금 이 상태로 직장에 안주하고 살다가는 미래에 어려운 여정을 가야 할 것 같아서 세무사 자격을 취득해야겠다는 계획을 세웠습니다. 1994년 직장의 부서를 시간이 여유롭고 공부하기 좋은 부서로 옮겼습니다. 25년 동안 즐겨 오던 담배를 끊고, 즐기던 술도 절제하면서 세무사 자격시험 공부를 시작했습니다. 그 무렵에도 직장 일은 어느 것 하나 순조로운 일이 없었고, 집안일도 장애인 동생이 사고를 치고 다니고 시골 남동생이 진 부채로 인해 채권자들이 직장으로 찾아오는 등 편안한 날이 없었습니다. 숨이 턱턱 막히는 지경인 사면초가(四面楚歌) 그 사체였습니다.

집과 직장의 거리가 멀고 집에 오면 산만해서 공부에 집중하기 어려워서 독신자 숙소에 방을 구하고 주말(일요일)에만 집에 오는 주말부부가 되었습니다. 집을 나와서 낮에는 근무하고 퇴근 후 밤잠을 줄여가면서 주경야독한 공부의 세월이 7년이나 지났지만 해마다 낙방의 고배를 마셨습니다. 그때마다 집사람의 슬픔과 절망은 감당하기 어려울 만큼 커져 갔습니다.

해가 갈수록 시험에 대한 자신감이 떨어지고 건강은 극도로 나빠졌습니다. 1999년에는 척추 디스크가 파열되어 수술을 받았는데 그 후유증으로 한동안 정상적인 걸음을 걸을 수 없었으며, 극심한 고통과 장애인이 될 수도 있다는 두려움과 절망의 시간을 보내야 했습니다.

어떤 날에는 허리 통증과 오십견으로 정형외과를, 눈 혈관이 터져서 안과를, 스트레스로 인한 치주염으로 치과를, 스트레스로 편도가 심하게 부어 이비인후과를 하루에 병원을 네 군데나 다녀온 때도 있었습니다. 이런 날은 아무것도 할 수 없었습니다.

잠자리에 누워서 '차라리 내일 아침에 눈이 떠지지 않았으면…….', '차라리 오늘 밤에 이대로 가버렸으면…….' 하는 생각을 하기도 하였습니다. 이런 고통의 시간에서 살아남기 위해 독신자 숙소 생활 7년 동안 부처님 사진을 벽에 걸어 두고 매일 아침 108배를 하면서 육신의 고통과 정신적인 스트레스를 다소나마 해소하기 위해 부단히 노력했습니다.

스트레스가 심해서 작은 일에도 불끈불끈 화가 치밀어 힘든 시간을 보내야 했습니다. 그래서 '화 일기'를 쓰기 시작했습니다. 매일 아침 부처님 전에 '절대 화를 내지 않겠습니다.'라고 다짐을 하고 화를 낸 횟수를 붉은 펜으로 달력에 X자 표기하는 방법으로 했습니다. 하루에 한 번 화를 내면 X자 하나, 두 번 화를 내면 X자 두 개를…….

화가 올라오는 것을 알아차리고 중간에 멈춘 경우는 삼각형 표기를 하고 화가 일어날 때 즉시 알아차리고 멈추거나 화를 내지 않은 날은 여백으로 남겨 두는 방법으로 6개월을 이어 갔습니다. 6개월이 지난 후에는 대부분 화가 일어나는 즉시 알아차리고 멈출 수 있어서 화를 스스로 다스릴 수 있는 정도가 되었습니다. 훗날 돌이켜 보니 살아남기 위한 몸부림으로 화 일기를 쓰며 화를 다스렸던 6개월이 훌륭한 수행이었다는 생각이 들었습니다. 나를 비추어 보고 알아차리며 멈추는 힘을 얻었던 것 같습니다.

어느 것 하나 마음대로 되는 것이 없고 사사건건 걸리고 좌절되면서 캄캄한 어둠의 터널을 지나고 있는 듯, 힘든 삶을 살아가던 때였습니다. 어느 날 새벽 대중탕에 목욕을 가고 있는데 정수리에서부터 강한 전류가 흐르는 것처럼 느껴지면서 마음이 환하게 밝아오는 체험을 했습니다.

그때 내 귓전에 들려오는 소리는 이러했습니다. "지금 나에게 일어나고 있는 힘든 현실은 과거에 지어진 원인의 결과물로 나타나는 것이고, 지금 내 일거수일투족은 미래에 일어날 일들의 원인이 되는 것이니, 현실을 있는 그대로 받아들이고 일거수일투족을 잘 살펴 지혜롭게 살아야 한다."

개념으로는 모르는 얘기가 아니지만, 그날은 정수리부터 전율이 느껴지며 가슴에 쿵 하고 와 닿으면서 밝아지는 느낌이었습니다. 신기하게도 그날부터 내 생각이나 의지와는 관계없이 다른 사람들을 배려하는 행위들이 저절로 되면서 삶의 패턴이 바뀌는 경험을 하게 됐습니다.

3. 간화선 수행

내가 처음 접했던 수행은 2003년 간화선 수행이었습니다. 스님들이 몇 십 년씩 들고 있는 화두참구와는 다른 가장 단순하면서 엄청난 폭발력을 가진 활구 참선입니다. 상당수가 일주일이면 되지만 스승이 함께해야 가능합니다. 간화선의 기본서인 선요(禪要)에서 고봉 원묘 스님도 돈오체험을 할 수 있는 기간을 7일이면 충분하다 했습니다.

체험의 강도도 사람마다 다 다르겠지만 제 경우는 조금 특별했던 경우입니다. 돌이켜 생각해 보면 화두참구를 통해 에고의 임계점을 넘는 경험을 할 수 있었는데, 모두 고도의 집중력을 발휘할 때 체험할 수 있었습니다.

공직에 근무할 때 자격사 시험을 준비하느라 7년 동안 건강도 최악이고 스트레스로 인해 정신도 피폐해 있었습니다. 그래서 그해 여름 일주일간 휴가를 내서 부산 □□선원에서 하는 간화선 수행프로그램에 합류했습니다.

첫날, 화두를 받은 후 지도하는 스님의 채찍 같은 법문을 시작으로 화두참구에 들어갔습니다. 우리 몸의 한 부분의 움직임에 집중하는 것입니다. 이것을 움직이는 놈이 누굴까요? 마음이 움직이는 것도 아니고, 몸이 움직이는 것도 아닙니다. 누가 움직이는 것일까요? 이것을 참구하는 데 온몸을 던지는 것입니다.

저의 경우 6일이 걸렸지만, 그동안 참기 힘든 경계가 왔습니다. 가부좌하고 앉아 있는데 졸음이 오기 시작했습니다. 그런데 이 졸음은 상상을 초월한 졸음이었어요. 전날 충분히 쉬고 숙면을 했는데도 왜 그럴까? 이해가 되지 않았습니다. 아무리 정신을 차리려고 해도 세 번의 호흡을 넘기지 못하고 꾸벅꾸벅 졸음이 쏟아졌습니다. 첫날은 하루 종일 그러했습니다. 훗날 알게 된 사실이지만 이것이 '수마(睡魔)'라는 마장이었고, 공부를 방해하는 첫 번째 에고의 저항을 만났던 것입니다. 밥을 먹는 둥 마는 둥 잠을 자는 둥 마는 둥, 그렇게 하루가 지나갔습니다.

이튿날, 가부좌를 틀고 앉아 있는 시간만도 하루 15시간이 넘었습니다. 어제의 졸음은 사라졌는데 또 다른 현상이 일어났어요. 내 안에서 강한 망상이 올라왔습니다. '나는 이미 모든 것을 다 알고 다 이루어서 더 이상 배울 것이 없으니 그만두고 내려가자!', '지도하는 저 스님은 나보다 한 수 아래라서 배울 게 없어!' 귀에서 이런 환청이 들리는 듯하고 하루 종일 이런 망상과 씨름을 하면서 '화두'는 온데간데없고, 오로지 그만 중단하고 싶은 생각밖에 없었습니다. 훗날 알게 된 사실이지만 이것은 아만(我慢)이라는 마장이었습니다. 다음에 다가온 것은 육신의 고통이었습니다. 하루 15시간 이상 가부좌를 하고 있으니 무릎 관절이 아파서 10분도 견디기 힘들고 허리가 아파서 몸을 지탱하기 어려웠지요. 늘 앉아 있는 직업이라 허리가 좋지 않았는데 이러다가 허리 병신이 될 것 같은 두려움이 밀려왔어요. 정말로 그만두고 싶었지만, 주변의 만류로 다시 눌러앉았습니다. 신기하게도 그다음 날은 이런 통증과 두려움이 씻은 듯이 사라졌습니다.

5일째 되는 날, 휴가 기간이 이틀밖에 남지 않았는데 화두 타파는커녕 아침부터 머리가 빠개지는 것처럼 아프고 거울에 비치는 내 눈은 붉게 충혈되어 있었습니다. 답답함이 극에 달해 나 자신이 무슨 일을 저지를지 알 수 없는 지경이 되었지요. 지도하는 스님은 밤낮으로 불을 뿜는 듯한 법문으로 화두 의심으로 몰아가고 있었고, 먹느냐 먹히느냐 하는 에고와의 생존게임 같았습니다. 『조사록』에서는 이런 현상을 밤송이가 목에 걸려 삼키지도 뱉지도 못하는 답답함에 비유하기도 하고, 이런 현상은 화두가 타파되기 직전에 오는 전조 현상이라는 사실을 훗날 알게 되었습니다.

시간은 기다려주지 않고 밤이 깊어 갔습니다. 이대로 끝인가 하는 절망감이 밀려왔어요. 찬물을 한 번 뒤집어쓰고 나니 이때가 자정이 다 되었어요. '지금부터 이대로 앉아서 잠도 자지 않고, 밥도 물 한 모금도 먹지 않고, 안 되면 차라리 이대로 죽어버리자.'라는 오기가 발동했어요.

새벽 5시 정도였을까? 나도 시간도 없어지는 깊은 경계에 들었습니다. 시간의 흐름을 감지하지 못했던 것 같습니다. 앉아 있는 나도 인식하지 못했던 것 같습니다. 나도 시간도 함께 사라졌던 것 같습니다. 어느 순간 갑자기 벽이 꿈틀거리고 방바닥이 파도치듯 출렁이면서 내 몸 회음혈에서 가슴 쪽으로 거대한 전류 다발이 치고 올라오는 것 같기도 하고 수백 마리 벌레떼가 꿈틀거리면서 치고 올라오는 것 같기도 했습니다.

그리고 가슴에까지 올라와서 '꽝!' 하는 어마어마한 굉음(폭발음)이 들리면서 폭발해 버렸어요. 순식간에 일어난 일이라 너무 놀라서 나는 괴성을 질렀고, 잠시 동안 내 의식의 모든 것들이 멈춰 버렸습니다. 잠시 후 정신을 차리고 보니 내가 놀라서 지른 괴성이 얼마나 컸던지 다른 방에서 잠자던 사람들이 모두 뛰어나와서 내 주변에 모여 지켜보고 있었습니다.

가슴이 송두리째 날아가 버린 것 같고 텅 비어서 빈 통에 들숨 날숨만 들고 나는 것 같았고, 이마에는 뜨거운 불덩이를 매고 있는 것 같았어요. 몸은 발작하듯이 진동을 하면서 허공으로 튀어 올랐다가 떨어지기를 반복하고 있었습니다. 아! 이러다 죽는 게 아닌가 하는 두려움이 밀려왔습니다. 이때부터 온종일 온몸이 튀어 오르는 진동이 왔습니다. 전류가 흐르는 것처럼 엄청난 기운의 흐름과 함께 요동치는 경계는 하루가 지나서 멈추기 시작했습니다. 가슴과 머리가 날아가 버리고 없는 것 같아서 자꾸 만져 봤습니다. 몸에는 뜨거운 기운이 계속 돌고, 혀 밑에서는 단침이 샘솟듯 했습니다. 저녁 공양으로 먹은 밥과 나물은 내가 이 세상에서 먹어본 어떤 음식과도 비교할 수 없는 경이로운 맛이었습니다.

6월의 푸른 나뭇잎 모두가 나를 향해서 반짝반짝 빛을 발하고, 몸은 날아갈 것처럼 가벼웠습니다. 세상의 모든 것이 나를 위해 존재하고 있었습니다. 그 중심에 내가 있었습니다. 의식도 있고 과거의 기억도 있는데 나는 빈껍데기만 있는 것 같았습니다. 한없이 여유로웠습니다. 그냥 무지하게 좋기만 합니다. 피부는 뽀얗게 변하고 얼굴이 훤하게 변했습니다. 오장육부는 어린애처럼 변해서 짜고 매운 것이나 자극성 있는 음식은 입에 댈 수도 없었습니다. 이런 지복의 상태가 2개월이 넘도록 지속되었습니다. 날마다 좋은 날, 환희심 그 자체였습니다. 포행길에 피어 있는 풀 한 포기 꽃 한 송이, 이 모두가 나와 둘이 아님이 확연하게 느껴졌습니다. '생각이라는 의식의 벽이 가로막고 있어 단절되는구나!'라고 중얼거리기도 했습니다.

첫 체험 후 1년쯤 지났을 무렵 갑자기 회음혈에서 강한 에너지가 분출되면서 진동이 오기 시작했습니다. 처음과는 비교가 되지 않을 정도로 강한 것이었습니다. 시작하면 탈진될 때까지 내버려뒀습니다. 삼일 밤낮을 이렇게 반복했습니다. '죽이든지 살리든지 마음대로 해라!' 하고 맡겨두었습니다.

삼 일째 밤에는 특이한 현상이 일어났습니다. 내 손이 내 의지와는 상관없이 온몸을 두드리고 다니면서 특히 안 좋은 부위를 집중적으로 두드리는 것입니다. 내 의지와는 상관없이 호흡을 시키는 것입니다. 한 호흡에 정확하게 2분이 소요되는 복식호흡이 저절로 되었습니다. 그 외에도 기이한 동작들이 계속 나왔습니다. 먼 훗날 그 동작들이 수행에 유익하게 쓰였지만, 그때는 알 수 없는 동작이었습니다. 그리고 나에게 의사표시를 했습니다. 나와 내 안의 '또 다른 나'가 소통이 되는 것입니다. 빙의가 된 줄 알고 겁도 나고 무서워서 중단했습니다. 그로부터 며칠 동안 희귀한 체험들의 연속이었습니다. 꿈과 현실이 중간상태에서 몸을 감고 있는 구렁이를 처치하고, 수없이 달려드는 새까만 동물들을 다 해치우기도 하고, 온몸에 박힌 유리 조각을 제거하기도 하고, 어떤 보살로부터 온몸의 피를 다 뽑아내고 새로운 피를 수혈받는 체험도 했습니다. 이 모두가 가면 상태에서 이루어졌습니다. 그리고 마지막에는 거대한 태양이 떠오른 광명을 보면서 이 모든 상황이 끝났습니다.

이후, 나는 필요하면 언제든지 나의 몸 어느 부위든지 마음대로 자율진동을 시킬 수 있었습니다. 오장육부를 부위별로 진동시킬 수 있고 혀, 눈동자까지 마음대로 진동시킬 수 있었습니다. 그리고 얼마 지나지 않아 눈앞에 수정체를 수십 개 엮어 놓은 것처럼 생긴 투명체가 보이기 시작했습니다. 살아있는 생명체처럼 모양이 수시로 변합니다.

그리고 몸에 있던 모든 잔병이 치유되었습니다. 수십 년 된 피부병, 고질적인 오십견, 요통 등 10년 이상 쓰고 다니던 다초점 렌즈 안경도 이때 벗게 되었습니다. 좌우 0.4, 0.6이던 시력이 1.5 정상으로 되었습니다. 그 후로 지금까지 항상 나를 보호해 주는 수호령이 있다고 생각했습니다. 위험한 상황에서도 항상 믿으면 되었습니다. 수행 과정에서 오는 극심한 육체적 통증이 올 때, 어김없이 이 염체의 자동 발공이 일어나 온몸을 두드려서 치유해 주었습니다. 그렇지만 이런 현상을 아는 사람은 아무도 없었습니다. 삿된 것으로 치부되기도 하였습니다. 훗날 알고 보니 아무런 문제가 없었습니다. 수행 과정에서 일어나는 자연스러운 현상이었습니다. 모두 지나가는 경계였습니다.

이런 체험 이후에 삶이 달라진 것은 일상에서 내 몸의 변화나 생각의 일어나고 사라짐을 알아차리고 이를 비추어 보는 주시자의 관점이 저절로 작동되어지면서 업식(業識)에서 오는 습관을 쉽게 바꿀 수 있었고 부정적인 생각이나 번뇌에서도 어렵지 않게 벗어날 수 있었습니다. 날이 갈수록 점점 더 가벼워지고 편안해지는 느낌이 들었습니다.

4. 염불선 수행

2011년 5월 초 우연히 초등학교 동창생 친구로부터 지리산자락 조그만 암자에 장좌불와하는 스님이 계신다는 얘기를 듣고 궁금해서 찾아갔습니다. 하동군 화계면 부춘리 63번지 형제봉 아래, 한눈에 보아도 예사롭지 않은 좋은 터에 자리 잡고 있는 '수정암'이라는 암자였습니다. 스님께 처음 인사를 드리고 친견했지만 편안하게 대해 주셨고, 차도 한잔 얻어 마시며 1시간가량 시간을 보내고 일어섰습니다.

스님도 수행이 깊으신 것으로 보이고 암자의 터가 참 좋은 곳이라는 생각을 하면서 기회가 되고 여건이 허락된다면 꼭 한번 다시 와서 정진도 하고, 잠을 자고 싶다는 생각을 하면서 돌아왔습니다.

　5월 종합소득세 신고 기간이라 바쁘고 시간을 뺄 수 없었지만 수정암 생각이 머릿속을 떠나지 않았습니다. 5월 말 종합소득세 신고를 마치자마자 6월 2일 약 5일 정도 절에서 머무를 준비를 하고 수정암을 찾았습니다. 스님에게 며칠 정진할 수 있도록 선방으로 쓰던 널찍한 방을 숙소 겸 정진방으로 사용하도록 허락을 받고 짐을 풀었습니다. 산사의 밤은 생각했던 것보다 훨씬 더 나를 들뜨게 했습니다. 맑은 계곡물 흐르는 소리, 밤늦도록 울어대는 소쩍새 소리는 그대로 법음이었고 나와 둘이 아니었습니다. 나는 간화선 수행을 해 왔는데 청화스님 문중은 본래 '염불선'을 하고 있다는 사실을 알게 되었습니다. 나는 본래 염불은 해 보지도 않았고, 염불에 대해서는 문외한이었습니다.

　이곳에서는 불사가 진행 중이라서 기도하고 있었으며, 다음날 새벽 기도에 동참하게 되었습니다. 기도는 천수경과 나무아미타불 정근을 약 2시간가량 하는 기도였습니다. 나는 본래 염불을 하면 목이 콱 막혀 소리가 나지 않아서 염불은 하지 못하는 것으로 생각하고 염불은 해 보려고 생각도 해 보지 않았습니다. 그러나 며칠 쉬어 가려면 따라 하지 않을 수 없어서 어색하고 답답한 목소리로 겨우겨우 따라 했습니다. 염불을 어떻게 하는지를 몰라서 나의 염불 소리를 놓치지 않으려고 집중해서 1시간가량 따라 하다 보니 갑자기 목이 탁 트이면서 목소리가 맑게 나오고 온몸에 따뜻한 기운이 도는 것을 느꼈다. 참 신기한 일이었습니다. 낮에는 좌선하고 시간을 보내다가 저녁 기도에 동참하게 되었습니다. 염불을 따라 하다 보니 요령도 조금 생기고 스님의 염불 소리에 맞추어 염불의 리듬을 잘 맞출 수 있었습니다. 약 1시간이 지날 무렵 온몸을 휘감고 가는 뜨거운 기운을 느끼게 되고, 조금 지나니까 손끝부터 격렬한 진동이 오기도 하고, 눈물이 쏟아지기도 하며, 이마를 휘감는 뜨거운 기운에 약간의 현기증마저 느끼는 체험을 하였습니다. 무엇인가 예사롭지 않다는 느낌이 들어서 스님에게 여쭈어보았더니, 이곳의 기운이 강해서 에너지의 파장으로 오는 현상이며 나쁘지 않은 현상이라면서 걱정할 일은 아니라 하셨다. 이곳은 밤에 잠을 적게 자도 별로 피곤한 줄을 모르겠고, 음식을 적게 먹어도 허기진 줄을 몰라서 정말 터의 기운이 특별한 곳이라 느껴졌습니다.

셋째 날, 새벽 3시 잠이 깨었습니다. 지난밤 12시가 넘어서 잠이 들고 그사이 꿈을 꾸었는데, 꿈의 내용이 예사롭지 않다는 생각이 들었습니다. 내용인즉, 내가 아들을 얻는 꿈이고, 꿈속의 그 장소는 불교 각 종파 대표들이 모인 장소인데 그곳에서 머리에 관을 쓴 소년이 부자의 연을 맺는 징표로 산(山)복숭아 한 줌을 나에게 올리면서 아들의 예를 갖추는 것이었습니다. 법당에 가서 잠시 좌선을 한 후 4시부터 기도가 시작되고, 천수경 염불을 시작으로 나무아미타불 정근을 이어 갔습니다. 스님과 함께하는 염불은 1시간 30분 후 끝났으나 이미 나는 알 수 없는 기운에 젖어 있었고 스님의 허락을 받아 염불을 계속할 수 있었습니다.

이미 나는 내 의지와는 관계없이 다른 에너지에 의해 염불이 되어지고 있었습니다. 염불하고 있다는 것보다는 나 아닌 다른 누가 염불하는 것을 듣고 있다는 표현이 적절할 것 같았습니다. 주시자의 관점으로 분리 현상이 일어났습니다. 어느 순간 캄캄한 암흑의 바다가 앞을 가로막는 느낌이 왔습니다. 이때 옆지기 환영이 나타나서 애원했습니다. '더 이상 가지 마세요.' '더 가면 돌아올 수 없어요.' 아들, 딸 환영도 연달아 나타나서 애원했습니다. 이를 모두 뿌리치고 '죽어도 좋다!'라며 나아갔습니다. 금강경 사구게를 염불하면서, '약이색견아 이음성구아 시인행사도 불능견여래' 반야용선을 타고 칠흑같이 어두운 바다를 건너는 느낌이 들었습니다. 내 입에서는 알 수 없는 얘기가 흘러나왔습니다.

'태초의 자리에 도달하면 다시는 반야심경을 독송하지 않을 것이다.' 어느 순간 전생이 이미지로 나타나기 시작했습니다. 치열한 구도자의 여정이 있기도 했고, 수많은 대중 앞에서 설법하면서 부처로 추앙받기도 했고, 과보를 받아 벙어리로 살면서 고통받던 생도 있었습니다. 수많은 생을 수행자로 살았던 것 같습니다.

내생은 동영상을 보는 것처럼 생생하게 보였습니다. 대웅전보다 더 큰 선원, 그리고 많은 수행자가 오고 가는 모습이 생생하게 보였습니다. 과거, 현재, 미래를 넘나드는 체험을 했습니다. 7시간 30분 동안 끼니도 거른 채 물 한 모금도 먹지 않고, 고성염불을 이어 왔는데도 조금도 피곤하거나 배고프지 않았습니다. 내 힘으로 한 것이 아니고 다른 에너지를 끌어 쓴 것 같았습니다.

이후 염불과 좌선을 이어 가며 5일간의 시간을 보내고, 돌아와서 아무리 생각해도 어리둥절했습니다. 염불도 어차피 깨달음에 이르는 검증된 수행법임에 틀림없다는 사실도 알게 되고, 참선과 염불을 같이 하면 훨씬 더 수승한 공부 방법이 될 것이라는 생각이 들었습니다. 그 후 2달 동안 한 주일도 빠짐없이 지리산자락 수정암으로 염불 수행을 위해서 내려오고 조금씩 체험하며 나름대로 열심히 정진했지만, 그 후로는 괄목할 만한 성과는 없었습니다.

7월 30일 일주일 동안 휴가를 내고 8년 전 화두참구를 할 때처럼 온몸을 던져서 염불로 임계점을 넘어보자는 결연한 각오로 염불을 시작했습니다.

첫째 날, 염불을 시작했습니다. 7일간의 긴 여정이라 급하게 서두를 일도 아니고 법당과 선방, 계곡의 임시 수행처를 오가며 염불을 했습니다. '아뿔싸! 수마가 방해하는구나!' 첫날부터 졸음이 쏟아지는데 감당할 수 없었습니다. 8년 전 화두 공부할 때도 첫날 수마에 시달려 본 경험이 있어서 크게 개의치 않고 첫날을 보냈습니다.

둘째 날, 염불해 보았지만 집중이 되지 않고, 자꾸 시계에만 눈이 가며 지루하기 짝이 없었습니다. 무릎에 통증이 심해서 20분도 앉아 있기 힘들었습니다. 2시간, 3시간도 어렵지 않게 좌선했는데 알 수 없는 일이었습니다. 예사롭지 않은 일이고 염불에 집중할 수 없었습니다.

셋째 날, 이틀 동안 염불은 억지로 하고 나니까 목이 아파서 더 이상 염불을 할 수 없는 지경이 되어서 염불을 멈출 수밖에 없었습니다. 칭명염불을 중단하고 관념염불로 전환해서 매진했는데, 이제는 두통이 심해서 견딜 수 없었습니다. 목과 무릎이 아프고, 두통까지 사면초가였습니다. 공부를 방해하는 마장이라는 것이 분명하지만 육체적으로 견디기가 너무 힘들었습니다. 하지만 중단할 수 없었습니다.

넷째 날, 아침 공양 후 공부를 해야겠다는 강박 관념을 내려놓고 좌선하고 있는데, 이상한 기운이 돌며 몸에 진동이 오기 시작했습니다. 7년 전 내 몸을 수행하기 좋은 몸으로 치유해 주었던 내 안의 기운이 발동하기 시작했습니다. 그때와 똑같은 형태로 진동이 시작되었습니다. 그냥 맡겨 두기로 했습니다.

몸이 안 좋은 부위를 손으로 두드리고 스스로 진동하는 등 백회혈에서 용천혈까지 몸 구석구석을 치유했습니다. 오전 내내 머리끝부터 발끝까지 2회에 걸쳐서 치유하고 점심 공양 후 한 번 더 이러한 과정을 거쳐 몸을 만들어 갔습니다. 온몸이 완전하게 치유되고 정진하는데 아무런 장애가 없었습니다. 이제부터 시작이다. 오후 밤 치열하게 정진하였습니다. 1주일 안에 일을 한번 내야 하겠다는 각오로 거의 철야 정진을 하였습니다.

다섯째 날, 오전에도 치열하게 정진하고, 점심 공양을 하였습니다. 점심 공양 후 시간은 지나가고 7일의 한정된 시간은 다가오고 있는데, 공부가 진척될 기미는 보이지 않고 마음이 무거웠습니다. 8년 전 내가 화두 공부할 때 경험에 비추어 공부의 상태를 짐작하고 있는 내가 지금 오류를 범하고 있는 것인가 하는 의구심이 생겼습니다. 염불도 화두참구하듯 하면 될 것이라는 믿음이 잘못된 것인가? 오후 4시쯤 울력을 하고 땀을 좀 흘리고 나니 오히려 몸이 가벼웠습니다.

여섯째 날, 자정쯤 잠시 눈을 붙이고 새벽 1시 30분쯤 잠이 깨서 누워 있는데, 문득 한 생각이 스쳐 지나갔습니다. '지금 무엇을 하고 있는 거야?' 칭명염불로 끝을 보려고 해 놓고, 다른 길로 가고 있다는 생각에 깜짝 놀라 털고 일어나 냉수를 뒤집어쓰고 법당으로 향했습니다. '나무아미타불! 나무아미타불! 나무아미타불……' 간절한 마음으로 염불이 이어졌습니다. 법당에는 3,000배 절 수행을 하는 등 도반 여럿이 있었습니다. 20여 분쯤 흐를 때부터 이상한 기운이 느껴지기 시작했습니다. 염불하면서 눈을 감으면 다른 의식의 세계가 펼쳐졌습니다. 티베트(Tibet)나 중앙아시아 지역 고산지대로 보이는 풀 한 포기 없고, 척박한 산야와 파란 하늘이 펼쳐진 길을 걷고 있었습니다. 이때부터 긴 여행이 시작되었습니다.

어느 순간부터인가 내 곁에는 스님 모습을 한 영적 가이드가 나투시어 동행하고 계셨습니다. 내 곁에 꼭 붙어서 나를 이끌어 주셨습니다. 위험한 경계에서는 나를 보호해 주시고, 내가 슬픔에 젖어 서럽게 울고 있을 때는 안쓰러운 표정으로 지켜봐 주시고 위로해 주었습니다. 깜깜한 암흑에 갇혔을 때는 온몸을 꼼짝할 수 없었고, 정신마저 화석처럼 굳어 버려서 어떤 생각도 일으킬 수 없는 속수무책의 상태였습니다. 그때 한 줄기 빛처럼 아미타불 염(念)이 미세하게 작동되면서 몸과 정신이 풀려나기 시작하면서 다시 염불을 이어갈 수 있었습니다. 내 옆을 지켜 주시던 그분도 크게 놀란 듯했습니다.

눈을 떠 보면 법당에는 다른 도반들이 염불과 절 수행을 하고 있었습니다. 염불하고 있는 내가 있고, 이를 지켜보는 '또 다른 나'가 있고, 다른 의식의 세계에서 구도 여행을 하고 있는 또 다른 내가 있습니다. 온 하늘이 황금색 광명으로 다가올 때는 이것이 아미타불인가 하고 속을 뻔할 때도 영적 가이드는 가짜 빛에 속지 말라고 일러 주셨습니다. 그 후로도 끊임없이 여쭙고 답하고 하며 긴 여행을 했습니다.

어느 순간 허공을 모두 매울 만큼 어마어마하게 큰 황금색 부처님이 나타나고, 나는 그 안으로 들어갔습니다. 그 안에서 휘황찬란한 부처님 형상의 광명을 친견하고 너무 눈이 부셔서 보지 못하고 눈을 감아버렸습니다. 그때 온몸이 전기에 감전된 것처럼 전율이 느껴져서 눈을 떠보니 그 광명과 내가 합일되었으며 그 광명의 마지막 부분은 내 단전으로 들어가고 있었습니다. 그렇게 구도 여행이 끝났습니다.

마지막까지 곁을 지켜주신 스님(영적 가이드)께 이 은혜를 어떻게 갚아야 할지 여쭈었더니 "꽃 공양을 올리라!" 하셨습니다. 그리고 나에게 어떤 능력이 생기는지, 어떤 신통이 생기는지 궁금해서 여쭈워보았습니다. 그랬더니 "신통이 생긴다!"라고 대답해 주셨습니다. 이때가 염불을 시작한 지 세 시간쯤 지났을 때였습니다.

다음날 나에게는 어떤 능력도 생기지 않았고, 어떤 신통도 생기지 않았습니다. 조금은 실망스러웠습니다. 반면에 신통을 바라는 내 망상이 부끄럽기도 했습니다. 수행을 끝내고 일주일 만에 집에 돌아왔습니다.

아침 식사 시간에 숟가락을 들고 국을 한 모금 입에 넣는 순간, "아!" 하고 탄성이 저절로 나왔습니다. 숟가락을 잡은 손가락, 국을 떠서 들어 올리는 팔, 맛보고 씹어 삼키는 입, 이를 소화시키고 있는 이 현상……. 60여 년 동안 한 번도 멈추지 않고 뛰고 있는 심장……. 60여 년 동안 쉼 없이 들고 나는 이 호흡……. '신통이 내 밖에 따로 있는 것이 아니고, 내 몸 작용 모두가 신통(神通)이구나! 나에게서 일어나는 모든 것이 신(神)의 작용이구나.' 이런 깨달음이 왔습니다.

5. 자각 수행

2003년 간화선 돈오체험을 한 후 선원에서 참선과 『조사록』을 통한 선어록 공부를 이어 오다가 2011년 염불선을 접하게 되는 새로운 공부 인연이 펼쳐졌습니다. 주말마다 지리산 수정사를 다니며 염불 수행에 온 힘을 다하면서 일체가 끊어지고 다른 의식의 세계를 넘나드는 염불삼매 체험 등 다양한 영적 체험을 하게 되었습니다. 간화선 수행 8년, 염불 수행 2년을 거치면서 삶이 단순해지고 많은 변화의 체험을 하였지만, 아직 무엇인가 미진하고 부족하다는 갈증에서 벗어날 수 없었습니다. 그러는 와중에

2012년 지인의 소개로 자각 수행을 하는 명상 단체를 소개받고 입문하게 되었습니다.

간화선은 알 수 없는 화두를 들고 화두 의심을 통해 의심이 사무치면 의단이 생기고 은산 철벽에 갇혀서 목에 밤송이가 걸린 것처럼 삼키지도 못하고 뱉지도 못하는 답답함이 극에 달하다가 시절 인연을 만나면 의단이 깨지고 화두가 타파되면서 목에 걸린 밤송이가 빠지고 120근짜리 짐을 내려놓은 듯 시원하고 한없이 가벼워지면서 실상이 드러나는 돈오체험을 하는 것이었습니다.

반면에 자각 수행은 실상의 자리를 미리 일러 주고 오온(색·수·상·행·식)이 일어나고 사라짐을 보면서 끊임없이 반조해서 실상의 자리를 보게 하는 관점 이동을 하게 하는 수행법이었습니다. 색(色)은 내 몸이 내가 아니고, 내 몸을 있게 한 그것이 나다. 수(受)는 내 느낌도 내가 아니고, 내 느낌을 있게 한 그것이 나다. 상(想)은 내 생각이 내가 아니고, 내 생각을 있게 한 그것이 나다. 행(行)도, 식(識)도 내가 아니고, 이를 있게 한 그것이 나라는 것입니다.

모든 것을 있게 한 모태, 만법의 어머니인 '참나'를 끊임없이 돌이켜 직시하는 반조수행을 이어 가다 보면 시절 인연이 다가오고 은산 철벽에 갇혀서 답답함의 극치를 맛보게 되며 감정의 기복이 널뛰기하듯 심해서 감당하기 어려운 상태가 됩니다. 이럴 때 시절 인연이 오면 의식이 무너지고 앞뒤가 끊어져서 모든 것이 하나가 되는 실상이 드러나는 체험을 하게 됩니다.

자각 수행을 시작하고 4개월이 지날 즈음 내가 체험했던 일입니다. 아침에 눈을 뜨면 첫 생각이 자각 수행이요, 저녁에 잠들기 전 마지막 생각이 자각 수행이니 일상 거의 전부가 자각 수행 생각으로 가득한 때였습니다. 그 무렵 도반과 갈등이 심해서 마음고생을 하고 있을 때였습니다.

아침에는 온 우주를 다 품어 주고도 남을 만큼 품이 크고 넉넉해져서 모든 것을 다 용서하고 수용하며 한없이 평화롭고 이유로운 의식의 상태에 머물다가도 저녁나절에는 바늘 하나도 꽂을 데가 없어져서 작은 일에도 분노가 치밀고 사람을 죽이고 살리는 극단적인 의식의 상태까지 내몰려 불타는 지옥을 경험하게 되었습니다.

3일 밤낮을 이런 의식의 롤러코스터를 타는 혼란에 빠지면서 3일째 되는 날 밤 극도의 분노와 불안과 두려움이 극에 달했을 때 갑자기 '쑥' 하고 의식이 꺼져 버렸습니다. 모든 것이 다 타 버리고 한 줌의 재만 남은 기분이 들었습니다. 한참 동안 모든 것이 멈추고 텅 비어 정적만 흐르고 있었습니다. 저 깊은 심층 의식의 고요 속에 알 수 없는 무엇이 흐르고 있었습니다. 모든 것이 나에 의해서 만들어지고 나에 의해서 사라졌다는 생각이 들었습니다. 모든 것의 주체는 이를 있게 한 불생불멸(不生不滅)의 '참나'였습니다. 모든 것을 내맡기고 쉬다 보니 한없이 편안하고 아늑해졌습니다. 모든 것이 분명해지고 모든 것의 주체가 바로 나라는 것이 명료해졌습니다. 수처작주 입처개진(隨處作主 立處皆眞)입니다. 생각, 감정, 느낌의 노예로 살다가 생각, 감정, 느낌의 주인 자리에 오르는 것이었습니다.

이런 체험이 있는 얼마 후 '견성인가'를 받았습니다. 그 무렵부터 '나에게 일어나는 모든 것은 긍정의 산물이다.'라는 법문 한 구절이 고스란히 마음속에 각인되면서 모든 것을 긍정적으로 받아들이기 시작했습니다. 지금까지 살아오면서 고달프고 괴로웠던 과거의 삶이 재조명되면서 가장 힘들었던 시간이 오히려 축복의 시간이었다는 각성이 일어났습니다. 내가 살아온 과거의 삶은 오늘의 내가 있기 위한 징검다리에 불과했습니다. 과거 고난을 이겨내면서 영적으로 더 성숙되어 왔다는 생각이 들었습니다. 내 삶 속에서 일어나고 사라지는 희로애락은 업(業)의 윤회에 불과합니다. 나에 의해서 지어진 원인의 결과물로 나타난 업(業)의 법칙입니다. 과거도 그러했고 현재도 그러하며 미래도 그러할 것이니 비추어 볼 뿐입니다.

나에게 일어나는 모든 것들은 절대 긍정의 존재 이유가 있습니다. 그래서 내 과거의 삶은 전체가 업(業)의 흐름이었고 긍정의 이유가 있었으니 어떤 경우도 부정하지 말고 모두를 긍정적으로 받아들여야 한다고 생각합니다. 그런 맥락에서 내 과거를 돌아보며 잘못되었다거나 후회하지 말아야 합니다. 과거를 돌아보지 않으면 미래를 걱정할 일이 별로 없습니다. 내 생각이 과거로 돌아가지 않고 미래를 소환하지 않으면 목전의 일밖에 없습니다. 모든 번뇌는 과거와 미래에 연결되어 있고 지금 여기 목전에는 별로 없습니다.

바람도 저항하는 것이 없으면 소리가 없습니다. 번뇌도 저항하지 않고 받아들이면 번뇌가 아닙니다. 생로병사도 저항하지 않고 받아들이면 그대로 불생불멸입니다. 모든 것을 받아들이는 것이 안심입명(安心立命) 성불의 길입니다.

6. 자등명(自燈明)

부처님이 열반에 드실 때 후학들의 공부 방향을 제시한 말씀이 자등명

(自燈明) 법등명(法燈明)입니다. 자기를 등불로 삼고, 법을 등불로 삼아서 공부하라는 말씀입니다.

2020년 10월 어느 날 새벽 죽음에 대한 깊은 통찰이 있었습니다. 지금까지 지구상에 태어났다가 죽은 모든 인류의 죽음에는 아무런 문제가 없었습니다. 죽음에 대한 모든 개념은 살아있는 자(者)들의 생각에서 나온 것이지 죽은 자의 의식과는 아무런 관련이 없으니 죽음은 실체가 없는 생각에 불과한 것입니다. 우리 삶 전부가 경험의 장에 불과한 것으로 죽음 또한 그 연장선에 있습니다.

죽음은 육체의 사라짐을 경험하는 삶의 한 부분이지 죽음이 따로 있는 것이 아닙니다. 그래서 죽음은 슬픈 것도 아니요, 죽음은 괴로운 것도 아닙니다. 경험의 장입니다. 남아 있는 사람들의 비통함이나 슬픔에 대한 연민으로 마음이 아릴 뿐입니다. 이때부터 나 자신 죽음이나 다른 사람들의 죽음에 대한 관심이 사라졌습니다. 우리 삶 전부가 업(業)의 흐름에 불과하므로 모두 받아들이고 살 듯이 죽음 또한 삶의 한 부분으로 오는 그대로 받아들인다면 죽음을 계획하고 준비할 필요가 없습니다.

우리 삶을 있는 그대로 받아들인다면 자수용신(自受用身) 법신불(法身佛)과 하나가 되어 나 자신이 등불 그 자체가 되니 자각으로 빛나는 자등명(自燈明)이 되는 것입니다. 심외무법(心外無法)! 마음 밖에 법이 없다고 합니다. 여기 모인 모든 대중이 중도실상의 자리를 증득하여 성불하시기 바랍니다.

: 이탈리아 돌로미티 트레킹 여행

2024. 6. 12. 부산 출발 ~ 2024. 6. 13. 돌로미티 도착

코로나 전 인도 여행은 금강경 여행이었다. 아상을 내려놓고 모든 것을 받아들이고 수용하는 것, 그래서 무엇에도 걸리지 않는 자유를 누리는 여행을 구상하고 나름대로 의미 있는 여행을 하고 왔다. 이번 이탈리아 돌로미티 트레킹 여행은 아미타불 여행이다. 모든 것들과 하나가 되는 여행이다. 하늘과 산야, 대지, 만물이 모두 아미타불이고, 나와 만난 모든 인연이 다 아미타불이고, 나 자신 또한 그러하다.

산에 가면 산과 하나가 되고, 호수에 가면 호수와 하나가 되고, 푸른 하늘을 보면 하늘과 하나가 되니, 일체가 하나로 돌아가 온전한 자유를 누리는 아미타불 여행이 되기를 소원한다. 오후 5시 45분 김해공항을 출발, 김포공항을 거쳐 인천공항에서 여행사 관계자와 합류했다.

8시 반쯤 탑승 수속을 마치고 함께 여행할 20명과 간단한 미팅을 한 후 3시간가량 공항 대기실에서 머물고 있었다. 출발할 때부터 비행기를 타고 이동하는 것도, 공항에서 장시간 대기하는 것도 여행의 일부다. 그래서 지루하거나 피곤하다는 생각은 없다. 매 순간순간을 알아차리면 문제는 없다.

우리의 삶을 가장 크고 심각하게 지배하고 있는 것은 시간과 공간이다. 아이러니하게도 시간과 공간은 실체가 있는 것이 아니고 우리들의 생각이 만들어낸 환영 같은 것들이다. 부산을 출발해서 인천까지 공간 이동을 했고, 5시 출발해서 8시까지 3시간이 소요됐다. 이때 공간과 시간은 내 의식 속에만 있다. 실재하는 것은 지금 여기 목전의 일만 있다. 그러나 시간과 공간을 실재라고 생각하는 사람들에게는 황당한 얘기로 들릴 수 있다.

시간과 공간의 굴레에서 조금이나마 자유로워질 수 있는 방법이 무엇일까? 돌아보지 않고, 시계를 보지 않는 것이다. 지난 스위스 여행 때 11시간쯤 비행기를 타고 있으면서 출발부터 도착할 때까지 시계를 보지 않고 보냈다. 크게 지루하지 않게 보냈던 경험이 있다. 일시적으로나마 시간으로부터 자유로웠던 것 같다. 이번 여행도 그렇게 할 예정이다.

밤 12시 두바이행 비행기에 탑승했다. 시계는 보지 않고 어떤 영상도 보지 않았다. 눈을 감고 참선하든지 잠을 자든지 했다. 출발 후 얼마 지나지 않아서 깜박 잠이 들었는데 쿵 하고 통나무가 쓰러지는 소리가 났다. 어떤 여성분이 의식을 잃고 바닥에 누워 있었다. 잠시 후 몸을 추스르고 일어났는데 머리를 크게 다친 듯 의료진이 응급처치를 해도 두통을 호소하고 구토를 하는 등 힘들어 보였다.

이번 여행은 아미타불 여행 아니던가? 두바이공항에 도착할 때까지 9시간 동안 시계를 보지 않고 아미타불 묵성염불을 하기로 했다. 불시에 사고를 당한 그분 쾌유를 빌며 묵성염불을 이어 갔다. 아미타불, 아미타불, 아미타불! 잠을 자다가 염불하다가 그렇게 두바이공항에 도착했다. 다행히 다친 여성분은 큰 이상이 없는 듯해서 마음이 놓였다.

두바이공항에서 6시간을 대기한 후 베니스행 비행기에 몸을 실었다. 소요 시간은 6시간이다. 이번에는 준비해 간 책을 읽었다. 에크하르트 톨레의 『이 순간의 나』라는 책을 오랜만에 다시 보게 되었다. 기내식을 먹으면서 여행에 임하는 내 생각을 정리해 보았다. 모든 것을 긍정적으로 수용하는 것이다. 음식은 특별히 마음에 들지 않은 것을 제외하고는 무엇이든 맛있다. 그 외 내가 접하는 모든 상황도 특별히 나쁘지 않은 것을 제외하고는 무엇이든 좋다. 특별히 맛이 없거나 특별히 나쁜 것들도 그래도 괜찮다. 이렇게 어떤 경우도 부정하지 않고 긍정적인 마인드로 여행에 임할 생각이다.

부산에서 인천공항 출발까지 6시간, 인천공항에서 두바이까지 9시간, 두바이 대기시간 6시간, 두바이에서 베니스까지 6시간 반, 베니스공항에서 돌로미티까지 2시간 반. 부산에서 출발한 지 30시간 만에 돌로미티에 도착했다.

2024. 6. 14. 돌로미티 트레킹 1일차

오늘 첫 트레킹 코스는 돌로미티 3대 명소인 트레치메다. 오전 날씨는 맑고 쾌적하다. 새벽 돌로미티 주변 암벽으로 이루어진 장엄한 암봉들은 운해에 가려 신비로움을 뽐내고 있었다. 이탈리아 북알프스에 속하는 돌로미티는 트레킹을 좋아하는 마니아들에게는 가슴 뛰게 하기에 충분하다. 해발 2,500m 전후 고도에서 처음 트레킹을 시작하는 나는 약간의 긴장감과 두려움이 밀려왔다. 트레치메 트레킹은 암반으로 형성된 세 개의 봉우리를 360도 한 바퀴 도는 파노라마 트레킹이다.

시차 적응이 안 되어 새벽에 눈을 뜨니 어젯밤 호텔 저녁 식사 생각이 났다. 너무 짜서 먹을 수 없고 도저히 입에 맞지 않아 곤혹을 치른 생각이 났다. 집사람과 의논해서 아침 대신 컵라면을 먹기로 했다. 비상용으로 가지고 온 4개 중 2개를 먹어 치웠다. 먹다 죽은 귀신은 때깔도 좋다는데……. 그리고 아침 조식은 흉내만 냈다. 어제의 다짐. '맛없는 것도 괜찮다.'가 잘 안 된다.

호텔에서 트레킹할 장소까지 버스로 이동하고 트레킹 시작 전 화장실을 가는데 1유로의 요금을 내라 한다. 우리나라와 생소한 환경을 접하는 경험을 했다. 세 개의 거대한 암봉이 운해 속에 자태를 드러내고 있는 모습에 압도당하기 충분했다. 상상을 초월한 암봉들과 계곡에 감탄하며 대열에서 뒤지지 않으려고 부산을 떨면서 걸어갔다. 아름다운 풍광에 집사람은 사진을 찍는 데 여념이 없다. 멋진 풍광이 나오면 다소 위험한 곳에서도 포즈를 취하면서 트레킹 여행을 만끽하고 있었다.

지난주에 내린 눈으로 인해 길가에는 2m가량 눈이 쌓인 데도 있었다. 중장비들을 동원해서 통로는 확보했으나 빙판길이라 아이젠을 착용해야 했다. 부산에서는 비수기라서 아이젠 구하기가 쉽지 않았는데, 여러 곳을 돌아다니며 힘들게 구입한 그 진가가 발휘되는 순간이었다. 눈길이나 위험한 구간 또는 오르막 힘든 구간에서는 한 걸음 한 걸음 옮길 때마다 발 딛는 데 집중하면서 마음속으로 '아미타불' 염불을 하면서 걸었다. 염불하다 보면 위험한 길을 걸을 때 오는 두려움이 덜하고, 오르막길에서 숨이 차고 힘들 때 스텝에 맞춰 '아, 미, 타, 불' 염불을 하면서 걸어 보면 힘듦이 덜하다.

알프스에서 아이젠을 신고 눈길을 걷는다는 것은 상상해 본 일이 없어서 그 감동이 이루 말할 수 없었다. 날씨가 갑자기 흐려지더니 비가 내리기 시작했다. 우의를 꺼내 입고 스틱에 의존하면서 트레킹을 이어가다 보

이탈리아 돌로미티 트레치메

니 우리가 목표로 했던 산장에 도착했다. 산장은 아직 개장을 하지 않아서 문을 닫은 상태였다. 먼저 온 사람들이 비를 피해 처마 밑을 점거하고 있어 들어설 틈이 없었다. 산장 뒤쪽으로 돌아가니 다행히도 비를 피할 처마 밑 공간을 확보하고 자리를 잡았다. 큰 행운이었다. 호텔에서 준비해 준 도시락을 꺼내 보니 마른 빵 두 개가 주식이었다. 딱딱하고 맛이 없어서 도저히 먹을 수 없었다. 그러나 생존하기 위해서는 먹어야 한다며 그중 한 개를 겨우 씹어 삼켰다. 이것도 트레킹 여행 일부다. '즐기자.' 하며 긍정적으로 생각했다. 산장이 문을 열지 않아 화장실이 문제가 됐다. 하는 수 없이 하산길에 노상 방뇨를 했다. 심지어 여성분들까지 은신처를 찾아 노상 방뇨를 할 수밖에 없었다. 인도여행 때는 흔한 일이다.

그 와중에도 운해 속에 자태를 드러낸 트레치메 삼봉은 눈을 뗄 수 없을 만큼 아름다웠다. 휴대폰 카메라에 아름다운 풍광을 담기 바빴다. 하산길에 집사람에게 문제가 발생했다. 여행 첫날밤 시차와 음식에 적응하지 못해서 잠을 설치고 우중 트레킹을 하다 보니 몸에 무리가 됐든지 안색이 좋지 않았다. 마음이 심히 무거웠다. 호텔에 돌아와 쉬고 나서 저녁 식사를 하고 나니 다행히 상태가 좋아졌다.

2024. 6. 15. 돌로미티 트레킹 2일차

오늘은 친쾌토리 트레킹이다. 어제 눈길과 빗길을 걸으며 다소 힘들었으나 아침에 일어나니 집사람이 정상 컨디션으로 돌아왔다. 얼마나 다행스럽고 감사한지 모르겠다. 오늘은 트레킹을 마치고 호텔을 옮기는 날이다. 짐을 정리해서 버스에 실어 놓고 하루 일정을 시작한다. 이제는 조금 적응이 되어 아침 식사를 그런 대로 넉넉하게 먹을 수 있었다. 조식 후 2일차 트레킹 코스인 친쾌토리로 향했다. 친쾌토리는 다섯 개의 암봉으로 형성된 절경을 자랑하고 있으며, 그 주위를 한 바퀴 돌고 나서 산장식으로 점심을 하고 하산하는 코스다. 해발 2,000m가 넘는 고산지대라 기온이 급격하게 떨어지고 비 예보까지 있어서 보온성 있는 옷으로 갈아입고 트레킹을 시작했다. 구름이 몰려오기 전에 웅장한 암봉들을 사진에 담았다. 이 트레킹 코스는 2차대전 때 이탈리아와 오스트리아가 치열하게 전쟁을 치른 격전지 흔적이 여기저기 남아 있었다. 참호의 흔적, 무기 저장고 등 현장을 리얼하게 보존하고 있어 트레킹의 재미가 더 업그레이드되는 느낌이 들었다.

그런가 하면 이곳은 암벽등반의 명소로 알려졌고, 현장에서 생생하게 암벽등반을 하는 모습을 구경할 수 있었다. 트레킹 코스 곳곳에 눈이 쌓여서 아이젠을 착용해야 통과되는 난코스가 있어서 흥미진진했다. 산장으로 향하는 오르막길은 아직 잔설이 남아 있어 미끄럽고 힘든 코스였다. 뿌연 안개 속에 희미하게 드러난 길을 따라 걷다 보니 산장에 도착했다.

이렇게 오전 일정을 마치고 산장에서 점심 식사를 했다. 시원한 맥주도 한잔하고 내가 우려 간 보이차도 한잔하면서 맛있는 점심을 했다. 모든 상황 모든 사람이 감사하다. 오후 트레킹을 시작할 즈음 비 예보가 있고 지척을 분간하기 어려운 안개가 밀려오기 시작했다. 하산길이 만만치 않아 보였다. 가는 비를 뿌리는가 하면 지척을 구분하기 어려울 만큼 안개가 자욱하다. 현지 가이드가 선두에 서고 보조 가이드가 중간에 서며 산악인 주 가이드가 후미를 맡아서 트레킹을 시작했다. 하산길은 완만하고 대략 1시간 정도 소요될 것 같다는 가이드의 설명을 듣고 가벼운 마음으로 길을 나섰다.

한참 걷다 보니 걸어가는 방향이 오락가락하고 안개 속에서 가이드가 방향을 잡지 못하는 듯 당황하는 모습이 보였다. 그래도 가이드만 믿고 갈 수밖에 없다. 뿌연 안개 속에서 경사가 심하고 위험한 벼랑길을 걸어갔다. 아미타불! 아미타불! 염불 스텝에 맞춰 걷다 보니 불안함이나 두려움이 덜했다. 하산길이 헷갈리는지 가다가 멈추고 또 가이드들이 모여서 지도를 보는 모습이 심상치 않다. 그렇게 하염없이 걷다 보니 눈이 무릎까지 빠지는 눈길이 나타났다. 가던 길을 멈추고 아이젠을 착용해야 했다. 아이젠을 어렵게 구입해 온 보람이 있었다.

아이젠을 신고 경사가 심한 눈길을 스틱에 의지하면서 조심조심 내려왔다. 위험한 길이니 한 걸음 내디딜 때마다 아미타불, 아미타불 염불을 하면서 걸었다. 아이젠을 신고 스틱을 짚어도 미끄러지면서 엉덩방아를 찧는 위험한 상황이 벌어졌다. 후미에서 우리 부부를 지켜보고 따라오는 가이드는 불안한 기색이 역력했다. 이럴 때는 긍정적인 마인드가 중요하다는 생각이 들었다. '내 평생에 알프스 눈밭에 와서 아이젠을 신고 이렇게 걸어본다는 것은 꿈에도 생각해 본 일이 없었는데 너무나도 멋진 경험이다.'라고 유쾌하게 웃으면서 큰 목소리로 허세를 부렸다. 걱정스러운 눈빛으로 따라오던 가이드도 안도하면서 다행이라며 감사해 한다. 계곡의 눈길은 깊이를 가늠하기도 어렵고 앞서간 발자국을 따라 조심스럽게 내려왔다. 내려와도 내려와도 끝이 보이지 않았다. 한 시간을 예상했던 하산길은 2시간 30분이 지나서야 눈길을 벗어날 수 있었다. 개중에 넘어져서 가벼운 부상을 입은 사람도 있었지만, 다행히 큰 사고 없이 하산하게 되어 얼마나 감사한지 모르겠다. 아미타불, 아미타불, 아미타불~. 이렇게 둘째 날 트레킹이 마무리됐다.

2024. 6. 16. 돌로미티 트레킹 3일차

의식의 그릇

사람에게는 누구에게나 의식의 그릇이 있다.
그 의식의 그릇은 각자 자기가 만들어간다.
의식의 그릇은 수용의 그릇이다.

나를 괴롭히는 사람을 응징하는 것은 하(下)요,
나를 괴롭히는 것을 참는 사람은 중(中)이요,
나를 괴롭히는 사람을 용서하는 사람은 상(上)이다.

그 괴로움은 대상 때문이 아니고 나의 바람이 만든 착각임을 자각 하고 괴로움으로부터 자유로워진 사람을 우리는 깨달은 각자(覺者)라 부른다. 우리 마음에는 중생과 부처가 함께하듯 위 네 가지 마음이 다 있다. 무엇을 선택할 것인가는 나의 자유의지에 달려 있다. 작은 일에 상처받고 힘들어하는 사람들에게 주고 싶은 메시지다.

트레킹 3일차는 무한 케이블카 탑승과 병행한 트레킹 코스다. 3,000m급 암봉이 파노라마처럼 펼쳐진 돌로미티 설산으로, 암봉들이 하얀 눈을 머리에 이고 신령스러운 자태를 뽐내고 있었다. 카나제이에서 케이블카를 이용해서 산 중턱까지 이동한 후 스키 리프트를 이용해서 8부 능선에 올라 정상을 향한 트레킹 코스에 올랐다. 야생화가 피어나기 시작하는 초원 지대를 지나 잔설이 남아 있는 가파른 오르막길을 헉헉거리며 정상에 올랐다. 꼴디로시 정상(해발 2,382m)에 올라서니 사방에 펼쳐진 설산의 장관이 파노라마처럼 펼쳐진다. 산 아래는 야생화가 만발하는 초원 지대가 있는가 하면 정상에서 본 설산의 장관은 돌로미티 아니고는 보기 어려운 장관이다. 정상을 관람하고 다른 장소로 이동하기 위해 하행선 케이블카와 스키 리프트를 타고 출발 원점으로 회귀했다. 마르몰라다 정상 관광을 위해 버스로 이동한 다음 비교적 짧은 트레킹 코스를 택해서 케이블카 탑승장으로 이동했다.

직벽에 가까운 3,000m급 암봉을 케이블카로 이동해서 정상에 도착했다. 야생화가 만발하는 저 아래 세상과는 전혀 다른 눈부신 설경이 끝없이 펼쳐졌다. 무릎까지 빠지는 눈밭을 거닐면서 꿈을 꾸는 듯 현실이 실감나지 않았다. 사진을 찍으면 모두 작품 사진으로 손색이 없는 멋진 설경이 펼쳐졌다. 케이블카로 하산해서 패니아호수 산장에서 점심 식사를 했다. 시원한 맥주 한 잔을 곁들인 점심은 어느 때보다 즐거운 시간이 되었다. 오후 일정은 포르도이(해발 2,239m)까지 케이블카로 이동한 다음 야생화가 만발한 초원지대를 지나 파노라마 트레킹을 하는 코스이다. 오르막 내리막을 반복하며 펼쳐진 트레킹 코스는 트레킹 3일차인 우리에게 결코 만만치 않은 코스였다. 마지막 깔딱 고개를 힘들게 올라 하산 케이블카에 도달하면서 하루 일정을 마무리했다.

2024. 6. 17. 돌로미티 트레킹 4일차

오늘 트레킹 코스는 세체다이다. 새벽 2시 반에 일어나 여행기를 작성했다. 집사람 잠이 깰까 봐 화장실에서 두 시간 넘게 시간 가는 줄 모르고 즐겨 썼다. 호텔에서 조식 후 버스를 이용해서 파소셀라 고개를 거쳐 파이브핑거 바위, 일명 부처님 손바닥 바위를 보면서 꼴라이저 곤돌라역으로 향했다. 다음으로는 꼴라이저역에서 긴 노선의 케이블카를 타고 세체다로 향했다. 트레킹 로드 초입부터 푸른 초원과 야생화가 만발해서 장관을 이루고 있었다. 현지 가이드의 안내에 따라 길이 없는 초원 지대를 가로질러 가면서 많은 야생화를 볼 수 있었고, 작은 개울과 늪지대를 넘어 숲길을 걸으면서 또 다른 알프스 돌로미테 트레킹의 묘미를 만끽할 수 있었다. 해발 2,300m가 넘는 고산지대에 끝없이 펼쳐진 초원 지대가 있는가 하면 푸른 하늘과 초록빛 초원을 비추고 있는 아름다운 호수는 우리 발걸음을 멈추게 하기에 충분했다.

호수에서부터 오르막길이 시작되었다. 오르막길에서는 숨이 차고 힘들어서 마음속으로 '아미타불, 아미타불, 아미타불' 염불을 하면서 오르다 보니 크게 힘든 줄 모르고 세체다 정상(2,518m)에 도착했다. 끝없이 펼쳐진 초원과 구불구불 길게 이어지는 트레킹 로드, 그리고 멀리 펼쳐 보이는 설산의 봉우리들과 파란 하늘이 어우러져 장관을 이루고 있다. 정상에 세워진 예수님상(조각상)에는 많은 사람이 경배하고 사진 촬영을 하고 있었다. 능선을 따라 길게 이어진 트레킹 길은 거의 평지에 가까워서 편하게 걸을 수 있었다.

오전 트레킹 일정을 마치고 산장에서 점심 식사를 하게 됐다. 식전에

땀 흘리고 마시는 맥주 한 잔은 시원하고 갈증을 해소하는 데 그저 그만이다. 돈가스가 맛있기로 유명한 산장 중식은 기대에 어긋나지 않았다. 여유로운 식사와 충분한 휴식을 취하고 오후 트레킹 코스에 접어들었다. 업다운이 심하시 않은 완만한 길로 이어진 하산길은 모처럼 여유롭고 편안한 길이었다. 그렇게 트레킹 4일차 일정을 마쳤다.

2024. 6. 18. 돌로미티 트레킹 5일차

오늘은 셀라산군(2,218m), 삿쏘롱고(3,181m) 360도 파노라마 트레킹이다. 이 트레킹 코스는 가장 길고 난도가 높은 코스다. 이번에 전국 각지에서 모인 20명의 트레킹 여행자 연령대를 보면 40대부터 50대, 60대, 70대까지 분포가 다양하다. 그중 73세인 내가 가장 고령자에 해당한다. 그래서 지난밤 현지 가이드로부터 이 코스가 무리가 될 수 있다고 판단, 좀 더 쉽고 편한 코스로 변경할 것을 권유받기도 했으나 전체 의견을 통합하지 못해서 원래 계획대로 강행하기로 했다. 오늘 이 코스가 난코스로 힘들 것을 예상하고 40대 부부를 포함한 5명이 출발 전에 오늘 일정을 포기하고 15명만 출발했다.

현지 가이드가 선두에 서서 리더를 하고 중간 보조 가이드가 중간을, 총괄 가이드가 후미를 맡아 트레킹이 시작되었다. 처음 시작부터 오르막이 심해 숨이 턱밑까지 차올랐다. '아미타불, 아미타불, 아미타불' 마음속으로 염불을 하면서 발걸음에 집중하면서 걷다 보니 안정을 찾을 수 있었다. 힘들거나 두려움이 오면 아미타불과 하나가 된다.

선두 그룹에서 뒤처지지 않으려고 혼신의 힘을 다해 걷다 보니 후미 그룹은 시야에서 사라져 보이지 않았다. 까마득한 절벽의 허리를 끼고 도는 트레킹 로드를 한 발 한 발 긴장하면서 걷지 않을 수 없었다. 알프스 설산과 파란 하늘에 흰 구름이 한 폭의 수채화처럼 펼쳐지는 아름다운 풍광을 만끽하면서 걷는 이 길은 내 생에 두고두고 간직될 귀한 추억이 되리라 믿는다. 이렇게 걷고 또 걷고 오전 내내 걸었다.

점심 식사를 할 산장에 도착했다. 조금 후에 후미 그룹도 도착했다. 이 지역은 물에 석회 성분이 많아서 보이차를 우려도 잘 우려 나지 않아 보이차 맛이 별로였다. 점심 식사 전 보온병에 담아온 보이차로 목을 축이고 식사에 임했다. 산장에서 점심 메뉴는 대부분 돈가스류로 가는 곳마다 음식 맛이 엇비슷했다. 오후 타이트한 일정을 생각해서 든든하게 먹어 두자 작정하고 음식을 남김없이 비웠다. 오후에 가야 할 코스는 난도도 있고 긴 코스라서 전 코스를 완주하는 A조와 힘들면 중간에 케이블카를 이용해 하산하는 B조로 나뉘어 출발할 계획을 세웠다. 나는 가장 고령자로 동행자들에게 폐가 될 것 같아 B조를 선택해야 하나, 아니면 눈 딱 감고 A조를 선택해서 전 코스를 완주할 것인지 망설이고 있었다. 가이드도 내 눈치를 보는 듯했다. 결국 A조를 선택하고 전 코스를 완주하는 데 도전하기로 했다. A조는 우리 부부를 포함해 8명으로 확정하고 현지가이드(이탈리아인)의 인솔하에 먼저 출발하고, B조 7명은 한국인 가이드 인솔하에 뒤따라 출발했다.

약 4km 정도가 계속 오르막길로 이어지는 코스를 통과해야 했다. 역시 오르막에서 힘들면 '아미타불, 아미타불, 아미타불' 마음속으로 염불을 하면서 걷다 보면 덜 힘들었다. 숲길을 지나 자갈밭 길로 이어지는 업다운의 연속이고 음지에는 잔설이 남아 있어 조심스럽게 눈길을 통과해야 했다. 마지막 가파른 깔딱고개를 올라서니 직벽에 가까운 자갈밭 비렁길의 연속이었다. 한 발 한 발 집중하지 않으면 사고로 이어질 수 있어서 조심하고 또 조심하면서 발걸음을 이어 갔다. 눈길을 지나고 길도 없는 자갈밭을 질러오면서 선두 그룹에 조금 뒤처졌다. 갈림길이 나왔다. 가이드도 없고 해서 하산하는 쉬운 길을 임의로 선택해서 한참을 내려왔다. 그때 뒤따르던 사람들의 고함 소리가 들렸다. 우리 부부와 서울에서 온 여성분 세 사람이 길을 잘못 가고 있었던 것이다. 내려온 길을 다시 올라가려 하니 기운이 쑥 빠져 버렸다. 하마터면 알프스 돌로미티에서 미아가 될 뻔했는데 다행스럽게도 동행자들에게 발견되어 미아 신세를 면하게 되었다. 또다시 오르막길에 작은 바위들로 겹겹이 쌓인 너덜겅을 통과하면서 온 힘을 다하다 보니 어려운 코스가 끝나고 간이산장에 도착했다. 여기서부터 남은 거리는 4km, 완만하고 쉬운 코스다. 아름답게 펼쳐지는 암봉들과 초원 사이로 길게 이어지는 트레킹 로드는 한 폭의 그림 같은 풍광을 펼쳐 보였다. 편안한 마음으로 발걸음을 옮기다 보니 어느덧 목적지에 도달해서 전 구간을 완주하겠다는 목표를 달성했다. 동행했던 일행 모두가 큰 사고 없이 안전하게 트레킹을 마칠 수 있어 다행스럽고 감사하다.

오늘 이 난코스를 걸으면서 집사람이 화제가 됐다. 트레킹을 오면서 청바지를 입고 온 것이 화제가 되었고, 청바지만 5벌을 갖고 왔다는 것도 화제가 되었다. 청바지를 입고도 누구보다 잘 걷는다고 '날라 다니는 청바지'라는 애칭을 얻어 한바탕 웃을 수 있었다. 오늘 걸었던 거리는 31,595걸음이고, 21.11km 거리다. 이렇게 5일차 트레킹을 마치고 호텔로 돌아오는 버스에 몸을 실으면서 일정을 마쳤다.

2024. 6. 19. 돌로미티 트레킹 6일차

오늘은 돌로미티 트레킹 여행 마지막 날이다. 까레자 호수 트레킹 후 로젠가르텐 트레킹을 끝으로 트레킹 일정을 마무리해야 한다. 오늘 밤은 숙소를 베니스에 있는 호텔로 옮겨야 해서 새벽부터 짐을 챙기고 체크아웃 준비를 했다. 4일간 머물던 스텔라몬티스 호텔을 떠나는 날이다. 베니스로 이동하는 시간이 4시간이나 되다 보니 오늘 트레킹 일정은 짧은 코스로 계획되어 있다. 서둘러 조식을 마치고 까레자 호수로 향했다. 까레자 호수를 걸어서 한 바퀴 도는데 30분 정도 걸리는 작은 호수지만 코발트빛 물빛이 아름답고 물 위에 비치는 로젠가르텐 산그림자가 아름다웠다. 호수를 배경으로 사진도 찍으며 숲길을 산책하듯 트레킹을 시작했다. 오래간만에 여유롭고 한가한 힐링 트레킹을 마치고 로젠가르텐 산으로 향했다. 로젠가르텐 트레킹은 산 중턱까지 스키용 드리프트를 타고 올라가는데 넓게 펼쳐진 초원 위를 지나면서 좌우 산야를 구경하는 재미가 좋았다.

로젠가르텐 트레킹은 오르막으로 시작해서 30분이 지나면서 평탄한 길로 이어졌다. 독수리상이 있는 쉼터에서는 너나없이 모두 사진을 찍기 바빴고 동행자 모두 단체 사진도 찍었다. 여행 동반자 고 사장의 활 쏘는 포즈의 사진은 일품이었다. 그렇게 걸어서 산장에 도착했다.

산장에 도착하자마자 갈증을 달래기 위해 시원한 맥주를 시켰다. 한 모금 마시니 온몸이 시원한 느낌이 든다. 산장식으로 점심을 하고 산장에서 가까운 언덕 위에 올라갔다. 알프스의 토끼라 하는 마벗을 발견했다. 다가가자 잽싸게 굴속으로 들어갔다. 한참 기다리니 굴속에서 천천히 기어

나와 예쁜 자태를 보여 주어서 몇 장의 사진에 담는 행운을 얻었다. 다시 하산길 트레킹이 시작되었다. 오던 길을 다시 돌아가는 길이라서 익숙하고 편안하게 하산할 수 있었다. 그렇게 오늘 트레킹 일정을 마치고 버스를 이용해서 베니스로 향했다. 네 시간쯤 이동해서 호텔에 짐을 풀고 내일 귀국 일정을 위해 트레킹 장비를 모두 트렁크에 욱여넣고 간편복과 손가방만 챙겼다. 6일간의 트레킹을 무사히 마쳐 감사하다. 집사람은 첫날 어려운 고비도 있었지만 잘 넘기고 완주해 준 데 대해 감사하고 또 감사하다.

2024. 6. 20. 돌로미티 트레킹 7일차

오늘은 귀국하는 날이다. 새벽 4시에 기상해서 짐을 정리하고 6시쯤 호텔 로비에 내려놓았다. 고온 다습한 베니스의 아침은 후덥지근하고 끈적한 기분이 들게 한다. 여행을 마무리할 즈음 가이드 본인이 실토해서 알게 된 사실은 우리를 안내했던 가이드가 산악전문가이지만 여행가이드 업무는 이번이 처음이라는 것이다. 현지인 가이드와 보조 가이드가 있긴 하지만 메인 가이드가 왕초보라는 사실이 믿기지 않았다. 어쩐지 진행이 매끄럽지 않고 우왕좌왕하는 모습을 보이기도 하고 언행이 전문 가이드답지 않게 매끄럽지 못했던 사실들이 이제야 납득될 수 있었다. 사람의 인성이 나쁜 것 같지는 않고 경험 부족에서 오는 미숙함이라 보이지만 나름 최선을 다하는 진정성이 보여서 격려해 주고 싶은 생각이 들었다.

트레킹 일정은 어제부로 끝나고 오늘 오전은 마지막 일정으로 수중도시 베네치아 관광여행이다. 베니스공항에 도착해서 이동 버스에 짐을 맡겨 두고 베네치아로 들어가는 수상택시 계류장으로 이동했다. 수상택시는 물살을 가르며 빠른 속도로 베네치아로 향했다. 베네치아는 수상도시로서 차가 없는 도시다. 베네치아 도심의 모든 교통수단은 도로 대신 수로로 연결되어 있고 소형선박이 차량 역할을 하는 특별한 수중도시다.

베네치아에 도착한 후 베네치아 광장을 거쳐 고대 감옥(지금은 박물관)과 통곡의 다리를 둘러보고 골목상권이 형성된 뒷골목을 관광했다. 이곳은 가죽공예가 발달되어 질 좋은 가죽제품으로 유명하다고 해서 공예품 거리를 관광하고 소형 가방을 구입하기도 했다. 이곳은 화장실도 1.5유로 사용료를 내야 했다. 베네치아 깊은 곳까지 관광하려면 곤돌라라는 관람용 소형 배를 타야 했다. 곤돌라 30분 이용료가 1인당 30유로, 우리 돈으로 42,000원 정도다. 소형선박이지만 좁은 수로에 노를 저어서 이리저리 몰고 다니는 곤돌라 기사의 운전 솜씨는 신기에 가까웠다. 2시간가량 자유 관광을 마치고 중국음식점에서 점심 식사를 했다. 느끼한 호텔 음식만 먹다가 동양 음식을 맛보니 입맛이 돌고 반가웠다. 우리를 안내했던 가이드는 자신의 미숙한 점을 만회하려는 듯 점심도 거른 채 마지막까지 최선을 다하는 모습이 안쓰럽기까지 했다. 서툴고 미숙했지만, 최선을 다하는 젊은 가이드의 앞날에 무한한 발전과 축복이 있길 소원해 본다.

이렇게 이탈리아 돌로미티 트레킹과 베네치아 관광여행을 마치고 두바이를 경유해 인천으로 가는 비행기에 몸을 실으면서 여행의 종지부를 찍었다. 위험한 벼랑길, 위험한 빙판길이 우리를 긴장하게 했는가 하면 야생화가 만발한 초원의 트레킹 길은 한없이 자유롭고 편안한 길이었다. 6일 동안 100여km의 트레킹 길을 무사히 마칠 수 있어서 함께한 모든 분들에게 감사를 드린다. 여행을 출발하면서 모든 것과 하나가 되고 여행 중에 일어나는 모든 상황을 온전히 받아들이겠다는 바람은 역시 쉬운 일이 아니었다. 나 자신을 돌아보면서 아직 부족한 많은 부분을 발견하는, 나를 알아가는 구도 여행으로 생각하며 여행기를 마치고자 한다.

아미타불, 아미타불, 아미타불!